"一带一路"
倡议与可持续发展目标背景下国际农业经贸潜力与合作战略

◎ 李先德　陈秧分　等　著

中国农业科学技术出版社

图书在版编目（CIP）数据

"一带一路"倡议与可持续发展目标背景下国际农业经贸潜力与合作战略 / 李先德等著. --北京：中国农业科学技术出版社，2022.9
ISBN 978-7-5116-5900-2

Ⅰ.①一… Ⅱ.①李… Ⅲ.①农业经济－经贸合作－国际合作－研究－中国 Ⅳ.①F32

中国版本图书馆CIP数据核字（2022）第166210号

责任编辑　穆玉红　李美琪
责任校对　李向荣　贾若研
责任印制　姜义伟　王思文

出 版 者	中国农业科学技术出版社
	北京市中关村南大街12号　邮编：100081
电　　话	（010）82106626（编辑室）　（010）82109702（发行部）
	（010）82109707（读者服务部）
网　　址	https：//castp.caas.cn
经 销 者	各地新华书店
印 刷 者	北京科信印刷有限公司
开　　本	170 mm×240 mm　1/16
印　　张	15.75　彩插2面
字　　数	300千字
版　　次	2022年9月第1版　2022年9月第1次印刷
定　　价	89.00元

———— 版权所有·侵权必究 ————

本书得到中国农业科学院科技创新工程项目
（10-IAED-04-2022、10-IAED-ZD-02-2022）资助，
特此致谢！

《"一带一路"倡议与可持续发展目标背景下国际农业经贸潜力与合作战略》

著作人员

李先德　陈秧分　刘合光　贾　伟

钱静斐　孙致陆　丁琳琳　张永勋

曹芳芳　钱　宸

前言

当前,国际地缘格局和政治力量对比加速演变,国际产业发展和分工格局出现重大变革,国际经贸投资规则体系面临重塑。在贸易保护主义抬头和"逆全球化"背景下,我国亟须更大幅度地推进农业对外开放,保障国家粮食安全并推动实现联合国可持续发展目标(SDGs),提高中国在全球粮食安全领域的话语权与影响力。系统研究"一带一路"倡议与SDGs背景下的国际农业经贸潜力与合作战略,既可服务于国家发展大局,为"一带一路"倡议、农业国际合作等相关工作提供参考,也可尝试探索复杂经贸环境背景下的农业国际合作问题,发展国际经贸合作相关理论,具有重要的研究意义。

鉴于此,中国农业科学院"国际农业经济与贸易"创新团队将《"一带一路"倡议与SDGs背景下国际农业经贸潜力与合作战略》列为2020年度重点研究任务开展集中攻关。按照"合作诉求(发现问题)→合作方式(分析问题)→合作战略(解决问题)"的研究思路,立足经典的投资与贸易理论以及地缘政治、农业布局、资源环境等其他理论基础,以"一带一路"倡议与SDGs背景下的全球农业资源优化配置与产业链重构为核心视角,综合应用实证研究、案例分析、实地调研等科学方法,科学测算中国与典型国家、重点区域在投资、贸易等领域的潜力空间,借鉴典型国家的农业国际合作经验,研究提出"十四五"中国农业对外开放策略。

全书共分为三部分十一章内容,其中第一部分为第一章绪论,提出问题;第二部分为第二章至第八章,为本书的问题分析部分,从全球农业农村发展概况、全球农业生产要素特征与开发潜力、全球农业生产效率影响因素及国际比较、全球粮食安全评价与增产潜力、全球对外农业投资与发展中国家粮食安全、全球农业技术转移模式与实施效果、中国农产品贸易增长机制和潜力等方面分析了"一带一路"倡议与SDGs背景下农业国际合作需求与存在的问题；第三部分为第九章至第十一章，为本书的对策部分，将分析新冠肺炎疫情对全球农产品市场与贸易的影响冲击，借鉴典型国家的国际农业合作经验与模式，研究提出"十四五"时期中国农业国际合作形势与合作策略。

"国际农业经济与贸易"创新团队首席专家李先德研究员设计了整个书稿提纲。各章节分别由以下人员撰写：第一章，李先德、陈秧分、孙致陆、钱宸；第二章，曹芳芳；第三章，张永勋、李先德；第四章，刘合光、王目文、王静怡；第五章，孙致陆、李先德；第六章，陈秧分、姜小鱼；第七章，丁琳琳；第八章，贾伟；第九章，李先德、孙致陆、贾伟、曹芳芳、陈秧分、袁龙江；第十章，曹芳芳（巴西和印度）、钱静斐（美国）；第十一章，陈秧分、钱静斐。李先德、陈秧分对各章节进行了统稿。

需要说明的是，"一带一路"倡议与SDGs涉及领域众多，国际农业经贸潜力与合作战略影响因素复杂。受时间、学术水平等限制，本书稿采用定性与定量相结合的方法，侧重关注农业生产要素开发潜力、农业生产效率影响因素、粮食增产潜力、对外农业投资、农业技术转移、农产品贸易增长等相关方面。各部分以"一带一路"倡议、SDGs、国际农业经贸合作作为背景开展相对独立的研究，为了体现团队成员本意，兼顾文责自负的考虑，在统稿和定稿时并未大幅调整研究框架和研究内容。

书稿撰写时参考了大量的文献资料，在每章后面进行了相应的文献资料标注，但仍恐有挂一漏万之处。因为任务启动时间较早，书稿中的一些内容已经公开发表在《中国农村经济》《农业经济问题》《华中农业大学学报（社会科学版）》、*Sustainability* 等国内外刊物，期间得到了审稿专家与编辑部老师的宝贵建议，谨致谢意。"一带一路"倡议与SDGs背景下的国际农业经贸潜力与合作战略，研究意义深远，涉及领域众多，影响因素复杂，本书仅是初步探索，包括研究框架、内容观点等方面均有诸多尚待完善之处，恳请各位读者和专家学者批评指正。

著 者

2022年5月

目 录

第一章 绪 论 ··· 1
  第一节 研究背景 ··· 1
  第二节 文献综述 ··· 4
  参考文献 ··· 9

第二章 全球农业农村发展概况 ··· 17
  第一节 自然资源与宏观经济 ·· 17
  第二节 农业投入与产出 ··· 21
  第三节 粮食安全与贸易 ··· 27

第三章 全球农业生产要素特征与开发潜力 ······························· 31
  第一节 全球农业生产的自然要素特征 ····································· 31
  第二节 全球农业生产的社会经济要素特征 ······························· 40
  第三节 全球农业生产开发潜力及分析 ····································· 48
  参考文献 ··· 52

第四章 全球农业生产效率影响因素分析与国际比较 ···················· 54
  第一节 相关研究进展 ·· 54
  第二节 理论模型与研究方法 ·· 58
  第三节 实证分析结果 ·· 61
  参考文献 ··· 69

第五章　全球粮食安全评价与增产潜力分析 73

第一节　全球粮食安全评价 74

第二节　全球粮食生产现状 83

第三节　全球粮食增产潜力分析 104

参考文献 114

第六章　全球对外农业投资与发展中国家粮食安全 116

第一节　研究背景 116

第二节　理论基础与数据方法 117

第三节　实证分析结果 123

参考文献 133

第七章　全球农业技术转移模式与实施效果 138

第一节　全球农业技术转移模式现状 138

第二节　典型国家农业技术转移模式与效果 144

第三节　全球农业技术转移模式的发展趋势与启示 151

第四节　对优化我国农业技术转移模式的启示 153

参考文献 156

第八章　全球化背景下中国农产品贸易增长机制和潜力 158

第一节　中国农产品贸易的基本特征 158

第二节　农产品贸易增长的源泉 163

第三节　贸易成本的内涵及测算 166

第四节　中国农产品贸易潜力估算 169

第五节　结论和讨论 173

参考文献 174

第九章　新冠肺炎疫情对全球农产品市场与贸易的影响及对策建议 177

第一节　疫情暴发初期全球农产品市场与贸易形势 177

第二节　疫情影响全球农产品市场与贸易的若干判断 …………… 182
　　第三节　疫情对中国的影响及对策建议 ……………………………… 185
　　参考文献 …………………………………………………………………… 187

第十章　典型国家的国际农业合作经验与模式 …………………………… 189
　　第一节　巴西国际农业合作经验与模式 ……………………………… 189
　　第二节　印度国际农业合作经验与模式 ……………………………… 199
　　第三节　美国国际农业合作经验与模式 ……………………………… 208
　　参考文献 …………………………………………………………………… 221

第十一章　"十四五"时期中国农业对外开放形势与策略 ……………… 223
　　第一节　农业对外开放面临的背景形势 ……………………………… 223
　　第二节　农业对外开放存在的短板瓶颈 ……………………………… 227
　　第三节　农业对外开放的主要目标与任务 …………………………… 230
　　第四节　促进农业对外开放的对策建议 ……………………………… 233
　　参考文献 …………………………………………………………………… 236

彩　图 ……………………………………………………………………………… 239

第一章 绪 论

第一节 研究背景

一、实现联合国可持续发展目标（SDGs）需要深化全球农业经贸合作

2015年9月25日，联合国大会通过了《变革我们的世界：2030年可持续发展议程》，提出了17个SDGs（表1-1）和169个具体目标。这些目标涉及贫困、饥饿、福祉、教育、性别平等、可持续的消费和生产等多个方面，兼顾了经济、社会和环境。其中，目标1、目标2、目标3与农业发展直接相关，其他目标也与农业发展有着紧密关联。

表1-1 联合国SDGs

序号	内容
目标1	在全世界消除一切形式的贫困
目标2	消除饥饿，实现粮食安全，改善营养状况和促进可持续农业
目标3	确保健康的生活方式，促进各年龄段人群的福祉
目标4	确保包容和公平的优质教育，让全民终身享有学习机会
目标5	实现性别平等，增强所有妇女和女童的权能
目标6	为所有人提供水和环境卫生并对其进行可持续管理
目标7	确保人人获得负担得起的、可靠和可持续的现代能源

（续表）

序号	内容
目标8	促进持久、包容和可持续经济增长，促进充分的生产性就业和人人获得体面工作
目标9	建造具备抵御灾害能力的基础设施，促进具有包容性的可持续工业化，推动创新
目标10	减少国家内部和国家之间的不平等
目标11	建设包容、安全、有抵御灾害能力和可持续的城市和人类住区
目标12	采用可持续的消费和生产模式
目标13	采取紧急行动应对气候变化及其影响
目标14	保护和可持续利用海洋和海洋资源以促进可持续发展
目标15	保护、恢复和促进可持续利用陆地生态系统，可持续管理森林，防治荒漠化，制止和扭转土地退化，遏制生物多样性的丧失
目标16	创建和平、包容的社会以促进可持续发展，让所有人都能诉诸司法，在各级建立有效、负责和包容的机构
目标17	加强执行手段，重振可持续发展全球伙伴关系

资料来源：《变革我们的世界：2030年可持续发展议程》。

根据联合国发布的《2021年可持续发展目标报告》，全球仍面临日益加剧的粮食不安全、自然环境恶化、持续和普遍的不平等等问题。2020年全球陷入贫困的人口数量比2019年增加1.2亿人左右，极端贫困率自1998年以来首次上升，从2019年的8.4%升至9.5%，饥饿人口数量可能增加8 300万人至1.32亿人，总数达到8亿人左右。根据联合国粮食及农业组织（FAO）、国际农业发展基金、联合国儿童基金会、世界粮食计划署和世界卫生组织发布的《2020年世界粮食安全和营养状况报告》，2020年全世界有7.20亿～8.11亿人口面临饥饿，比2019年增加了1.61亿人。2020年全球有近23.7亿人无法获得充足的食物，在短短一年内就增加了3.2亿人。要想实现消除饥饿和一切形式营养不良的目标，就必须摒弃单一的解决方案，采用综合性粮食体系解决方案以及能快速应对全球粮食安全和营养挑战的政策和投资方案。

二、国际农业经贸合作是"一带一路"倡议的重要内容

2013年9月和10月，习近平总书记先后提出了建设"丝绸之路经济带"和

"21世纪海上丝绸之路"的合作倡议。随后,国家发展改革委、外交部、商务部于2015年3月联合发布了《推动共建丝绸之路经济带和21世纪海上丝绸之路的愿景与行动》,秉持和平合作、开放包容、互学互鉴、互利共赢的理念,全方位推进务实合作,打造政治互信、经济融合、文化包容的利益共同体、命运共同体和责任共同体,包括政策沟通、设施联通、贸易畅通、资金融通、民心相通五大合作重点。

国际农业经贸合作是"一带一路"倡议的重要内容。根据原农业部(2018年更名为农业农村部)、国家发展改革委、商务部、外交部在2017年联合发布的《共同推进"一带一路"建设农业合作的愿景与行动》,农业发展是"一带一路"沿线国家国民经济发展的重要基础,沿线大部分国家对解决饥饿和贫困问题、保障粮食安全与营养的愿望强烈,开展农业合作是沿线国家的共同诉求。在"一带一路"倡议下,农业国际合作成为沿线国家共建利益共同体与命运共同体的最佳结合点之一。尤其是当今世界正面临百年未有之大变局,保护主义与单边主义抬头,国际农业经贸合作的意义尤为深远。

三、当前国际农业经贸合作仍待提质增效

改革开放尤其是加入世界贸易组织(WTO)以来,中国农业对外合作程度持续加深。2004年起,中国由农产品净出口国转变为农产品净进口国,2013年中国农业对外投资规模首次超过引进外资规模,中国农业经贸合作的深度与广度不断拓展。尤其是2012年以来,中国从"高层互访推动农业合作"到"主动参与全球资源配置",从"积极参与国际标准规则制定"到"成功举办世界性农业会议",从"南南合作(发展中国家间的经济技术合作)"到"全球治理",从"引进来"到"走出去",利用两个市场、两种资源、两种规则的能力持续增强,农业国际话语权和全球影响力显著提升,农业国际交流合作达到了前所未有的深度、广度、速度和力度,有效服务了农业农村经济大局和国家整体外交(白锋哲 等,2017)。在取得显著成效的同时,中国对外农业投资与技术转移项目仍存在可持续性偏差、恶性竞争等诸多现实问题(宋洪远 等,2014;赵立军 等,2017;Chen et al.,2017),大豆等重要农产品高度依赖于国际市场,面临较高的不确定性(卢昱嘉 等,2019)。尤其是当前国际地缘格局和政治力量对比加速演变、国际产业发展和分工格局出现重大变革、国际经贸投资规则体系

面临重塑；在贸易保护主义抬头和"逆全球化"背景下，我国亟须更大幅度地推进农业对外开放，保障国家粮食安全并推动实现联合国SDGs，提高中国在全球粮食安全领域的话语权与影响力。

第二节 文献综述

一、农业"走出去"现状与问题

农业"走出去"包括农业对外投资、农产品贸易、农业对外援助（技术转移）等多种方式。既有研究大多立足定性分析与调查研究，关注中国农业"走出去"特征、成效、问题、模式与建议。从时序来看，我国早在20世纪50年代即以对外援助的方式开展了农业对外合作，当前农业"走出去"呈现整体性、从政府为主向企业为主转变、基于农业的公共性开展农业外交、参加国际农业合作的主动性增强等显著特征（古川 等，2017；韩振国 等，2020）；从"走出去"模式来看，我国农业"走出去"形成了全产业链、抱团出海、租地代种、替代种植、收购兼并等典型模式（徐雪高 等，2015）；从成效与问题来看，中国农业"走出去"取得了促进国家粮食安全、提升国际话语权等显著成效，但也面临国际政治环境严峻、企业竞争力不强、国内政策服务不到位、行业协会支撑不足等方面的制约（李治 等，2020），需要政府、行业协会等从多方面加以协调、支持与引导（徐明 等，2015），不断提升农业对外合作的可持续性。

二、农业对外投资相关研究进展

对外直接投资是全球供应链治理的一种特殊形式（宋华 等，2014），是提升农产品供应链掌控能力的一种主动行为。传统的对外投资研究以成本最小化或利润最大化作为决策目标，并逐步引入了交易成本、信息成本等广义成本以及市场潜力等控制因素，具体可划分为资源寻求型、市场寻求型、效率寻求型以及战略资产寻求型等不同类型（Dunning，1973；Jiang et al.，2018）。随着新制度经济学兴起，文化、制度等不确定性因素在对外直接投资区位研究中日益受到重视

（姜小鱼 等，2018；高鹏飞 等，2019；Anyanwu，2012）。

始于2006年的农业"走出去"以及2013年的"一带一路"倡议为中国农产品贸易和农业对外投资提供了良好机遇，中国农业对外投资由关注利用国外廉价的土地资源逐步转向增加对农产品供应链的控制权（李飞星 等，2016），呈现动因多样性、分布广泛性、生产集中性、主体多元性等显著特征（程国强 等，2015），但中国农业对外投资总体上仍处于探索和起步阶段，尚未达到预期效果（杨易 等，2012）。整体来看，我国目前农业对外投资项目主要分布在亚洲、大洋洲、欧洲等区域（梁丹辉 等，2021），以种植业投资为主，存在投资风险多元、投资环境多变、农业企业规模偏小、企业经营合规性较差和跨国经营人才匮乏等一系列瓶颈问题（高贵现 等，2014；韩璟 等，2021）。受困于近年来全球的经济放缓和保守主义蔓延，国际投资规则正经历着系统性重构，导致中国对外投资行为容易受到国际社会的质疑与误解，成为发展机遇与"新殖民主义"争议的核心关注对象（Robertson et al.，2010），这也在一定程度上抑制了我国农业对外投资的增长趋势。我国农业对外投资自2016年达到历史高位的29.7亿美元后呈现逐年下降的趋势（胡冰川，2020）。已有研究从比较优势、发展外溢、全球化、粮食安全和地缘关系等视角进行了解读（Hofman et al.，2012；韩璟 等，2020），但针对我国农业对外直接投资的区位性研究（如"一带一路"沿线国家）和经济效益等方面的研究偏少，特别是面向国家需求的对外投资空间战略研究尤为缺乏（郑蕾 等，2015），以理论分析为基础探索中国农业对外投资路径的研究仍有待加强。

三、农业技术转移相关研究进展

农业技术进步是农业发展的核心要素，而农业技术国际转移对于促进全球农业生产水平提高、国际粮食安全都具有重要意义（刘学瑜 等，2015）。自1978年以来，联合国在发展中国家间技术合作（TCDC）《布宜诺斯艾利斯行动计划》（BAPA）的指导下，推动全球、区域和国家层面上展开了多种形式的"南南合作"。1985年，联合国进一步拟定了《国际技术转让行动守则（草案）》，对国家和区域间技术转移做出规定和规范。

技术合作和技术转移是中国在"南南合作"框架下发展国际合作的核心要件，与西方基于制度改善、追求"善治"（Good Governance）之上的国际发展框架具有本质的差别，基于技术转移与经验分享之上的发展合作为合作方提供了更为开放自主的发展道路选择空间。自20世纪70年代以来，中国在农业国际合作的舞台上已从单纯的技术接受者逐渐发展成为重要的国际农业技术贡献者（Xu et al.，2021）。从实践上看，近年来中国对中非和中亚的农业技术转移都属于在人类命运共同体主张下积极履行"南南合作"的典范。当前，中国在国内经济技术发展的基础上不断提高"三农"投入的比重，积累了丰富的农业发展和减贫经验；但也造成农业产能一定程度的过剩；非洲和中亚地区均拥有丰富的农业资源和发展潜力，但农业技术装备水平较为落后，因此两个地区与中国均存在很强的农业技术转移发展潜力（杨军 等，2012；景守武 等，2016；李豫鑫 等，2012）。

在对非农业技术转移方面，中非农业技术合作是我国援非的重要方式（Amanor et al.，2016）。除出口农业技术本身，推广我国农业发展的思想和理论经验并将其融入当地的农业发展对于实现双方农业合作的可持续性至关重要（蒋和平，2008）。但在实践中，受到技术人员输入限制、批准流程繁杂、运营成本高等问题，我国尚未建立可持续的对非农业技术转移机制（周海川，2012；Xu et al.，2016）。在对中亚农业技术转移方面，随着"一带一路"倡议的发起，农业技术转移已成为我国强化与中亚地区产能合作的重要组成部分（石先进，2020）。目前，中国对中亚的已有农业技术转移涵盖了从农业教育、人才培养、企业培训到建设农业科技产业园等多元化转移方式（闫琰 等，2016）。随着《上海合作组织多边经贸合作纲要》的签署，中国对中亚的农业技术转移有望随着农业设施贸易的深化得到进一步加强（赵敏娟，2018）。

已有研究重点关注了中国对外农业技术转移的模式、机制和潜力等方面（杨万宏，1993；黄晓凤，2007；刘艳艳 等，2013），然而大多数研究基于定性的分析，缺乏适用于我国的系统的农业技术转移理论，同时，鲜有研究通过定量分析的方式探讨我国对外农业技术转移的效率，缺乏从技术转移到成果转化的效益评估。

四、农产品贸易相关研究进展

农产品贸易是联合国可持续发展议程的核心议题之一，对发展中国家减少饥饿和贫困具有重要影响，不仅使其获得了更大市场准入和拓展专业化生产与规模化经济的机会，还提供了获得更好更便宜农产品的机会，并可促进技术和资本的流动，有助于改善粮食安全（FAO，2020；孙致陆，2022）。近年来，很多国家认识到贸易开放在保障粮食安全方面的重要作用并加以利用（Zhang et al.，2021），越来越多的国家依靠国际贸易确保粮食安全，这也使得国际贸易正在成为全球农产品供应链中越来越重要的组成部分（Fusco et al.，2020）。据WTO估计，近年来全球平均每6个人中就有1个人几乎完全依靠国际贸易获取粮食，到2050年该比例预计将提高到50%（WTO，2021）。1995年以来全球农产品与食品贸易额实际增长1倍以上，新兴国家和发展中国家在全球农产品与食品市场上的参与度不断提升，其出口额已占世界出口总额1/3以上。

中国是全球农产品贸易大国，近年来中国农产品贸易国际地位和影响力显著提升（马洪涛，2021）；截至2019年，中国已经成为全球农产品第二大贸易国、第二大进口国和第五大出口国（朱晶 等，2021）。从发展阶段看，改革开放以来中国农产品贸易总体上经历了3个主要发展阶段：双重体制、探索开放（1979—1991年），深化改革、加速开放（1992—2001年），接轨世界、全面开放（2002年至今）（朱晶 等，2018）。从中国农产品贸易市场结构看，近年来呈现出进口市场相对集中、出口市场多元化明显、贸易伙伴与渠道进一步拓展等特征；其中，进口市场主要是巴西、美国、欧盟、东盟和澳大利亚，出口市场主要是日本、中国香港、美国、越南和韩国（马洪涛，2021）。从中国农产品贸易产品结构看，近年来，主要进口土地密集型农产品和以此为基质的高蛋白食用农产品，主要出口以"两水一菜一叶①"为代表的劳动密集型农产品（杜鹰 等，2022）。中国自加入WTO以来，中国农产品贸易取得了与国际规则接轨、农业市场化国际化程度提高、"引进来"发挥重要作用、"走出去"打造国际产业链能力进一步增强、带动国内农业生产结构优化调整等一系列积极变化，但也面临着贸易比较优势与竞争力持续减弱、贸易逆差不断扩大、粮食自给率趋于下降、贸易争端与诉讼压力持续增加、国际市场利用风险加剧等诸多问题和挑战（田维明 等，2013；秦富 等，2015；黄季焜，2021；陈秧分 等，2021；Glauber，2021）。

近年来，已有研究从贸易强度（栾一博 等，2019）、产业内贸易（孙致陆 等，2021）、贸易条件（徐志远 等，2017；胡月 等，2021）、贸易质量（陈容 等，2017）、贸易边际（Tian et al.，2014；孙致陆 等，2018；徐芬，2020）、贸易网络（苏昕 等，2019；Qiang et al.，2019）、虚拟耕地和虚拟水流量（曹冲

---

① "两水一菜一叶"指水产品、水果、蔬菜、茶叶。

等，2019；Liu et al.，2021；曾贤刚 等，2021）、隐含化肥转移（朱安丰 等，2022）、出口企业生产率（贾伟 等，2018）等方面系统阐释了中国农产品贸易演进规律，还进一步从自由贸易协定（徐芬 等，2017；Lyu et al.，2021；陈雨生 等，2022）、贸易摩擦（王月 等，2020；Elobeid et al.，2021）、关税和非关税壁垒（Zhou et al.，2021；Wongmonta，2021）、中美经贸协议（孙东升 等，2021；Feenstra et al.，2022）、新冠肺炎疫情（李先德 等，2020；程国强 等，2020；Mao et al.，2021）、贸易成本（Wang et al.，2016；贾伟 等，2017）、外商直接投资（潘伟康 等，2018）、知识产权保护（张琳琛 等，2020）、电商发展（陈卫洪 等，2020）等方面深入探究了中国农产品贸易影响因素。

五、国际农业经贸合作战略与对策

国际农业经贸合作战略受到各方关注。常见的研究视角包括区域公共产品理论与比较优势理论（Chen et al.，2017），如曹云华等（2015）运用区域公共产品理论分析了中国—东盟农业互联互通合作的进程、内容和驱动力，认为应将贸易、投资、技术、基础设施及政策互通作为中国与东盟区域农业合作的基本路径，形成区域一体化合作机制。唐冲等（2015）采用区域比较优势分析等方法，结合"一带一路"倡议背景，从提升我国农业国际竞争力和话语权的角度，认为我国与东南亚地区农业合作开发应以稻谷、天然橡胶、油棕榈、木薯、甘蔗和林业六大行业作为战略重点领域，并提出了"三线两区"的合作发展总体布局。多数研究分析侧重于定性分析或逻辑判断，所提国际合作战略存在显著差异，隋博文等（2017）通过梳理和分析农业合作的主要方式，提出实现国际农业合作转型升级的关键在于贸易协调、技术应用、主体拓展和风险规避。陶海东（2010）深入分析了中俄农业合作动因，并认为中俄两国在文化传统、企业经营理念等方面的差异性显著，以及双方在合作过程中存在信息不对称等问题，在此基础上提出了以企业集群模式建立合作机制的具体构想。许振宝等（2016）基于中俄两国在农业生产、农产品贸易等方面的强互补性，提出了因地制宜、科技互补、政府支持、贸易投资双促进的农业合作新思路。张新颖等（2012）指出，中俄两国应共同构建一个以优化两国农业产业结构为基础、以农业科技创新为主线的动态稳定的农业合作框架，以促进生产、贸易、投资结构的转型升级，实现食品、生态、经济目标的兼容。徐鸣（2010）基于"资本三要素"视角，分析了中非农业合作现状，提出在合作中除了要重视物质资本投入外，更要加大智力资本和人力资本投入，促进"三要素"合理配置、科学利用，以此来实现中非农业合作的可持续发展。邹力行（2014）认为中国与拉丁美洲国家农业战略合作的思路应是粮食物流新通道建设以及农产品加工、仓储、物流等环节基础设施的建立和改进。谢文泽（2014）进一步指出中小型机械化、旱作农业、运输业和仓储设施的建设是中国拉丁美洲国家农业合作的重点。朱鹏（2020）立足我国农业比较优势和产业特点，明确了中国与"一带一路"沿线国家农业国际合作的重点区域、关键领域和主要方式。

对于"一带一路"沿线而言，中国迫切需要依据农业生产要素的比较优势差异，选择投资合作模式和产业链环节（苏珊珊 等，2019）。金砖国家农业资源条件、产品产出及贸易方面存在较大的差异性和互补性，具有加强农业合作的潜在基础（吴殿廷 等，2014）。立足我国对粮食等大宗战略农产品的发展需求、东南亚各国的农业资源禀赋与合作意向，明确我国对东南亚地区的农业合作开发宜以稻谷、天然橡胶、油棕榈、木薯、甘蔗和林业作为重点，以提升原料掌控权和贸易话语权作为关键环节，构筑"三线两区"的合作开发总体布局。

参考文献

白锋哲，吕珂昕，2017. 开放合作引领农业走向世界：党的十八大以来农业国际合作成就综述 [N]. 农民日报，2017-09-23.

曹冲，夏咏，陈俭，2019. 虚拟土视阈下中国重点大宗农产品贸易流的驱动因素研究：基于LMDI模型的再检验 [J]. 农业技术经济（8）：133-144.

曹云华，胡爱清，2015. "一带一路"战略下中国—东盟农业互联互通合作研究 [J]. 太平洋学报，23（12）：73-82.

陈容，许和连，2017. 中国出口农产品质量测算：2000—2013年 [J]. 国际贸易问题（12）：14-23.

陈卫洪，王莹，王晓伟，2020. 电商发展对农产品进出口贸易的影响分析 [J]. 农业技术经济（4）：134-142.

陈秧分，钱静斐，2021. "十四五"中国农业对外开放：形势、问题与对策 [J]. 华中农业大学学报（社会科学版）（1）：49-56.

陈雨生，王艳梅，2022. RCEP自贸区内中国农产品出口效应及贸易前景：基于随机模型及细分市场的实证分析 [J]. 中国流通经济（4）：56-66.

程国强，2015. 共建"一带一路"：内涵、意义与智库使命 [J]. 中国发展观察（4）：8-11.

程国强，朱满德，2020. 新冠肺炎疫情冲击粮食安全：趋势、影响与应对 [J]. 中国农村经济（5）：13-20.

杜鹰，张秀青，谢兰兰，等，2022. 新时期我国农业对外开放与高质量发展问题研究 [J]. 全球化（1）：5-26.

高贵现，朱月季，周德翼，2014. 中非农业合作的困境、地位和出路 [J]. 中国软科学（1）：36-42.

高鹏飞，辛灵，孙文莉，2019. 中国对外直接投资体制的逻辑演进与创新策略 [J]. 经济体制改革（6）：135-142.

古川，张振，2017. 新时期农业"走出去"政策的演进过程与发展框架 [J]. 湖湘论坛，30（4）：88-93.

韩璟，卢新海，匡兵，2020. 中国海外耕地投资东道国的空间分布及地缘关系因素影响路径分析 [J]. 中国土地科学，34（10）：79-88.

韩璟，周金佩，卢新海，2021. 中国海外耕地投资东道国空间分布及地缘关系影响 [J]. 华中农业大学学报（社会科学版）（6）：155-164，193-194.

韩振国，杨静，李晶，2020. 新中国70年农业"走出去"的历程探究 [J]. 世界农业（6）：104-109，119.

胡冰川，2020. "十四五"农业国际合作若干重大问题前瞻 [J]. 农业经济问题（10）：103-112.

胡月，田志宏，2021. 进出口多样化是否改善了贸易条件：基于全球农业贸易的证据 [J]. 国际贸易问题（1）：81-96.

黄季焜，2021. 对近期与中长期中国粮食安全的再认识 [J]. 农业经济问题（1）：19-26.

黄晓凤，2007. 中国农业技术国际转移的方式选择 [J]. 科研管理（5）：178-184，190.

贾伟，宫同瑶，秦富，2017. 贸易成本对中国各地区农产品贸易增长的影响：基于可计算一般均衡模型的分析 [J]. 中国农村经济（4）：59-74.

贾伟，王丽明，毛学峰，等，2018. 中国农业企业存在"出口—生产率悖论"吗

[J]. 中国农村经济（3）：45-60.

姜小鱼，陈秧分，王丽娟，2018. 中国海外耕地投资的区位特征及其影响因素：基于2000—2016年土地矩阵网络数据 [J]. 中国农业资源与区划，39（9）：46-53.

蒋和平，2008. 中非农业合作的思路与政策建议 [J]. 农业科技管理（6）：5-7.

景守武，夏咏，唐洪松，等，2016. 中国与中亚农业技术转移分析 [J]. 湖北农业科学，55（14）：3753-3758.

李飞星，胡振华，2016. 国际化农业企业全球网络嵌入、本地网络嵌入及竞争力之间的影响 [J]. 经济地理，36（7）：122-131，153.

李先德，孙致陆，贾伟，等，2020. 新冠肺炎疫情对全球农产品市场与贸易的影响及对策建议 [J]. 农业经济问题（8）：4-11.

李豫鑫，朱鑫新，倪超君，2012. 中国新疆与中亚地区农业区域合作发展研究 [M]. 北京：中国农业出版社.

李治，王东阳，胡志全，2020. "一带一路"倡议下中国农业企业"走出去"的现状、困境与对策 [J]. 农业经济问题（3）：93-101.

梁丹辉，张学彪，2021. 我国农业对外投资研究现状及展望 [J]. 中国农业资源与区划，42（12）：237-243.

刘学瑜，蒋和平，2015. 农业技术转移国内外研究进展 [J]. 中国食物与营养，21（7）：32-35.

刘艳艳，郭春雨，蔡辉益，2013. 国内外农业技术转移模式比较与借鉴 [J]. 中国农业科技导报（6）：78-82.

卢昱嘉，陈秧分，韩一军，2019. 全球大豆贸易网络演化特征与政策启示 [J]. 农业现代化研究，40（4）：674-682.

栾一博，曹桂英，史培军，2019. 中非农产品贸易强度及其国际地位演变分析 [J]. 世界地理研究（4）：35-43.

马洪涛，2021. 入世20年中国农产品贸易发展及趋势展望 [J]. 农业经济问题（12）：50-54.

潘伟康，傅昌銮，2018. 外商直接投资、母国经济自由度与中国农产品进口：基于OECD国家的实证 [J]. 农业技术经济（7）：107-118.

秦富，钟钰，贾伟，2015. 主动应对农产品贸易挑战的思考和建议 [J]. 农业经济问题（11）：4-8.

石先进，2020. "一带一路"框架下中国与中亚五国农业产能合作路径 [J]. 云南大学学报（社会科学版），19（1）：135-144.

宋洪远，张红奎，2014. 我国企业对外农业投资的特征、障碍和对策 [J]. 农业经济问题，35（9）：4-10，110.

宋华，贾景姿，2014. 全球供应链模型构建及相关研究述评 [J]. 商业研究（2）：170-177.

苏珊珊，霍学喜，黄梅波，2019. 中国与"一带一路"国家农业投资合作潜力和空间分析 [J]. 亚太经济，2019（2）：112-121，152.

苏昕，张辉，2019. 中国与"一带一路"沿线国家农产品贸易网络结构与合作态势 [J]. 改革（7）：96-110.

隋博文，庄丽娟，2017. 中国与东盟双方跨境农业合作方式探析 [J]. 对外经贸实务（6）：26-28.

孙东升，苏静萱，李宁辉，等，2021. 中美贸易摩擦对中美农产品贸易结构的影响研究 [J]. 农业经济问题（1）：95-106.

孙致陆，2022. 贸易开放改善了粮食安全状况吗？[J]. 中国流通经济（3）：80-92.

孙致陆，李先德，2018. 中国粮食贸易逆差之谜：种类、价格抑或数量 [J]. 国际贸易问题（9）：9-24.

孙致陆，李先德，李思经，2021. 中国与"一带一路"沿线国家农产品产业内贸易及其影响因素研究 [J]. 华中农业大学学报（社会科学版）（1）：57-68.

唐冲，陈伟忠，申玉铭，2015. 加强东南亚农业合作开发的战略重点与布局研究 [J]. 中国农业资源与区划（2）：84-91.

陶海东，2010. 我国地方省份与俄罗斯农业合作机制研究：以河南为例 [J]. 经济问题（4）：88-91.

田维明，高颖，张宁宁，2013. 入世以来我国农业和农产品贸易发展情况及存在的突出问题分析 [J]. 农业经济问题（11）：13-18.

王月，程景民，2020. 贸易摩擦、中国农产品市场引力效应与伙伴国贸易前景：基于随机模型及15国数据的实证研究 [J]. 上海经济研究（5）：131-142.

吴殿廷，杨欢，耿建忠，等，2014. 金砖五国农业合作潜力测度研究 [J]. 经济地理，34（1）：121-127.

谢文泽，2014. 拉美地区粮食增产前景及中拉农业合作重点 [J]. 拉丁美洲研究（2）：36-41.

徐芬，2020. 我国农产品进口贸易结构分析：基于贸易增长的三元分解 [J]. 中国流通经济（6）：96-104.

徐芬，刘宏曼，2017. 中国农产品进口的自贸区贸易创造和贸易转移效应研究：基于SYSGMM估计的进口需求模型 [J]. 农业经济问题（9）：76-84.

徐明，宋雨星，郭丽楠，2015. 中国农业"走出去"面临的新形势与新问题探析 [J]. 世界农业（3）：163-166，212.

徐鸣，2010. 基于"资本三要素"视角的中非农业合作分析 [J]. 国际经贸探索（9）：46-50.

徐雪高，张振，2015. 政策演进与行为创新：农业"走出去"模式举证 [J]. 改革（3）：127-135.

徐志远，朱晶，2017. 中国农产品贸易条件再估算：基于种类变动视角 [J]. 上海经济研究（11）：75-86.

许振宝，李哲敏，2016. "一带一路"战略下中国与俄罗斯农业合作探析 [J]. 世界农业（8）：192-196.

闫琰，王秀东，2016. "一带一路"背景下我国与中亚五国农业区域合作的重点领域 [J]. 经济纵横（12）：67-72.

杨军，杨文倩，李明，等，2012. 中非农产品贸易结构变化趋势、比较优势及互补性分析 [J]. 中国农村经济（3）：44-52，67.

杨万宏，1993. 中国农业技术转移机制研究 [J]. 科研管理（6）：13-24.

杨易，马志刚，王琦，等，2012. 中国农业对外投资合作的现状分析 [J]. 世界农业（12）：107-112.

曾贤刚，段存儒，王睿，2020. 中国农产品贸易虚拟水转移及其影响因素研究 [J]. 中国环境科学（2）：983-992.

张静，曹芳芳，武拉平，2020. 双边贸易成本影响中国农产品出口边际了吗 [J]. 农业技术经济（3）：124-140.

张琳琛，董银果，2020. "跳板"抑或"屏障"：进口国知识产权保护对中国植物类农产品出口贸易的影响 [J]. 中国农村经济（8）：124-144.

张新颖，李淑霞，2012. 中国与俄罗斯农业合作的三大趋势 [J]. 中国农村经济（5）：85-92.

张玉梅，盛芳芳，陈志钢，等，2021. 中美经贸协议对世界大豆产业的潜在影响分析：基于双边贸易模块的全球农产品局部均衡模型 [J]. 农业技术经济

（4）：4-15.

赵立军，陈秧分，李先德，2017. 基于粮食安全视角的海外农业投资关注与政策启示 [J]. 中国农业资源与区划，38（1）：7-11，30.

赵敏娟，2018. 中亚五国农业发展：资源、区划与合作 [M]. 北京：中国农业出版社.

郑蕾，刘志高，2015. 中国对"一带一路"沿线直接投资空间格局 [J]. 地理科学进展，34（5）：563-570.

周海川，2012. 援非农业技术示范中心可持续发展面临的问题与对策 [J]. 中国软科学（9）：45-54.

朱安丰，郭正权，解伟，等，2022. 全球价值链视角下中国农产品贸易隐含氮、磷、钾研究 [J]. 自然资源学报（1）：221-232.

朱晶，李天祥，林大燕，2018. 开放进程中的中国农产品贸易：发展历程、问题挑战与政策选择 [J]. 农业经济问题（12）：19-32.

朱晶，李天祥，臧星月，2021. 高水平开放下我国粮食安全的非传统挑战及政策转型 [J]. 农业经济问题（1）：27-40.

朱鹏，2020. 中国与"一带一路"国家农业合作的战略选择及实现路径 [J]. 江淮论坛（3）：38-43.

邹力行，2014. 中国与南美国家农业合作新思路 [J]. 国际经济评论（6）：145-154.

AMANOR K S，CHICHAVA S，2016. South-south cooperation，agribusiness，and African agricultural development：Brazil and China in Ghana and Mozambique [J]. World Development，81：13-23.

ANYANWU J C，2012. Why does foreign direct investment go where it goes：new evidence from African countries [J]. Annals of Economics and Finance，13（2）：425-462.

CHEN Y，LI X，WANG L，2017. Is China different from other investors in global land acquisition：some observations from existing deals in China's Going Global Strategy [J]. Land Use Policy，60：362-372.

DUNNING J H，1973. The determinants of international production [J]. Oxford economic papers，25（3）：289-336.

ELOBEID A，CARRIQUIRY M，DUMORTIER J，et al.，2021. China-U. S.

trade dispute and its impact on global agricultural markets, the U. S. economy, and greenhouse gas emissions [J]. Journal of Agricultural Economics, 72 (3): 647-672.

FAO, 2020. The State of Agricultural Commodity Markets 2020: agricultural markets and sustainable development: Global value chains, smallholder farmers and digital innovations [EB/OL]. https://doi. org/10. 4060/cb0665en.

FEENSTRA R, HONG C, 2022. China's import demand for agricultural products: the impact of the Phase One trade agreement [J]. Review of International Economics, 30: 345-368.

FUSCO G, COLUCCIA B, LEO F D, 2020. Effect of trade openness on food security in the EU: a dynamic panel analysis [J]. International Journal of Environmental Research and Public Health (12): 4311.

GLAUBER J W, 2021. China's accession to the WTO and its impact on global agricultural trade [Z]. IFPRI Discussion Paper 2085.

HOFMAN I, HO P, 2012. China's "Developmental Outsourcing": a critical examination of Chinese global "land grabs" discourse [J]. Journal of Peasant Studies, 39 (1): 1-48.

JIANG X, CHEN Y, WANG L, 2018. Can China's agricultural FDI in developing countries achieve a win-win goal: enlightenment from the literature [J]. Sustainability, 11 (1): 41.

LIU Y, ZHUO L, VARIS O, et al., 2021. Enhancing water and land efficiency in agricultural production and trade between Central Asia and China [J]. Science of the Total Environment, 780: 146584-146584.

LYU J, PREHN S, ZHANG Y, et al., 2021. Trade creation, political sensitivity and product exclusions: the political economy of agriculture protection in China's FTAs [J]. Australian Journal of Agricultural and Resource Economics, 65 (3): 627-657.

MAO R, JIA Z, CHEN K, 2021. Impacts of import refusals on agricultural exports during pandemics: implications for China [J]. China & World Economy, 29 (6): 139-158.

QIANG W, NIU S, WANG X, et al., 2019. Evolution of the global agricultural trade network and policy implications for China [J]. Sustainability, 12（1）: 192.

ROBERTSON B, PINSTRUP-ANDERSEN P, 2010. Global land acquisition: neo-colonialism or development opportunity? [J]. Food Security, 2（3）: 271-283.

TIAN D, LI R, YAO W, et al., 2014. Study on the survival of China agri-food export trade relationships [J]. China Agricultural Economic Review, 6（1）: 139-157.

WANG X, HAN G, MAEDA K, et al., 2016. China's agricultural trade costs: measurement and determinants [J]. Journal-Faculty of Agriculture Kyushu University, 61（1）: 215-223.

WONGMONTA S, 2021. Evaluating the impact of sanitary and phytosanitary measures on agricultural trade: evidence from thai fruit exports to China [J]. The Singapore Economic Review（1）: 1-19.

WTO, 2021. DG Okonjo-Iweala highlights vital role of trade for global food security [EB/OL]. https://www. wto. org/english/news_e/news21_e/dgno_06jul21_e. htm.

XU X, CABRAL L, CAO Y, 2021. Selective learning: China, the CGIAR, and global agricultural science in flux [J]. IDS Bulletin, 52（2）.

XU X, LI X, QI G, 2016. Science, technology, and the politics of knowledge: the case of China's agricultural technology demonstration centers in Africa [J]. World Development, 81: 82-91.

ZHANG C, YANG Y Z, FENG Z M, et al., 2021. Risk of global external cereals supply under the background of the COVID-19 pandemic: based on the perspective of trade network [J]. Foods（6）: 1168.

ZHOU J, WANG Y, MAO R, et al., 2021. Examining the role of border protectionism in border inspections: panel structural vector autoregression evidence from FDA import refusals on China's agricultural exports [J]. China Agricultural Economic Review, 13（3）: 593-613.

第二章　全球农业农村发展概况

本章将从全球以及非洲、美洲、亚洲、欧洲、大洋洲等不同区域，从自然资源、就业与收入、农业投入、产量指数、食物供给现状、粮食安全现状、食物净贸易7个方面，分析2007—2017年全球农业农村发展形势，着重分析2017年全球农业农村发展现状。

第一节　自然资源与宏观经济

一、自然资源

从森林面积占比来看，2017年世界平均水平为30.7%，非洲、美洲、亚洲、欧洲和大洋洲分别为20.9%、41.1%、19.1%、45.9%和20.5%。美洲和欧洲的森林面积占比均为四成以上，占比较高。

从农地面积占比来看，2017年世界平均水平为37.1%，非洲、美洲、亚洲、欧洲和大洋洲分别为38.4%、30.3%、53.6%、20.9%和45.3%。亚洲和大洋洲的农地占用比例均在50%左右，占比较高。

从陆地保护面积占比来看，2017年世界平均水平为14.7%，非洲、美洲、亚洲、欧洲和大洋洲分别为15.2%、17.9%、10.5%、12.8%和18.8%。各洲的陆地保护面积占用比例为10%~20%，亚洲和欧洲地区偏低，低于世界平均水平。

从有机农业面积来看，2017年世界有机农业面积为69 220公顷，非洲、美洲、亚洲、欧洲和大洋洲分别为1 930公顷、11 010公顷、6 670公顷、13 790公顷、35 820公顷，占比分别为2.8%、15.9%、9.6%、19.9%和51.8%。大洋洲的有机农业面积约占世界的一半；其次是欧洲，约为20%；美洲约为16%，而非洲和亚洲的有机农业面积占比较低。

从木材产量来看，2017年世界木材总产量为3 309.9万吨，非洲、美洲、亚洲、欧洲和大洋洲分别为3.9万吨、1 045.0万吨、347.1万吨、1 888.8万吨、25.0万吨，占比分别为0.1%、31.6%、10.4%、57.1%和0.8%。其中，美洲和欧洲生产了世界约90%的木材。

从农业碳排放来看，2017年世界农业碳排放总量为54.1亿吨，非洲、美洲、亚洲、欧洲和大洋洲分别为9.5亿吨、13.4亿吨、23.4亿吨、5.8亿吨、2.0亿吨，占比分别为17.6%、24.8%、43.3%、10.7%和3.6%。美洲和亚洲的碳排放占世界碳排放的比重约为70%。

从土地利用的净碳排放量来看，2017年世界总量为29.5亿吨，非洲、美洲、亚洲、欧洲和大洋洲分别为15.3亿吨、8.1亿吨、11.7亿吨、-5.3亿吨和-0.4亿吨。非洲和亚洲是土地利用净碳排放主要地区（表2-1）。

表2-1　1997—2017年全球自然资源状况

自然资源	世界			非洲			美洲		
	1997年	2007年	2017年	1997年	2007年	2017年	1997年	2007年	2017年
森林面积占比（%）	31.4	31.0	30.7	23.0	21.9	20.9	42.7	41.6	41.1
农地面积占比（%）	37.6	37.3	37.1	37.5	39	38.4	29.9	30.2	30.3
陆地保护面积占比（%）	—	—	14.7	—	—	15.2	—	—	17.9
有机农业面积（公顷）	—	31 820	69 220	—	1 270	1 930	—	7 900	11 010
木材产量（万吨）	—	1 805.4	3 309.9	—	9.0	3.9	—	509.6	1 045.0
农业碳排放（亿吨）	45.6	50.1	54.1	6.1	7.9	9.5	11.5	13.1	13.4
土地利用净碳排放（亿吨）	45.1	33.1	29.5	18.9	18.4	15.3	11.5	12.5	8.1

(续表)

自然资源	亚洲			欧洲			大洋洲		
	1997年	2007年	2017年	1997年	2007年	2017年	1997年	2007年	2017年
森林面积占比（%）	18.3	18.8	19.1	45.2	45.5	45.9	20.9	20.6	20.5
农地面积占比（%）	53.4	52.9	53.6	22.1	21.3	20.9	56.5	48.6	45.3
陆地保护面积占比（%）	—	—	10.5	—	—	12.8	—	—	18.8
有机农业面积（公顷）	—	3 080	6 670	—	7 500	13 790	—	12 080	35 820
木材产量（万吨）	—	30.4	347.1	—	1 253.1	1 888.8	—	3.2	25.0
农业碳排放（亿吨）	19.3	21.4	23.4	6.8	5.8	5.8	1.9	2.0	2.0
土地利用净碳排放（亿吨）	15.4	8.2	11.7	-2.1	-6.2	-5.3	1.3	0.3	-0.4

注：面积占比指的是各类面积占总土地面积的比例；碳排放计算的是CO_2当量，单位为亿吨=10^{14}克。

二、就业与收入

从总人口来看，2017年世界总人口为76.31亿人，非洲、美洲、亚洲、欧洲和大洋洲分别为12.76亿人、10.07亿人、45.61亿人、7.46亿人和0.42亿人，占比分别为16.7%、13.4%、59.7%、9.7%和0.5%。从农村人口来看，世界总农村人口为34.13亿人，占世界总人口的44.7%；非洲、美洲、亚洲、欧洲和大洋洲分别为7.40亿人、1.91亿人、22.79亿人、1.90亿人和0.13亿人，占世界总农村人口的比例为21.7%、5.6%、66.7%、5.6%和0.4%。可以发现，世界农村人口占世界总人口的比例近一半，近90%的世界农村人口分布在亚洲和非洲。

从农村就业来看，2017年世界平均农村就业比重为28.5%，非洲、美洲、亚洲、欧洲和大洋洲分别为51.1%、9.2%、31.9%、5.7%和13.8%。从农村女性就业来看，世界约有27.7%的农村女性从事农业，非洲、美洲、亚洲、欧洲和大洋洲这一比例分别为54.2%、4.7%、32.3%、4.3%和13.5%。可以发现，农业女性就业比重与农村总体就业比重基本无差异；分区域来看，非洲和亚洲的女性从事农业的比例较高，这与该地区农业人口比例较高有关。

从人均农业增加值来看，2017年世界平均水平为3 331美元/人，非洲、美洲、亚洲、欧洲和大洋洲分别为1 663美元/人、11 187美元/人、2 798美元/人、19 390美元/人、20 392美元/人。可以发现，亚洲和非洲的人均农业增加值与其他几大洲存在较大差距，也达不到世界平均水平（表2-2）。

表2-2 1997—2017年全球农业就业与收入情况

就业与收入	世界			非洲			美洲		
	1997年	2007年	2017年	1997年	2007年	2017年	1997年	2007年	2017年
总人口（亿人）	59.050	67.059	76.311	7.537	9.630	12.759	8.004	9.049	10.065
农村人口（亿人）	32.198	33.428	34.130	5.010	6.064	7.403	1.963	1.941	1.908
农村就业比重（%）	40.3	35.0	28.5	58.0	55.7	51.1	13.4	11.1	9.2
农业女性就业比重（%）	39.8	34.8	27.7	62.8	60.4	54.2	7.1	6.6	4.7
人均农业增加值（美元）	1 810	2 296	3 331	1 069	1 319	1 663	5 938	8 311	11 187
就业与收入	亚洲			欧洲			大洋洲		
	1997年	2007年	2017年	1997年	2007年	2017年	1997年	2007年	2017年
总人口（亿人）	35.940	40.712	45.607	7.267	7.319	7.464	0.302	0.349	0.416
农村人口（亿人）	23.000	23.286	22.790	2.131	2.027	1.897	0.093	0.111	0.131
农村就业比重（%）	49.0	41.8	31.9	11.0	7.7	5.7	18.4	15.6	13.8
农业女性就业比重（%）	50.1	43.2	32.3	9.9	6.7	4.3	18.4	15.3	13.5
人均农业增加值（美元）	1 270	1 724	2 798	9 412	13 012	19 390	39 633	14 972	20 392

数据来源：FAO。

第二节　农业投入与产出

一、农业投入

从财政支农比例来看，2017年世界平均水平为1.5%，非洲、美洲、亚洲、欧洲和大洋洲分别为2.3%、1.1%、3.2%、0.9%和0.6%。

从作物收获面积来看，2017年世界总面积为14.24亿公顷，非洲、美洲、亚洲、欧洲和大洋洲分别为2.71亿公顷、2.99亿公顷、6.41亿公顷、1.86亿公顷、0.27亿公顷，分别占世界总收获面积的比重为19.0%、21.1%、45.0%、13.1%和1.8%。从灌溉配套用地面积来看，2017年世界总面积约为3.38亿公顷，非洲、美洲、亚洲、欧洲和大洋洲分别为0.16亿公顷、0.55亿公顷、2.38亿公顷、0.26亿公顷、0.03亿公顷，占总灌溉面积的比重分别为4.7%、16.3%、70.4%、7.7%和0.89%。可以发现，亚洲作物收获面积占世界总作物收获面积的比重近50%，亚洲灌溉配套用地面积占世界总灌溉配套用地面积的比重则高达70%。

从作物种植密度来看，2017年世界平均水平约为0.9，非洲、美洲、亚洲、欧洲和大洋洲分别为1.0、0.8、1.1、0.6和0.8。可以发现，只有非洲和亚洲的水平在1.0（含）之上，而其他洲均低于1.0，这与各洲的农业人口和土地面积有关，亚洲和非洲农业人口较多，相对人均土地面积较少，因此种植密度较高。灌溉前述配套用地面积比重数据也间接表明了这一点。

从人均可再生水资源来看，2017年世界平均水平为5.68立方千米/人，非洲、美洲、亚洲、欧洲和大洋洲分别为3.13立方千米/人、19.50立方千米/人、2.63立方千米/人、8.85立方千米/人、28.56立方千米/人。可以发现，世界水资源分布十分不平衡，亚洲和非洲的人均可再生水资源较少，低于世界平均水平；美洲、欧洲和大洋洲的人均水资源比较充足，尤其是美洲和大洋洲，是世界平均水平的3.43倍和5.04倍。

从化肥使用来看，2017年世界氮肥使用量为1.091亿吨，非洲、美洲、亚洲、欧洲和大洋洲分别为0.041亿吨、0.245亿吨、0.638亿吨、0.153亿吨、0.016亿吨，占比分别为3.8%、22.4%、58.4%、14.0%和1.4%。2017年世界磷肥使用量为0.455亿吨，非洲、美洲、亚洲、欧洲和大洋洲分别为0.016亿吨、0.127亿吨、

0.256亿吨、0.040亿吨、0.015亿吨，占比分别为3.5%、27.9%、56.4%、8.8%和3.4%。2017年世界钾肥使用量为0.376亿吨，非洲、美洲、亚洲、欧洲和大洋洲分别为0.008亿吨、0.131亿吨、0.194亿吨、0.043亿吨、0.001亿吨，占比分别为2.1%、34.7%、51.6%、11.4%和0.2%。可以发现，美洲和亚洲消费了80%~90%的世界化肥，是世界化肥使用的主要地区（表2-3）。

表2-3　1997—2017年全球农业投入情况

农业投入	世界			非洲			美洲		
	1997年	2007年	2017年	1997年	2007年	2017年	1997年	2007年	2017年
政府农业支出占总费用比例（%）	1.7	1.8	1.5	3.7	3.0	2.3	1.5	2.0	1.1
作物收获面积（亿公顷）	11.892	12.624	14.240	1.773	2.117	2.710	2.499	2.677	2.991
灌溉配套用地面积（亿公顷）	2.791	3.147	3.377	0.127	0.146	0.159	0.470	0.503	0.545
作物种植密度	0.8	0.8	0.9	0.8	0.8	1.0	0.7	0.7	0.8
人均可再生水资源（立方千米）	7.26	6.43	5.68	5.11	4.20	3.13	24.42	21.60	19.50
氮肥使用量（亿吨）	0.834	0.965	1.091	0.026	0.028	0.041	0.176	0.211	0.245
磷肥（P_2O_5）使用量（亿吨）	0.346	0.396	0.455	0.010	0.011	0.016	0.088	0.110	0.127
钾肥（K_2O）使用量（亿吨）	0.233	0.317	0.376	0.005	0.006	0.008	0.087	0.104	0.131

农业投入	亚洲			欧洲			大洋洲		
	1997年	2007年	2017年	1997年	2007年	2017年	1997年	2007年	2017年
政府农业支出占总费用比例（%）	3.9	4.0	3.2	1.3	1.1	0.9	1.0	1.1	0.6
作物收获面积（亿公顷）	5.519	5.870	6.405	1.880	1.722	1.862	0.221	0.238	0.272
灌溉配套用地面积（亿公顷）	1.899	2.205	2.378	0.269	0.260	0.261	0.027	0.032	0.033

(续表)

农业投入	亚洲			欧洲			大洋洲		
	1997年	2007年	2017年	1997年	2007年	2017年	1997年	2007年	2017年
作物种植密度	1.0	1.0	1.1	0.6	0.6	0.6	0.9	0.9	0.8
人均可再生水资源（立方千米）	3.30	2.92	2.63	9.16	8.96	8.85	37.38	33.02	28.56
氮肥使用量（亿吨）	0.489	0.577	0.638	0.130	0.138	0.153	0.013	0.011	0.016
磷肥（P_2O_5）使用量（亿吨）	0.192	0.215	0.256	0.041	0.044	0.040	0.015	0.017	0.015
钾肥（K_2O）使用量（亿吨）	0.090	0.155	0.194	0.047	0.050	0.043	0.004	0.002	0.001

数据来源：FAO。

二、产量指数

从食物产量指数来看，2017年世界食物产量指数较基期（2004—2006年）增长31%，非洲、美洲、亚洲、欧洲和大洋洲分别增长35%、26%、40%、11%和19%。可以发现，非洲和亚洲食物产量增长较快。

从作物产量指数来看，2017年世界作物产量指数较基期（2004—2006年）增长36%，非洲、美洲、亚洲、欧洲和大洋洲分别增长43%、33%、41%、14%和32%。可以发现，非洲、美洲、亚洲、大洋洲作物产量增长较快。

从谷物产量指数来看，2017年世界谷物产量指数较基期（2004—2006年）增长30%，非洲、美洲、亚洲、欧洲和大洋洲分别增长45%、31%、31%、22%和27%。可以发现，非洲、亚洲和美洲谷物产量增长较快。

从植物油产量指数来看，2017年世界植物油产量指数较基期（2004—2006年）增长52%，非洲、美洲、亚洲、欧洲和大洋洲分别增长41%、68%、44%、58%和97%。可以发现，大洋洲植物油产量增长最快，美洲、欧洲次之，但均超过50%。

从根茎类产量指数来看，2017年世界根茎类产量指数较基期（2004—2006年）增长25%，非洲、美洲、亚洲、欧洲和大洋洲分别增长46%、0、30%、-1%和

3%。可以发现，非洲和亚洲根茎类产量均有较大幅度增长，美洲、欧洲和大洋洲产量波动不大。

从果蔬类产量指数来看，2017年世界果蔬类产量指数较基期（2004—2006年）增长41%，非洲、美洲、亚洲、欧洲和大洋洲分别增长40%、15%、55%、0和7%。可以发现，非洲和亚洲果蔬类产量增长较快。

从糖类产量指数来看，2017年世界糖类产量指数较基期（2004—2006年）增长32%，非洲、美洲、亚洲、欧洲和大洋洲分别增长13%、48%、26%、16%和-6%。可以发现，美洲和亚洲糖类产量增长较快。

从牲畜类产量指数来看，2017年世界牲畜类产量指数较基期（2004—2006年）增长22%，非洲、美洲、亚洲、欧洲和大洋洲分别增长11%、15%、37%、8%和9%。可以发现，亚洲牲畜类产量增长较快。

从奶类产量指数来看，2017年世界奶类产量指数较基期（2004—2006年）增长28%，非洲、美洲、亚洲、欧洲和大洋洲分别增长17%、21%、52%、7%和20%。可以发现，亚洲奶类产量增长较快。

从肉类产量指数来看，2017年世界肉类产量指数较基期（2004—2006年）增长16%，非洲、美洲、亚洲、欧洲和大洋洲分别增长6%、12%、28%、8%和6%。可以发现，美洲和亚洲食物产量增长较快。

从鱼类产量指数来看，2017年世界鱼类产量指数较基期（2004—2006年）增长27%，非洲、美洲、亚洲、欧洲和大洋洲分别增长47%、-22%、43%、12%和4%。可以发现，非洲和亚洲鱼类产量增长较快，但美洲鱼类产量大幅下降（表2-4）。

表2-4 1997—2017年全球食物产量指数（基期2004—2006年=100）

类别	世界			非洲			美洲		
	1997年	2007年	2017年	1997年	2007年	2017年	1997年	2007年	2017年
食物	82	106	131	74	104	135	83	106	126
作物	82	105	136	75	102	143	84	106	133
谷物	94	104	130	77	99	145	91	111	131
植物油	69	106	152	75	100	141	70	104	168
根茎类	88	99	125	71	100	146	91	103	100

(续表)

类别	世界			非洲			美洲		
	1997年	2007年	2017年	1997年	2007年	2017年	1997年	2007年	2017年
果蔬类	72	108	141	74	105	140	88	103	115
糖类	95	115	132	88	102	113	85	116	148
牲畜类	83	106	122	75	108	111	82	105	115
奶类	83	106	128	69	106	117	87	105	121
肉类	83	106	116	78	109	106	81	106	112
鱼类	88	103	127	77	100	147	99	93	78

类别	亚洲			欧洲			大洋洲		
	1997年	2007年	2017年	1997年	2007年	2017年	1997年	2007年	2017年
食物	77	109	140	99	98	111	87	92	119
作物	79	109	141	98	94	114	86	72	132
谷物	95	106	131	100	91	122	83	47	127
植物油	65	109	144	78	102	158	76	78	197
根茎类	88	97	130	115	98	99	87	99	103
果蔬类	63	112	155	93	95	100	77	97	107
糖类	103	124	126	106	95	116	107	96	94
牲畜类	75	108	137	101	101	108	92	104	109
奶类	69	113	152	101	100	107	81	101	120
肉类	76	107	128	102	103	108	93	106	106
鱼类	80	107	143	123	99	112	75	98	104

数据来源：FAO。

三、食物供给现状

从食物价值来看,2017年世界总食物价值为25 733亿美元,非洲、美洲、亚洲、欧洲和大洋洲分别为2 019亿美元、6 168亿美元、13 188亿美元、3 927亿美元、431亿美元,占比分别为7.8%、24.0%、51.3%、15.3%和1.6%。可以发现,亚洲、美洲和欧洲生产了世界90%的食物;其中亚洲地区食物价值占到一半多。

从农业增加值占GDP的比重来看,2017年世界平均水平为4.1%,非洲、美洲、亚洲、欧洲和大洋洲分别为16.0%、1.8%、7.2%、1.8%和3.1%。由此可知,对于非洲和亚洲,农业在经济产值中仍然占据重要的地位。

从食物出口价值来看,2017年世界食物总出口10 264亿美元,非洲、美洲、亚洲、欧洲和大洋洲分别为392亿美元、3 030亿美元、2 064亿美元、4 277亿美元、501亿美元,分别占比为3.8%、29.5%、20.1%、41.7%和4.9%。从进口价值来看,2017年世界食物总进口10 526亿美元,非洲、美洲、亚洲、欧洲和大洋洲分别为701亿美元、1 744亿美元、3 768亿美元、4 172亿美元、141亿美元,占比分别为6.7%、16.6%、35.8%、39.6%和1.3%。可以发现,亚洲、欧洲和美洲占据了世界上逾90%的食物进口和出口;其中亚洲的食物进口高于食物出口,而欧洲和美洲则是出口大于进口(表2-5)。

表2-5　1997—2017年全球食物供给情况

食物供给	世界			非洲			美洲		
	1997年	2007年	2017年	1997年	2007年	2017年	1997年	2007年	2017年
食物价值 (亿美元)	16 477	20 954	25 733	1 243	1 736	2 019	4 064	5 179	6 168
农业增加值占 GDP比重(%)	3.8	3.4	4.1	15.5	14.5	16.0	2.2	1.8	1.8
食物出口价值 (亿美元)	3 042	6 178	10 264	90	160	392	876	1 804	3 030
食物进口价值 (亿美元)	3 122	6 455	10 526	163	393	701	533	1 084	1 744

(续表)

食物供给	亚洲			欧洲			大洋洲		
	1997年	2007年	2017年	1997年	2007年	2017年	1997年	2007年	2017年
食物价值	7 333	10 250	13 188	3 518	3 453	3 927	318	335	431
农业增加值占GDP比重（%）	6.8	6.7	7.2	2.5	1.7	1.8	3.8	3.0	3.1
食物出口价值（亿美元）	462	1 023	2 064	1 437	2 930	4 277	178	261	501
食物进口价值（亿美元）	880	1 679	3 768	1 511	3 217	4 172	34	82	141

注：食物价值的计算以2004—2006年为基期；食物出口值和进口值中不包含鱼类。

第三节 粮食安全与贸易

一、粮食安全现状

从平均膳食能量供应来看，2017年世界平均水平为2 908千卡/（人·日），非洲、美洲、亚洲、欧洲和大洋洲分别为2 561千卡/（人·日）、3 279千卡/（人·日）、2 840千卡/（人·日）、3 380千卡/（人·日）、3 023千卡/（人·日）；从平均膳食能量供应的充足性来看，2017年世界平均水平为122%，非洲、美洲、亚洲、欧洲和大洋洲分别为112%、133%、120%、135%和123%。从膳食能量供应来源看，2017年来自谷类、根茎和块茎的供应比例世界平均水平为50%，非洲、美洲、亚洲、欧洲和大洋洲分别为56%、34%、55%、34%和21%。总体来看，非洲和亚洲的平均膳食能量供应相对美洲、欧洲和大洋洲较低；从供应充足性来说，世界整体水平较为充足，但美洲、欧洲和大洋洲的充足性较亚洲和非洲更高，而膳食供应较为充足的美洲、欧洲和大洋洲中膳食能量来源于谷类、根茎和块茎的供应比例均较低，不到35%，亚洲和非洲膳食能量供应相对不足的来源于谷类、根茎和块茎的供应比例较高，约为55%。

从粮食安全角度来看，2017年世界营养不良的人数比例为10.8%，非洲、美洲、亚洲、欧洲和大洋洲分别为19.9%、4.2%、11.3%、2.5%和6.2%；世界严重粮食不安全的人数约为9.2%，非洲、美洲、亚洲、欧洲分别为21.5%、6.2%、7.8%、1.0%；世界中度或重度粮食不安全人口约有26.4%，非洲、美洲、亚洲、欧洲分别为52.5%、22.9%、22.8%、7.8%。从谷物进口依存度来看，2017年非洲、美洲、亚洲、欧洲和大洋洲分别为28.9%、-16.8%、8.2%、-16.1%和-182.1%，亚洲和非洲是主要的粮食进口地区，而另外三大洲则是粮食出口地区。由此可见，世界粮食安全问题比较严重，尤其是非洲和亚洲地区。

从5岁以下儿童营养不良比例来看，2017年世界平均水平为22.4%，非洲、美洲、亚洲分别为30.3%、6.7%、23.3%；而成人肥胖率（大于18岁）世界平均水平为13.2%，非洲、美洲、亚洲、欧洲和大洋洲分别为11.8%、29.0%、7.3%、25.4%和28.9%（表2-6）。

表2-6　1997—2017年全球粮食安全及饥饿情况

饥饿维度	世界			非洲			美洲		
	1997年	2007年	2017年	1997年	2007年	2017年	1997年	2007年	2017年
平均膳食能量供应[千卡/（人·日）]	2 716	2 792	2 908	2 432	2 537	2 561	3 125	3 210	3 279
平均膳食能量供应充足性（%）	115	116	122	102	106	112	129	131	133
膳食能量供应，谷类、根茎和块茎（%）	54	51	50	58	56	56	34	34	34
营养不良人数比重（%）	14.8	13.1	10.8	24.5	20.3	19.9	7.5	4.9	4.2
严重粮食不安全人数比重（%）	—	—	9.2	—	—	21.5	—	—	6.2
中度或重度粮食不安全比重（%）	—	—	26.4	—	—	52.5	—	—	22.9
谷物进口依存度（%）	—	—	—	26.2	28.1	28.9	-19.4	-19.1	-16.8
5岁以下儿童发育不良比例	32.5	29.3	22.4	38.0	35.8	30.3	11.1	9.6	6.7

(续表)

饥饿维度	世界			非洲			美洲		
	1997年	2007年	2017年	1997年	2007年	2017年	1997年	2007年	2017年
成人肥胖率（大于18岁，%）	8.3	10.1	13.2	7.2	8.9	11.8	19.8	23.8	29

饥饿维度	亚洲			欧洲			大洋洲		
	1997年	2007年	2017年	1997年	2007年	2017年	1997年	2007年	2017年
平均膳食能量供应[千卡/（人·日）]	2 580	2 650	2 840	3 237	3 362	3 380	2 889	2 988	3 023
平均膳食能量供应充足性（%）	111	113	120	128	133	135	117	121	123
膳食能量供应，谷类、根茎和块茎（%）	61	57	55	36	34	34	22	21	21
营养不良人数比重（%）	16.9	15.5	11.3	2.5	2.5	2.5	5.4	5.1	6.2
严重粮食不安全人数比重（%）	—	—	7.8	—	—	1.0	—	—	—
中度或重度粮食不安全比重（%）	—	—	22.8	—	—	7.8	—	—	—
谷物进口依存度（%）	8.7	7.8	8.2	-6.0	-7.3	-16.1	-176.1	-89.5	-182.1
5岁以下儿童发育不良比例	38.2	33.6	23.3	—	—	—	—	—	—
成人肥胖率（大于18岁，%）	3.2	4.6	7.3	18.6	21.3	25.4	19.9	23.8	28.9

数据来源：FAO。

二、食物净贸易

从谷物及其制品的净贸易值来看，2017年非洲、美洲、亚洲、欧洲和大洋洲分别为-256.39亿美元、183.42亿美元、-388.57亿美元、266.72亿美元、64.20亿美元。从果蔬类的净贸易值来看，2017年非洲、美洲、亚洲、欧洲和大洋洲分别为98.75亿美元、174.23亿美元、-34.25亿美元、-324.26亿美元、33.07亿美元。从肉类及其制品的净贸易值来看，2017年非洲、美洲、亚洲、欧洲和大洋洲分别为-43.47亿美元、258.07亿美元、-372.05亿美元、75.75亿美元、125.73亿美元。从奶类的净贸易值来看，2017年非洲、美洲、亚洲、欧洲和大洋洲分别为-38.27亿美元、-6.42亿美元、-184.02亿美元、115.84亿美元、103.58亿美元。从鱼类的净贸易值来看，2017年非洲、美洲、亚洲、欧洲和大洋洲分别为21.53亿美元、23.66亿美元、104.78亿美元、-61.66亿美元、12.91亿美元。

综合来看，非洲和亚洲为谷物及其制品净进口地区，美洲、欧洲和大洋洲为净出口地区。欧洲是果蔬净进口的最主要地区，亚洲进口较少。非洲和亚洲是肉类及其制品的进口地区，其中以亚洲进口为主，美洲、欧洲和大洋洲则是出口区。非洲、美洲和亚洲是奶类的净进口地区，欧洲和大洋洲为主要出口地区。从鱼类来看，除欧洲外，其余地区均为净出口地区。

表2-7　1997—2017年全球食物净贸易值（亿美元）情况

类别	世界			非洲			美洲		
	1997年	2007年	2017年	1997年	2007年	2017年	1997年	2007年	2017年
谷物及其制品	—	—	—	-67.51	-171.19	-256.39	113.20	194.41	183.42
果蔬类	—	—	—	14.05	24.83	98.75	52.25	89.33	174.23
肉类及其制品	—	—	—	-5.66	-20.66	-43.47	58.29	157.37	258.07
奶类（牛奶当量）	—	—	—	-12.56	-33.07	-38.27	-16.33	-12.30	-6.42
鱼类	—	—	—	14.23	17.93	21.53	25.59	6.47	23.66

类别	亚洲			欧洲			大洋洲		
	1997年	2007年	2017年	1997年	2007年	2017年	1997年	2007年	2017年
谷物及其制品	-152.37	-204.30	-388.57	39.81	72.80	266.72	40.78	19.44	64.20
果蔬类	-14.03	48.44	-34.25	-126.17	-269.55	-324.26	9.54	6.19	33.07
肉类及其制品	-93.39	-158.02	-372.05	13.04	-40.74	75.75	42.09	79.42	125.73
奶类（牛奶当量）	-45.48	-89.14	-184.02	46.72	75.89	115.84	35.40	69.33	103.58
鱼类	-50.60	22.64	104.78	-32.12	-109.93	-61.66	12.50	10.13	12.91

数据来源：FAO。

第三章　全球农业生产要素特征与开发潜力

粮食产量和农业生产效率依赖于气候、水、土地及其匹配状况等自然要素以及农业技术、资金投入、生产管理、人力资源等社会经济要素，本章主要介绍全球农业生产要素数量与质量的时空特征及其开发潜力。

第一节　全球农业生产的自然要素特征

一、耕地资源

1. 全球耕地资源分布及其变化

耕地是由自然土壤发育而成的，能够形成耕地的土地需要具备可供农作物生长、发育、成熟的自然环境。耕地的数量多少、质量好坏及开发利用程度反映了一个地区粮食安全水平、农业发展水平和开发潜力。

在数量及其变化方面，过去20多年全球耕地面积（包括永久耕地和可耕地）总体处于增长态势。据FAO统计数据（表3-1），1997年全球耕地面积为149 131.64万公顷，2007年上升到149 849.08万公顷，这10年耕地面积增加717.44万公顷，增幅仅为0.5%。2017年全球耕地面积上升到156 133.68万公顷，较2007年有了明显的增长，10年间新增面积6 284.59万公顷，增幅达4.2%。全球耕地面积主要分布在南亚、北美、东欧、东亚、南美、东南亚、西非地区，2017年这7个地区的耕地面积均超过10 000万公顷。其中，南亚耕地面积最多，超过20 000万公顷，达到23 917.84万公顷，占全球耕地总面积的15.32%；其次是北美地区和东欧地区，耕地总面积接近20 000万公顷，分别为19 879.15万公顷和19 702.32万公顷，占全球耕地总面积的12.73%和12.62%。这3个地区的耕地面积占全球总耕地面积的比例超过40%。

表3-1 1997—2017年全球各地区耕地面积

区域	1997年耕地面积（万公顷）	占比（%）	2007耕地面积（万公顷）	占比（%）	2017耕地面积（万公顷）	占比（%）
东非	5 357.65	3.59	6 479.65	4.32	7 769.05	4.98
中非	2 521.90	1.69	2 559.60	1.71	3 472.90	2.22
北非	4 530.29	3.04	4 730.00	3.16	4 864.14	3.12
南非	1 568.60	1.05	1 447.50	0.97	1 409.08	0.90
西非	8 621.50	5.78	9 884.87	6.60	10 360.00	6.64
北美	22 130.24	14.84	20 353.54	13.58	19 879.15	12.73
中美	3 302.40	2.21	3 439.10	2.30	3 450.25	2.21
加勒比海	724.61	0.49	706.32	0.47	656.97	0.42
南美	10 577.00	7.09	12 467.83	8.32	13 221.39	8.47
中亚	4 167.18	2.79	3 772.40	2.52	3 817.65	2.45
东亚	14 197.20	9.52	13 225.30	8.83	14 491.40	9.28
南亚	24 065.02	16.14	23 982.80	16.00	23 917.84	15.32
东南亚	9 086.69	6.09	10 463.76	6.98	12 198.53	7.81
西亚	4 773.81	3.20	4 573.57	3.05	4 430.51	2.84
东欧	21 065.90	14.13	19 853.70	13.25	19 702.32	12.62
中欧	2 073.89	1.39	1 910.33	1.27	1 886.27	1.21
南欧	4 425.30	2.97	3 910.10	2.61	3 740.48	2.40
西欧	3 522.63	2.36	3 532.77	2.36	3 525.34	2.26
澳大利亚和新西兰	2 273.60	1.52	2 403.00	1.60	3 171.90	2.03
美拉尼西亚	125.90	0.08	134.36	0.09	150.52	0.10
密克罗尼西亚	8.29	0.01	7.99	0.01	7.67	0.00
波利尼西亚	12.04	0.01	10.59	0.01	10.33	0.01
合计	149 131.64	100	149 849.08	100	156 133.68	100%

数据来源：FAO数据库。

从各地区的动态变化情况看（图3-1），发展中国家分布地区的耕地面积总体上增长较快。1997—2017年，东南亚地区耕地面积一直处于较均衡的快速增长趋势，新增面积超过3 000万公顷，占全球耕地面积的比例也由1997年的6.09%上升到2017年的7.81%。南美和东非地区耕地面积也一直处于增长态势，新增面积皆超过2 000万公顷，其中南美地区耕地1997—2007年间增长速度较快，2007—2017年增长速度放缓，占全球耕地总面积由1997年的7.09%上升到2017年的8.47%。西非地区20年间耕地增长超1 700万公顷，增长变化规律与南美相似。中非、北非、中美等地区的耕地面积20年间也一直处于上升态势，增加幅度在1 000万公顷以内。但是，东亚和中亚地区的耕地面积1997—2017年呈波动变化状态，1997—2007年耕地面积大幅减少，2007—2017年耕地面积又逆势增加；东亚地区这20年的耕地总体上略有增加，但是占全球耕地面积的比例却略有下降，由1997年的9.52%下降到2017年的9.28%。

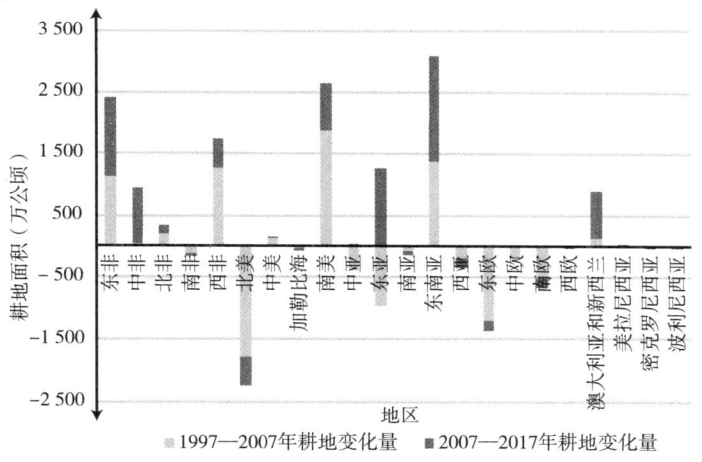

图3-1　1997—2017年全球各地区的耕地面积变化幅度

数据来源：FAO数据库。

发达国家耕地面积总体在减少，部分地区略有增加。1997—2017年北美地区耕地面积减少2 200万公顷以上，减幅超10%；东欧地区的耕地面积减少1 300万公顷，减幅超6%；南欧、中欧地区耕地面积也在下降，降幅分别超过15%和9%。但是，澳大利亚和新西兰地区耕地面积增长较大，2017年较1997年增长898.3万公顷，增幅接近40%；西欧地区的耕地面积1997—2007年略有上升，而2007—2017年又有所下降，总体保持稳定。

2. 全球各地人均耕地资源数量及其变化

过去20多年里面，尽管全球耕地总面积有一定幅度的增加，但是由于全球人口数量增速更快，人均耕地面积实际一直在下降。据FAO统计数据显示，1997年全球人均耕地面积为0.253公顷，2007年下降到0.223公顷，2017年又下降到0.207公顷，较2007年下降了7.4%，较1997年降幅达18.1%。由此可见，人地矛盾在不断加剧。

从全球人均耕地资源空间变化特征看（图3-2），地区差异很大，人均拥有耕地资源量丰富的地区主要集中在澳大利亚、新西兰、东欧、北美和中亚地区。1997—2017年，澳大利亚和新西兰地区人均占有耕地资源最为丰富，保持在1.0公顷/人左右；东欧、中亚和北美地区人均耕地面积保持在0.5～0.8公顷；南美、西非、南欧、南非、北非和中非地区人均耕地资源相对较低，均保持在0.2～0.4公顷；剩余的其他地区人均耕地资源面积或一直不足0.2公顷或下降到0.2公顷以下，特别是东亚地区人均耕地面积最低，不足0.1公顷，耕地资源相当贫乏。

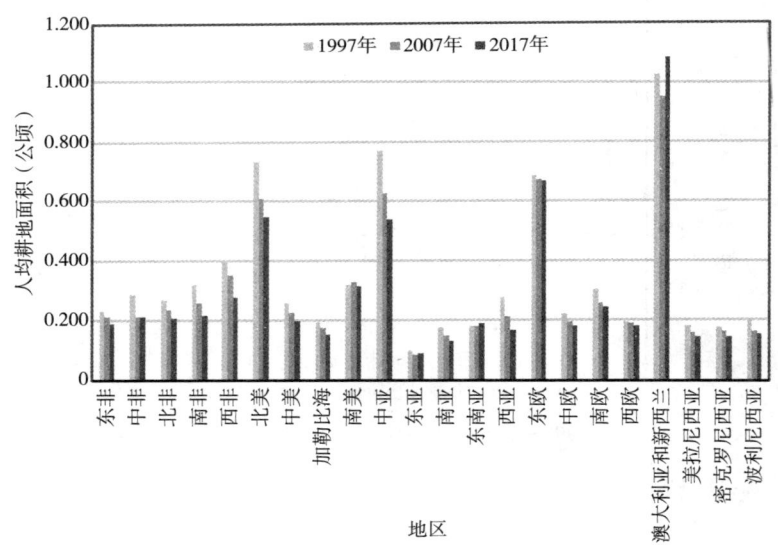

图3-2　1997—2017年全球各地区的人均耕地面积及其变化

数据来源：FAO数据库。

从全球各地区人均耕地资源时间变化特征看（图3-2），1997—2017年，除少数几个地区人均耕地资源量呈上升或波动变化外，整体呈下降。澳大利亚和新西兰、东亚地区人均耕地面积在1997—2017年呈先降后升的趋势，前者这种变化趋势尤为明显。南美人均耕地面积分别呈先增后降的变化态势，东南亚呈持续上升的态势，但变化幅度不大，总体保持稳定。其他地区的人均耕地面积皆呈持续下降的趋势，特别是中亚、北美、西非、南非的人均耕地面积降幅较为明显。20年间仅澳大利亚和新西兰和东南亚地区的人均耕地面积有所上升，其他地区皆有所下降，西亚、南非和中亚人均耕地面积降幅尤为明显，降幅达30%以上。

二、淡水资源

1. 全球淡水资源分布及其变化

淡水资源是农业生产的自然基础，是决定当前农业生产水平和未来农业生产潜力的最重因素之一。可更新淡水资源（简称"淡水资源"）是指河流径流和源于雨水的地下水，是一个国家生产、生活用水的根本保障。国际上，将其作为衡量一个国家或地区水资源量的主要指标。过去20多年，全球淡水资源总量呈现小幅波动的变化特点。据世界银行淡水资源统计数据，1997年全球淡水资源总量为427 745.5亿立方米，2007年上升到433 929.6亿立方米，增幅为1.4%；2014年全球淡水资源总量下降至428 099.6亿立方米，较2007年减少1.3%，较1997年增长0.08%。但是，全球人均水资源呈现大幅下降趋势，1997年全球人均淡水资源总量为7 374.4立方米，2007年下降到6 576.0立方米，较1997年降幅达10.8%；2014年全球人均淡水资源降至5 933.4立方米，较2007年下降9.8%，较1997年降幅达19.5%。

淡水资源在空间分布上呈现极不均衡状态（表3-2）。从区域淡水资源总量分布上看，2014年，南美地区淡水资源量最为丰富，达127 401.4亿立方米；其次为北美地区，淡水资源量约为南美地区的一半；东南亚、东欧、南亚、东亚淡水资源总量在30 000亿～50 000亿立方米；澳大利亚、新西兰、中非、西非地区淡水资源总量在10 000亿～20 000亿立方米；其他地区的淡水资源总量较少，均不到10 000亿立方米。从人均水资源量分布上看，2014年，澳大利亚和新西兰地区人均淡水资源最为丰富，达56 290立方米；其次为南美地区，为30 341立方米；北美、东欧、波利尼西亚和南非地区人均淡水资源量在10 000～20 000立方米；中非和东南亚地区人均淡水资源量在7 000～10 000立方米；其他地区人均淡水资源量均在全球人均淡水资源拥有量以下，其中北非、东非和美拉尼西亚地区淡水资源最为贫乏，人均不到1 000立方米。

表3-2 2014年全球淡水资源量及其分布

区域	总量（亿立方米）	人均水资源量（立方米）
东非	2 813.6	684
中非	14 551.8	8 871
北非	666.0	286
南非	7 590.8	11 708
西非	13 304.4	3 585
北美	60 770.0	16 790
中美	4 761.4	2 747
加勒比海	972.1	2 261
南美	127 401.4	30 341
中亚	1 944.9	2 744
东亚	34 096.5	2 054
南亚	39 172.1	2 091
东南亚	49 932.2	7 700
西亚	6 371.5	2 389
东欧	45 117.7	15 343
中欧	4 975.6	4 753
南欧	5 012.0	3 280
西欧	4 070.0	2 099
澳大利亚和新西兰	16 485.5	56 290
美拉尼西亚	100.0	951
密克罗尼西亚	—	—
波利尼西亚	100.0	14 864

数据来源：根据世界银行数据整理。

2. 全球淡水资源利用特征及农业面临的水资源挑战

2019年世界水资源发展报告显示，农业（包括灌溉、牲畜和水产养殖）是排名第一的用水产业，每年用水量占全球年用水量的69%；第二是工业，用水量（包括发电）占全球总用水量的19%；第三是家庭用水，占全球总用水量的12%。未来几十年，农业用水量虽然可能会有所下降，但作为全球第一取水和用水大户的地位不会改变。

尽管农业用水量远高于其他生产和生活类型的用水量，但是农业生产用水并没有得到充分的保障，并且由于可用水资源的限制，农业生产潜力受到很大的限制。目前，全球约80%的农田依然属于雨养农业，农业生产"靠天收"，即农业收成完全依靠天气状况，全球60%的食物是通过雨养农业模式生产的。世界各地的研究表明，雨养地区农业得到有效的补充灌溉，粮食单产会大幅增加。如小麦、高粱和玉米等作物，如果能得到有效灌溉，每公顷的产量可增至雨养模式产量的2~3倍（HLPE，2015）。

水污染问题减少了可用水资源的数量，加剧了淡水资源的稀缺性，特别是投入品的过量使用，使农业成为水污染的最大来源。目前，全球80%的废水未经处理便排入环境当中（WWAP，2017），水体营养物质超载是水污染的最主要形式，而绝大部分营养物质源于农业生产。因此，农业生产受限制，淡水资源短缺的同时，水体污染则进一步加重了可利用水资源的短缺。

此外，随着全球气候变化的加剧，洪涝和干旱等自然灾害对农业生产的威胁不断上升。对于大部分地区，干旱地区更加干旱，湿润的地区更加湿润，降水不但不能转化成水资源，反而造成自然灾害，增加了不同地区的水资源压力。据研究，全球90%的自然灾害与水有关，1995—2015年，全球有记载的自然灾害当中，43%的与洪水灾害有关，影响的人口达23亿人。气候变化造成的水旱灾害，使得水资源在农业生产中的重要性进一步上升。

食物生产高度依赖于淡水资源，一个地区的淡水资源量决定着其食物产量。研究表明，在目前的农业技术水平下，生产1千克大米大约需要淡水3 000~5 000升，生产1千克大豆大约需要淡水2 000升，生产1千克小麦大约需要淡水900升，生产1千克马铃薯大约需要淡水500升。目前，全球农业生产的粮食在总量上可以满足全球人口的消费需求，但是由于区域粮食生产能力和巨大的贫富差距，仍有近8亿人处于饥饿状态。据国际组织预测，2050年全球人口将上涨至90多亿人，按目前粮食生产、分配和消费情况推算，到那时全球粮食产量需要增加50%才能养活90多亿全球人口（FAO、国际农业发展基金、联合国儿童基金会、世界粮食计划署、世界卫生组织，2017）。农业水资源面临的多重压力将持续增加，这也给全球食物安全带来了更大的挑战。

三、气候资源

1. 全球农业气候资源特征空间格局

（1）太阳辐射。太阳辐射是植物光合作用的能量源泉，对植物生长具有极为重要的影响。一个地区太阳辐射的光谱组成、光照度和光照时间影响着该地区的作物类型和生产能力，特别光合有效辐射是作物光合生产潜力的决定性因素。因此，太阳辐射分布影响着全球农业生产布局。

太阳辐射受纬度位置和气候的影响，全球太阳辐射的空间分布呈南、北纬30°向南北两侧逐渐递减的规律，并以多个中心向四周减少。北非东部和西亚西南部15°N～30°N，非洲南部西海岸、南美洲西海岸和澳大利亚中西部的15°S～30°S区域，因纬度比较低，常年以晴朗天气为主，降水极少，年太阳辐射量很高，在2 410千瓦时/平方米以上。北半球中高纬度的大陆地区，因太阳高度角小，单位面积接受的太阳辐射量较低；中国的西南地区、江南地区和华南地区、喜马拉雅山南麓、南美洲南部西海岸、澳大利亚西南海岸和新西兰等地区因多阴雨天气，年太阳辐射量也较低。赤道地区尽管纬度低，但因为常年降雨，地面接收的太阳辐射并不是全球最高的地带。由此可见，从太阳辐射的角度看，南北半球15°N～30°N地区是农业生产潜力最大的地区，然后向两侧递减。

（2）热量资源。热量资源是影响农作物生长的另一个极为重要的因素，热量资源的直接表现形式是气温，只有在一定的温度范围内，作物才开始生长，并且在不同的生长阶段对温度的要求不同。以小麦为例，其生长发育在不同阶段有不同的适宜温度范围，在最适温度下，生长最快、发育最好。小麦种子发芽的最适温度是15～20℃；小麦根系在低于2℃和超过30℃时，其生长会受到抑制，生长的最适温度为16～20℃。在2～4℃时，小麦开始分蘖生长，最适温度区为13～18℃；当高于18℃时，分蘖生长减慢。小麦茎秆一般在10℃以上开始伸长，在12～16℃形成短矮粗壮的茎。小麦灌浆期的适宜温度为20～22℃。不同的农作物对气温和热量资源的要求不同，因而形成了全球各个地区特色的作物品种和农业生产模式。

全球平均气温空间分布决定着不同地区的农作物类型，进而决定着全球的农业生产活动的格局和粮食生产能力空间差异。全球平均气温总体上从赤道地区向两极逐渐降低，理论上讲，农业的光温生产潜力也是从赤道向两极地区逐渐下降，但是由于海陆位置、地形地貌等因素的综合影响，地球表面形成了复杂的气候类型，同一纬度地区，因气候类型的不同，其平均气温差异较大，因此农业生产力存在较大的差别。

从地区上看，中美地区、南美洲北部的亚马孙平原和巴西高原部分地区、非洲西部和中北部、西亚、南亚、东南亚、澳大利亚北部等大部分地区的年平均气温在25℃，热量资源极为丰富，适宜水稻和其他喜热作物的生长，生物的净初级生产力的潜力高。南欧、西欧和中欧地区、中亚、东亚低海拔地区、非洲南部、澳大利亚南部、南美洲南部等地区年平均气温在10～25℃，温度适中，热量资源较为丰富，适合喜温作物的生长。北欧、北美北部年平均温度在0℃以上的地区，也具有发展农业生产的热量条件，作物的净初级生产力较低。亚洲、欧洲和北美洲的高纬度地区气温低，热量资源少，难以满足作物生长的热量需求，无法发展农业。

2. 全球农业气候生产潜力变化及空间特征

过去30多年，全球农业气候发生了较明显的变化，年平均气温明显升高，气候生产潜力总体也呈波动性的增长趋势。赵俊芳 等（2019）利用全球降水和温度数据，采用国际通用的Miami模型，评价了全球主要农区的气候生产潜力。研究结果表明，1981—2015年，全球主要农区的气候生产潜力呈增长趋势（Trend=0.007吨/（公顷·年），$P<0.05$），在7.68～8.28吨/公顷波动，平均为7.97吨/公顷。

1981—2015年全球主要农区农业气候生产潜力空间分布呈现南高北低的特征，气候生产潜力的高值区主要集中于东亚、南亚、中亚、西亚、南欧、南美洲东部、北美洲南部和大洋洲南部等地区。最高值出现在亚洲东南部（为28.9吨/公顷）。亚洲南部、南美洲东部、非洲中部等地区的农业气候生产潜力在10.1～20.0吨/公顷，亚洲中部、非洲中部、北美洲南部、大洋洲南部等地区在5.1吨/公顷以下。

从分布特点看，欧洲和南亚地区的农区分布面积较广，前者气候生产潜力相对较低但均衡，后者的生产潜力较高但内部差异较大；东南亚地区农业气候生产潜力高，但是农区面积分散，内部差异极大。北美、南美和非洲地区农区呈现点状和片状分布，北美地区农区间差异相对较小，而南美和非洲地区农区农业气候生产潜力差异较大。总体来看，由于气温和降水的空间不匹配，造成适合农业生产的面积较小，气候生产潜力的地区差异较大。

第二节　全球农业生产的社会经济要素特征

一、农业劳动力

1. 全球乡村人口特征及其变化

劳动力是农业生产活动正常进行的人力保障，乡村人口数量是反映乡村劳动力供给保障的重要变量。在全球城市化进程中，乡村劳动力流失和农业生产群体逐渐老龄化，使得农业生产和农业现代化面临劳动力不足的问题（陈锡文 等，2011；徐娜 等，2014）。一些研究也表明，劳动力外流在一定程度上缓解了人地矛盾，促进农民加大生产性投入，能够加速农业现代化（张永丽 等，2012；马林静 等，2014）。已有研究显示，一个地区的乡村人口数量占比往往与其农业发展水平呈负相关，即农业发展水平越高的国家和地区，其乡村人口所占的比例越少（叶文虎 等，2005）。因此，乡村人口占比是衡量一个地区农业发展水平的重要指标。

在全球城市化背景下，过去20多年全球各地区的乡村人口占比总体呈下降趋势（图3-3），特别是东亚、西亚、东南亚、南非等地区乡村人口占比下降较

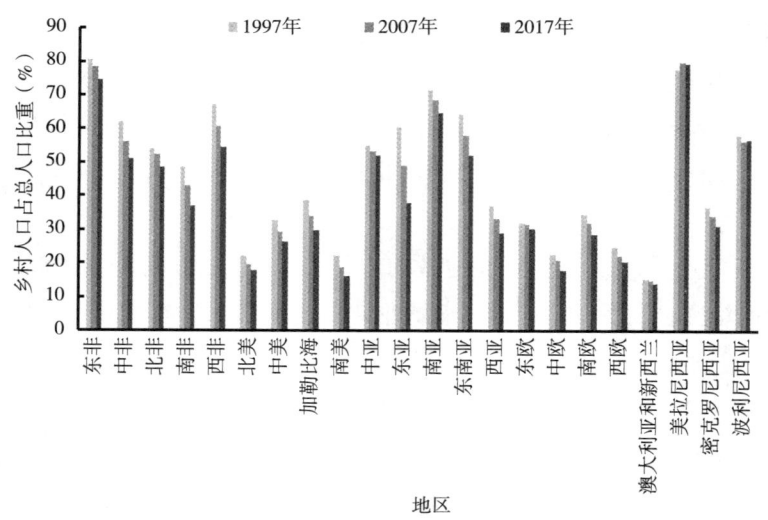

图3-3　世界各地区乡村人口占总人口比重

数据来源：FAO数据库。

为明显,澳大利亚和新西兰、北美、东欧等发达地区的乡村人口变动幅度较小,而美拉尼西亚、波利尼西亚和中亚等经济欠发达地区,经济发展速度和城市化进程较慢,乡村人口比重下降速度也较慢。从乡村人口占比看,北美、南美、中欧、西欧都保持在20%左右,澳大利亚和新西兰约15%,人口城市化水平比例高,处于城市化速度放缓阶段,乡村人力资源较少;中美、加勒比海、西亚、东欧、南欧和密克罗尼西亚保持在30%左右,城市化水平也较高,总体处于中速发展阶段,乡村人力资源总体也相对较少;其他地区的乡村人口比例约40%及以上,城市化水平比较低,部分地区处于高速城市化阶段(如东亚、东南亚、西非等地区),而部分地区尚处于城市化起步阶段(如东非、北非、美拉尼西亚、波利尼西亚和中亚等地区),乡村人力资源较多。总体上,全球乡村人口占总人口比例及动态变化呈现出明显的地区差异,发达地区乡村人口占总人口比例处于低位稳定态势,发展中的东亚、东南亚和西非地区处于高位快速下降态势,其他发展中地区处于高位慢速度下降态势。

2. 全球农业人口特征及其变化

农业人口指主要直接参加农、林、牧、渔生产活动的劳动人口。随着国家经济的发展,农业科技的投入和农业规模化生产,从事农业的人口比例处于不断下降的趋势。据世界银行数据分析(图3-4),1997年全球农业人口占总人口比例为40.27%,2007年下降到26.47%,下降近14个百分点。从经济发展水平角度看,高收入、中等收入和低收入国家的农业人口占总人口的比例及20年来的变化差异巨大。低收入国家1997年农业人口占总人数的75.7%,2017年农业人口占比下降到67.61%,下降约8个百分点;高收入国家1997年农业人口占总人数仅5.34%,2017年农业人口占比下降到3.06%,下降约1.3个百分点;中等收入国家1997年农业人口占总人数的46.47%,2017年农业人口占比下降到27.25%,下降近20个百分点。显然,经济进入快速发展轨道的中等收入国家,农业人口快速地向非农业人口转变;高等收入国家在经历过农业人口快速向非农业人口转换后,进入低速稳定阶段;而低收入国家国民仍然以农业为主要生计,人口向农业就业转向非农就业的速度相对缓慢。

从地区分布看,农业人口占比高的国家主要分布于撒哈拉以南的非洲、东南亚和南亚地区,特别是农业人口占总人口60%以上的国家主要分布在撒哈拉以南的非洲地区,东非的埃塞俄比亚、索马里等贫穷国家超过2/3的人口从事农业,而在中非、马达加斯加这样的极度贫穷国家,更是有3/4的劳动力受雇于农业。农业人口占比很低的国家主要分布于欧洲、北美和大洋洲等经济发达地区，大部分富裕国家只有不到5%的人口从事农业，特别是美国、德国、英国、加拿大等发达国家从事农业的人口不足2%，主要是生产力的巨大提高使得劳动力的减少成为可能。

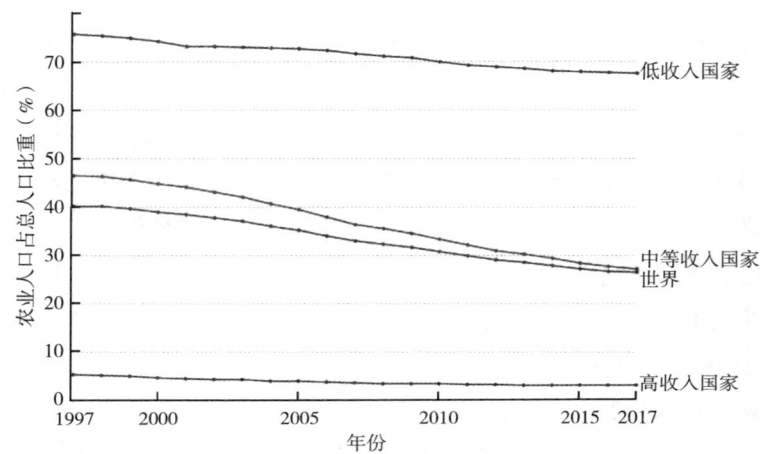

图3-4 全球高、中、低收入国家群体的农业人口占比变化

数据来源：世界银行。

3. 全球平均劳动生产率特征及其变化

农业生产率为单位劳动人口所创造的农业增加值，是反映一个地区农业发展水平的重要指标，也间接表征了该地区的劳动力素质高低。根据世界银行数据统计（图3-5），1996年全球人均农业增加值为1 703.92美元，2016年为3 542.02美元，20年间增加了1.08倍。但不同经济发展水平程度的国家农业劳动生产率存在巨大差异，1996年低收入和中等收入国家人均农业增加值分别为445.98美元和1 402.47美元，而高收入国家高达18 169.03美元，分别是低收入和中等收入国家的40.7倍和13.0倍；2016年低收入和中等收入国家人均农业增加值分别上升到557.61美元和3 356.27美元，较20年前分别增加了0.3倍和1.4倍，高收入国家较20年前增加了1.1倍。发达国家人均农业增加值的增长率高于低收入国家，略低于中等收入国家，但较中等收入国家的绝对差距仍处于拉大阶段。中国在这期间人均农业增加值增长了约4倍，远高于中等和高收入国家的增长率。

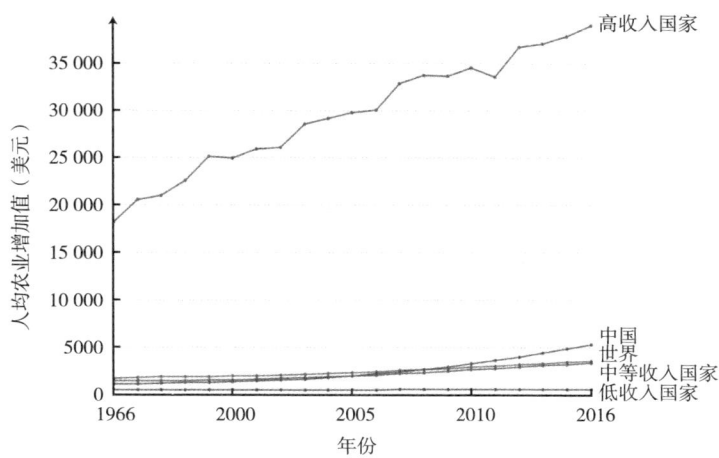

图3-5　全球高、中、低收入国家群体的农业人均农业增加值

数据来源：世界银行。

从地区差异来看，人均农业增加值高的国家与经济发达国家的空间分布一致。2017年北美、大洋洲、北欧和南美等国家人均农业增加值处于最高等级，皆在70 000美元以上；其次为西欧、中欧和南欧的大部分国家，人均农业增加值在30 000～70 000美元；俄罗斯、东欧、东亚、西亚、北非和南美的部分经济较发达国家的人均农业增加值在10 000～30 000美元。东亚、东南亚、中美、非洲和南亚等地区的大部分国家以及南美洲西部的部分国家人均农业增加值在10 000美元以下，其中，撒哈拉以南非洲和南亚的大多数国家，2017年人均附加值不到1 000美元。

二、农业生产投入品

（一）全球农业化肥及农药使用特征及其变化

化肥和农药的使用是对全球粮食增产贡献最大的因素之一。据研究，氮肥在农业的使用支撑着全球约一半的人口（Max et al.，2013）；农药通过控制和预防各种农业和林业害虫在提高粮食生产力方面也发挥着极为重要的作用。目前和未来，随着粮食需求的增长，适当的利用化肥和农药仍然是提高粮食生产率最重要的途径（Carvalho et al.，2017）。

1. 全球氮肥使用特征及其变化

一个地区的化肥供需平衡是反映该地区农业生产要素投入保障水平的重要指标。据FAO数据（表3-3）显示，东亚、东欧、北非和西欧4个地区的化肥生产能力可以满足本地区的需求，其他地区都有不同程度的化肥产能不足问题。就2014年的情况看，南亚的化肥供给缺口最大，超600万吨；其次为南美供给缺口超430万吨，北美供给缺口超260万吨，东南亚和中美化肥供给缺口分别达185万吨和132万吨，东非、南欧、北欧均超50万吨。总的来看，全球大部分地区都存在农业生产投入品保障能力不足的问题，会对其农业生产潜力的发挥产生制约作用。

表3-3 2014年全球各地区化肥供需平衡情况

地区	消费量（吨）	生产量（吨）	差值（吨）
东非	767 929	8 000	-759 929
中非	58 230	0	-58 230
北非	2 042 334	3 399 597	1 357 263
南非	459 557	20 603	-438 954
西非	584 731	162 600	-422 131
东欧	5 800 006	13 642 525	7 842 519
北欧	2 187 960	1 568 568	-619 392
南欧	2 633 400	1 914 718	-718 682
西欧	4 589 614	5 404 775	815 161
中亚	833 311	—	—
东亚	31 747 533	40 420 903	8 673 370
东南亚	7 277 670	5 420 687	-1 856 983
南亚	21 982 282	15 914 922	-6 067 360
西亚	2 407 330	—	—
中美	1 818 232	490 025	-1 328 207
北美	15 263 083	12 637 781	-2 625 302
南美	6 582 347	2 270 141	-4 312 206

（续表）

地区	消费量（吨）	生产量（吨）	差值（吨）
澳大利亚和新西兰	327 602	100 000	-227 602
美拉尼西亚	20 240	0	-20 240
波利尼西亚	539	0	-539

数据来源：FAO数据库。

据FAO统计数据（图3-6），2002—2017年全球氮肥施用量呈平稳增长趋势。2002年全球平均氮肥施用量56.21千克/公顷，2017年上涨到69.80千克/公顷，上涨了24%。各大洲单位面积氮肥施用量的变化存在较大的差异，其中东亚地区单位面积氮肥施用量遥遥领先，呈先增后降的变化趋势，2002年为194.86千克/公顷；2014年上升到246.14千克/公顷，上涨了26.3%；自2014年开始持续下降，2017年下降到213.74千克/公顷，2002—2017年涨幅约10%，增长率为全球平均水平的四成。

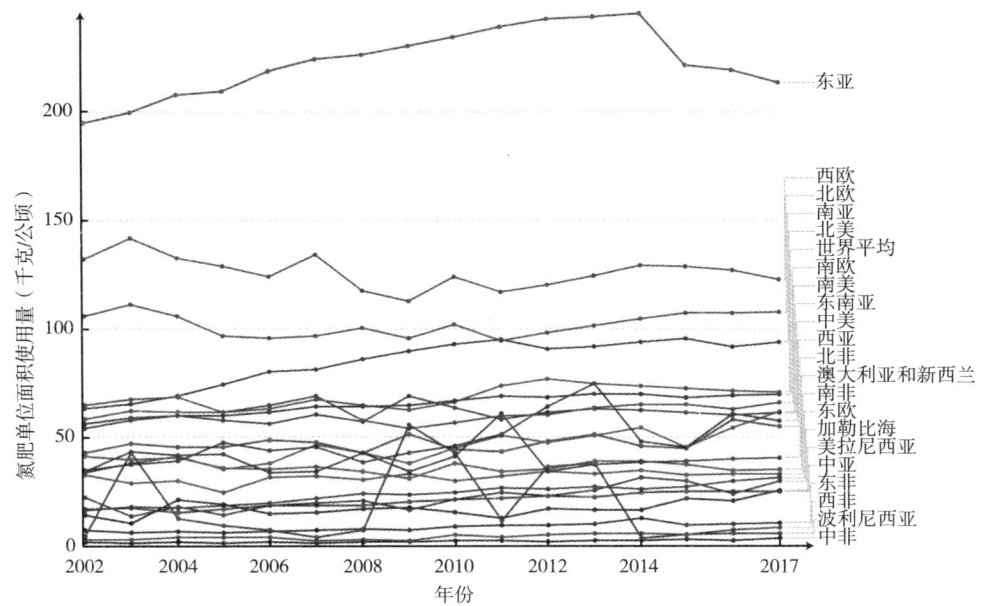

图3-6　2002—2017年全球各区域氮肥单位面积使用量变化特征（见文后彩图）

数据来源：FAO。

2002—2017年，西欧地区氮肥单位面积使用量呈波动下降状态，下降约

7%；而北欧地区则呈小幅波动的稳定状态，上升2%；南亚和北美地区则处于先上升后稳中略降的变化趋势，15年间增长率分别约为50%和22%。其他地区的单位面积氮肥施用量均低于全球平均水平，其中西亚、东南亚和南欧地区小幅增长，澳大利亚和新西兰地区低位小幅下降，南美地区快速上涨；中美、北非和波利尼西亚地区呈较大幅度的波动态势；非洲其他地区、中亚、东欧和加勒比海、南太平洋群岛地区呈低位变化态势。

从近期全球空间分布格局看，全球单位耕地面积氮肥使用量呈现两个极端。北非的埃及单位面积氮肥使用量最高，为366.87千克/公顷；其次为东亚、南亚和西欧以及南美、东南亚、中亚和西亚地区的个别国家，单位面积氮肥使用量在100～250千克/公顷；单位面积氮肥使用量在50～100千克/公顷的国家主要分布在东南亚、北美、北欧、东欧、南欧以及南美地区的部分国家；而非洲大部、中亚、俄罗斯的单位面积氮肥使用量很低。

2. 全球农药使用特征及其变化

全球农药的使用情况与化肥具有较高的相似性。1990—2017年全球农药使用量呈增长趋势，2012年以后单位面积使用量开始呈稳定的状态（图3-7）。就各地区而言，东亚是农业使用农药量最重的地区，1990年使用量为6.14千克/公顷，2014年达到14.32千克/公顷的高峰，2017年下降至12.74千克/公顷。南美洲作为重要粮食生产地区，农药使用量也相对较多，且一直处于上升趋势，1990年为1.13千克/公顷，2017年上升到5.42千克/公顷，15年间上升了3.8倍。西欧、南欧和中美地区单位面积农业农药使用量也高于全球平均水平，其中西欧和南欧农药使用量一直在4千克/公顷上下波动，中美地区农业使用农药量先升后降，由1990年的1.68千克/公顷上升到2017年的2.93千克/公顷。其他地区的农药使用量低于全球平均水平，北美、澳大利亚和新西兰稳中略有上升，北欧稳中略降；东欧、北非、中亚、南亚、东非、中非、西非等地区的农业使用农药量一直处于低位平稳状态；加勒比海、东南亚和波利尼西亚地区农业农药使用量处于低位波动上升状态。

从全球空间分布看，2017年农业使用农药量在10千克/公顷以上的国家主要分布在东亚和中美、南美地区的个别国家；农业使用农药量在5～10千克/公顷的主要分布在南美、东南亚、欧洲的部分国家和澳大利亚和新西兰地区；农业使用农药量在2.5～5.0千克/公顷的国家主要分布在西欧、南美南部和北美的国家；俄罗斯、印度尼西亚和非洲大部、中亚、南亚、东南亚等大部分国家的农业农药使用量不足0.5千克/公顷。

当前的化肥和农药使用量反映了全球各地区农业生产总体投入水平，也意味着各地区当前农业生产要素的保障能力。对于已经使用了大量农药和化肥的东亚地区，具有较强大的农业生产保障能力，而非洲、中亚、南亚等地区农业生产保障能力要差很多，需要加大资金和科技投入。

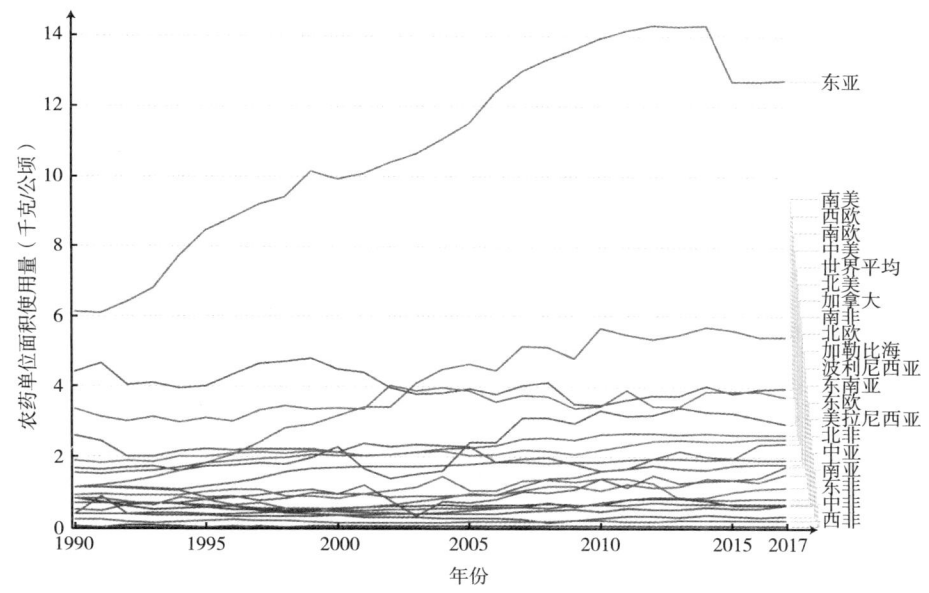

图3-7　1990—2017年全球各区域农药单位面积使用量变化特征（见文后彩图）
数据来源：FAO。

（二）农田基础设施水平

农田基础设施是在复杂气候条件下农业生产正常进行和产量稳定的重要保障。农田是否具有完善的灌溉设施是反映农业基础设施的重要指标。世界银行统计各国的灌溉农业用地总面积占比（指有目的且可供应水源的农业用地，包括耕地和放牧地）来反映其农田基础设施水平。据世界银行统计数据，2005年灌溉农业用地占比较高的国家主要分布在南亚、东南亚、东亚，超20%以上，其中孟加拉国、朝鲜和巴基斯坦的比例为50%；其次，意大利、印度尼西亚、希腊、阿拉伯联合酋长国灌溉农业用地占比在15%～20%；中国、土耳其、西班牙、葡萄牙、厄瓜多尔灌溉农业用地占比在10%～15%；美国、智利以及西亚、欧洲的部分国家占比在5%~10%；其他地区的灌溉农业用地占比都在5%以下，农田基础设施水平比较低。

10年之后，全球灌溉农业用地占比的分布格局发生了一定的变化。2015年灌溉农业用地占比较高的国家主要分布在南亚和东亚，超20%以上；其次，意大利、希腊、伊朗、厄瓜多尔的灌溉农业用地占比在15%~20%；中国、土耳其、西班牙、葡萄牙、阿拉伯联合酋长国的灌溉农业用地占比在10%~15%；美国和墨西哥、阿富汗以及亚欧的部分国家占比在5%~10%。其他地区的灌溉农业用地占比都在5%以下，农田基础设施建设水平总体较低。

总体来看，灌溉农业用地占比较高的国家主要分布在10°N~45°N，2005—2015年，可灌溉农田的比例总体在下降，特别是南亚、东南亚和东亚的可灌溉农田占比较高的国家，下降幅度较大。

第三节 全球农业生产开发潜力及分析

一、农业开发潜力的自然资源分析

光热水土条件作为农业生产的自然资源，是决定一个地区农业生产潜力的基础，基于光温因素，全球的生物生产潜力从低纬度向高纬度逐渐减少（封志明，2009）。然而，随着农业科技的不断进步，人类对农业生产环境的控制能力大大增强，农业的单位产量更多决定于农业科技水平（刘忠 等，2015；温静 等，2020）。FAO的全球农业相关数据反映了当前全球各地区耕地粮食的开发现状（表3-4）。以谷物为例，全球各地区的单产差异巨大，北美和西欧谷物单产最高，分别为7 809.8千克/公顷和7 283.0千克/公顷；其次为东亚、北欧单产均接近6 000千克/公顷；南美和非洲南部地区，单产在近5 000.0千克/公顷；而北非、东非、西非、中亚和中非等地区的谷物单产不足2 000.0千克/公顷，不足北美和西欧地区谷物单产的1/4，特别是中非单产仅943.2千克/公顷，不足北美地区谷物单产的1/8，这些地区的农业生产能力的开发水平相当不足。利用现有的耕地面积将这些地区的单产提升至世界平均水平的4 117.3千克/公顷，总产量也将翻1倍以上，因此这些地区具有相当大的粮食生产提升空间。

耕地和水资源是农业生产的基本条件，直接决定了一个地区农业的生产潜力。从耕地和可耕地总面积看，南亚、北美、东欧、东亚、南美等地区均在1亿公顷以上，东南亚和西非的耕地总面积也超过了1亿公顷，可耕地面积分别超过7 000万公顷和8 000万公顷，是当前全球粮食主要生产区和未来粮食生产的潜力区。此外，东非、中非、北非、中美、中亚、西亚、西欧、澳大利亚和新西兰等地的耕地面积和可耕地面积也在3 000万公顷以上，南欧的耕地面积和可耕地面积分别超过3 000万公顷和2 000万公顷，也是拥有较大农业生产土地资源潜力的地区。从水土资源组合情况看，北非、东非、中亚等耕地和可耕地面积较大的地区，单位面积耕地可匹配的水资源相对较少，农业生产受水资源的限制比较严重。其次，西非、西欧、南欧、西亚、中美等地区单位面积耕地可匹配的水资源也不足15 000立方米/公顷，低于世界平均水平的27 792立方米/公顷。

表3-4 2017年世界各地区谷物单产与资源情况

地区	谷物单产（千克/公顷）	可耕地总面积（万公顷）	耕地总面积（万公顷）	单位耕地占有水资源（立方米/公顷）
东非	1 896.3	6 655.547	7 769.045	3 622
中非	943.2	3 089.900	3 472.900	41 901
北非	1 908.5	4 222.774	4 864.136	1 369
南非	4 790.4	1 364.680	1 409.080	53 871
西非	1 210.0	8 733.900	10 360.000	12 842
北美	7 809.8	19 601.720	19 879.150	30 570
中美	3 510.4	2 891.850	3 450.250	13 800
加勒比海	2 103.8	507.975	656.965	14 797
南美	5 061.6	11 680.134	13 221.388	96 360
中亚	1 882.1	3 736.890	3 817.650	5 094
东亚	5 992.0	12 796.600	14 491.400	23 529
南亚	3 212.3	22 127.393	23 917.843	16 378
东南亚	4 360.4	7 322.166	12 198.526	40 933
西亚	2 935.3	3 811.665	4 430.510	14 381
东欧	3 683.1	19 299.108	19 702.317	22 900

（续表）

地区	谷物单产（千克/公顷）	可耕地总面积（万公顷）	耕地总面积（万公顷）	单位耕地占有水资源（立方米/公顷）
北欧	5 989.5	1 872.924	1 886.272	26 378
南欧	3 808.7	2 776.912	3 740.478	13 399
西欧	7 283.0	3 390.069	3 525.343	11 545
澳大利亚和新西兰	2 708.3	3 132.200	3 171.900	51 974
美拉尼西亚	3 540.9	51.124	150.524	6 643
密克罗尼西亚	1 749.2	0.900	7.670	0
波利尼西亚	0	3.450	10.330	96 805
世界平均	4 117.3	139 069.881	156 133.675	27 792

数据来源：FAO数据库。

综合分析来看，西非、中非、西亚等地区粮食单产很低但耕地面积较大，且水源相对充足的地区具有较好的农业生产自然资源基础，有巨大的农业开发潜力；澳大利亚和新西兰、东欧、南亚、南欧、中美等地区粮食单产低于世界单产平均水平，耕地资源和水资源都比较充足的地区也具有较大的农业生产提升空间。中亚、东非、北非等地区粮食单产低，耕地资源较为丰富，但是水资源较缺乏，农业生产潜力的自然资源基础较差。

二、农业开发潜力的社会经济基础分析

经济实力、技术水平和农田水利设施等要素对粮食单产的影响越来越大。农药、化肥、农业灌溉作为现代农业发展的强大支撑，对全球粮食产量的提高起到了重要作用；然而，FAO统计数据（表3-5）反映出了全球各地区2017年在这3个方面的发展水平存在不一致性。

在农药使用量方面，东亚地区远远高于其他地区；南美、南欧和西欧的农药使用量分别位列第二、第三、第四位，均超过3.7千克/公顷；中美地区农药使用量2.93千克/公顷，超过了世界平均水平的2.63千克/公顷；其他地区农药使用量均在世界平均水平以下，特别是除南非以外的非洲地区和南亚、中亚、东欧等地区，农药施用量都在1.0千克/公顷以下。

在氮肥使用量方面，东亚地区依然远远高于其他地区；使用量较高的还有西欧和北欧地区，均超过100.0千克/公顷；南亚、北美也较高，均超过了世界平均水平的69.8千克/公顷，南欧、南美、东南亚接近世界平均水平；中美和西亚地区超过50.0千克/公顷；其他地区的氮肥使用量均比较低，特别是中非、西非、东非等地区的化肥使用量很少，均不超过20.0千克/公顷。

综合而言，在非洲大部、中亚、西亚、东欧等地区，现代农业投入品使用较少是其农业单产较低的重要原因，未来通过加大农业现代化水平，可大大提高其农业生产能力。

表3-5　2017年世界各地区农业投入品和农田灌溉情况

地区	农药使用量（千克/公顷）	氮肥使用量（千克/公顷）	耕地灌溉率（%）
东非	0.20	10.50	4.27
中非	0.04	3.33	0.50
北非	0.65	40.66	19.19
南非	1.92	32.84	12.30
西非	0.04	8.10	1.25
北美	2.51	71.03	14.23
中美	2.93	57.81	22.09
加勒比海	1.74	29.47	15.96
南美	5.42	61.94	13.30
中亚	0.64	24.83	26.70
东亚	12.74	213.74	54.06
南亚	0.31	94.30	46.41
东南亚	1.15	61.17	18.91
西亚	1.67	54.94	34.41
东欧	0.82	31.07	5.38
北欧	1.80	107.88	3.74
南欧	3.74	66.02	28.34

（续表）

地区	农药使用量（千克/公顷）	氮肥使用量（千克/公顷）	耕地灌溉率（%）
西欧	3.97	123.07	11.96
澳大利亚和新西兰	2.16	35.09	10.38
美拉尼西亚	0.67	25.38	0.93
密克罗尼西亚	0.03	0	0.39
波利尼西亚	1.50	5.51	0.97
世界平均水平	2.63	69.8	21.63

数据来源：FAO数据库。

在农业灌溉方面，东亚和南亚地区灌溉农田比率分别为54.06%和46.41%，远高于其他地区；西亚、南欧和中亚等地区灌溉农田比率在25%以上，中美地区则在22.09%，也有相对较高的比率；全球重要的产粮区域北美、南美、澳大利亚和新西兰、东欧等地区灌溉农田的比率较低，与农药、氮肥使用情况存在一定的差异，原因可能在于这些地区耕地面积大、人口稀少、气候条件较好，实行的是规模化的机械生产作业，无须灌溉设施或灌溉设施建设不具备比较效益。无论如何，建设灌溉设施保障作物生长的用水需求，是这些地区粮食产量提高的一个重要发展方向。

参考文献

陈锡文，陈昱阳，张建军，2011. 中国农村人口老龄化对农业产出影响的量化研究 [J]. 中国人口科学（2）：39-46，111.

封志明，2009. 资源科学导论. [M]，北京：科学出版社.

刘忠，黄峰，李保国，2015. 基于经验模态分解的中国粮食单产波动特征及影响因素 [J]. 农业工程学报，31（2）：7-13.

马林静，欧阳金琼，王雅鹏，2014. 农村劳动力资源变迁对粮食生产效率影响研究 [J]. 中国人口·资源与环境（9）：103-109.

温静，张超，张丽君，等，2020. 气候变化下中国粮食生产时空演变及影响因素 [J]. 河南大学学报（自然科学版），50（6）：652-665.

徐娜，张莉琴，2014. 劳动力老龄化对我国农业生产效率的影响 [J]. 中国农业大学学报，19（4）：227-233.

叶文虎，宁淼，2005. 中国农村人口问题与中国可持续发展 [J]. 中国人口·资源与环境，15（3）：26-31.

赵俊芳，孔祥娜，姜月清，等，2019. 基于高时空分辨率的气候变化对全球主要农区气候生产潜力的影响评估[J]. 生态环境学报，28（1）：1-6.

张永丽，王宝文，2012. 农村劳动力流动对农业发展的影响：基于超越对数生产函数 [J]. 经济与管理，26（4）：42-45.

CARVALHO F P，2017. Pesticides，environment，and food safety[J]. Food Energy Security，6：48–60.

High Level Panel of Experts（HLPE），2015. Water for food security and nutrition：A report by the High Level Panel of Experts on Food Security and Nutrition of the Committee on World Food Security [R]. Rome，Italy：FAO.

MAX R，HANNAH R，2013. Fertilizers. https://ourworldindata. org/fertilizers.

United Nations World Water Assessment Programme（WWAP），2017. The United Nations World Water Development Report 2017 [R]. Wastewater：The Untapped Resource，Paris，UNESCO.

第四章 全球农业生产效率影响因素分析与国际比较

本章将建立超越对数生产函数模型，引入农业灌溉基础设施、人力资本水平、农业产业结构和农业研发投入等变量，基于全球86个国家1981—2016年农业经济的面板数据，对全球农业生产效率及其决定因素进行实证研究。

第一节 相关研究进展

农业生产效率决定着全球农业发展水平和粮食安全水平。当前新冠肺炎疫情蔓延，这意味着农业生产面临更大压力，FAO（2020）预测这可能导致全球饥饿人数在2020年大幅增加，全球将有6.9亿人处于饥饿状态，全球濒临至少50年来最严重的粮食危机。根据《2019年世界人口数据展望报告》（联合国，2019），到2030年全球人口预计将增加到85亿人，到2050年升至97亿人，这意味着未来40年，全球粮食需求预计需增长50%~65%，这无疑对全球农业带来严峻考验，对各国尤其是发展中国家农业生产率提出了持续提升的要求。

农业生产率可以有效反映出一个国家或地区的农业产能。全球农业总产量自1961年以来翻了3倍多，但已有研究表明目前全球农业产量增速放缓（Wang et al.，2013）。现有研究指出，农业生产率是整个经济发展的条件，甚至是前提条件，是一国经济社会发展的基础（Gong，2020）。因此，有必要采取合适的措施，提升农业生产效率（樊胜根，1998；高帆，2007），为国家经济发展创造条件，为缓解粮食安全压力创造宽裕空间。

许多文献研究了资源禀赋、生产制度、政策措施、基础设施、教育科学投入、气候变化等因素对农业生产效率的影响（Sheng，2019；杨骞，2019）。第一，农业资源禀赋对农业生产效率有直接的影响，农业用地和劳动力是农业最基本的生产要素，其数量和质量决定着生产资料的利用率和生产力水平，进而影响农业生产效率。第二，农业生产制度及其变革对农业生产效率有着决定性影响，农业生产制度决定着农业生产资料的分配和收益的分配，进而改变农业生产组织形式和经营规模，合理的农业生产制度可以提高农业生产效率。第三，农业政策措施和农业基础设施投入通过激励农业主体积极性和创造农业生产的便利条件，提高资源利用率和抵抗风险能力，进而提高农业生产效率。第四，教育和科学技术是决定农业生产效率提高的重要变量，教育可以提高人力资本水平，科学技术进步可以改良土壤、提高机械化率、培育优良品种。第五，气候变化、农业保险等其他因素也影响了农业生产效率，气温、降水、日照等都是稳定农业生产的重要因素，农业保险可以有效转移农业风险，是农业稳定生产的金融保障。综上可得，综合分析影响乃至决定农业生产效率的主要因素的文献并不多见，Gong（2020）在研究农业生产率时使用科研投入、开放程度和农业结构等因素，彭甲超（2019）则引入了人力资本、自然受灾率、农业经济结构、农业金融存款等要素。

具体到农业生产率测算，Solow（1957）开创性提出生产增长模型，其将一个国家的生产增长贡献因素分解为2个来源：投入要素（劳动和资本）的变化以及无法解释的剩余部分。这个无法解释的增长的一部分通常是因为全要素生产率的提高，这是技术进步的一个指标。全要素生产率一般指的是为投入要素资源开发利用的效率。经过几十年发展，全要素生产率的测算主要有生产函数法、指数法、参数法和非参数法，用来衡量不同的经济贡献推动经济增长对全要素增长率的影响。现有针对农业全要素生产率的研究主要表现为方法复杂化、统计口径多样化和测算结果差异化（叶璐，2020）。近年来关于农业生产率的研究主要从以下2个维度展开。

一、农业生产率的测算指标及方法

在投入要素指标选取方面，相关研究除了包括土地和劳动力传统农业投入变量外，增加的变量主要包括农用机械、燃料动力、农药化肥等（Ruttan，2002；陈红，2017；李宁，2018；彭甲超，2019；Gong，2020）；在产出变量方面，研究主要使用的变量是农业生产总值（彭甲超，2019；SHENG，2019；Gong，2020）；随着绿色经济学的发展，农业污染和碳排放等环境要素被纳入测算变量中（Fan，2002；杜江，2016；杨骞，2019）；在农业全要素生产率（TFP）测算方法方面，主要包括生产函数法（CD生产函数、索罗余值法）、指数法（Luenberger-Moorsteen、HBM、Malmquist、Färe-Primont）、非参数法（数据包络法DEA）和参数法（随机前沿分析方法SFA）。

指数法和生产函数法均是建立在新古典生产理论和规模报酬不变的基础上，估计最优生产前沿，但是在现实中，由于制度、技术、社会、环境等因素影响，实际很难达到假定的生产前沿值。其中，指数法主要为了在涉及多投入和多产出情况下，利用加权指数后的产出数量和投入要素的比值来衡量生产率（李文华，2018），指数法用参数法和非参数法生成相关的变量数据（王雯，2018；Sheng，2019）。生产函数法的基础是Douglas（1928）提出的柯布道格拉斯生产函数，Solow（1957）在分析经济增长动力中发现索洛余量，进而为以后生产效率分析估计发挥重要作用。鉴于其可用于分解预测所需的参数分解的产出增长，国内外学者不断改进和完善该方法（Jorgensen，1967；Hoang，2011；彭甲超，2019）。

与上述两种方法相比，生产前沿面的研究方法克服了传统研究在生产单位处于生产前沿面上的假定，主要分为非参数法和参数法。非参数法应用比较广泛，因为数据包络分析法（DEA）无须事先指定生产函数模型，而是运用线性规划（LP）构建非参数前沿面来计算生产效率，可以对技术效率的变化进行有效测算。自Charnes（1978）首次提出数据包络分析法开始，学者发表了大量DEA论文，并从规模收益不变DEA方法扩展到了规模收益可变DEA方法的研究（Banker，1984），但由于这种方法测算的是相对效率，而且其前提假设是所有偏离生产前沿的现象都是由于技术无效率的原因，进而无法有效分解出残差项里的随机误差。而参数法中的随机前沿分析法（SFA）弥补了这一缺陷，相对于DEA，SFA纳入了经典的白噪声，并且充分考虑到随机因素的影响，通过生产函数参数法描述生产前沿面，并将残差项分解为随机误差和无效率部分，具有可识别随机因素的优势，由于需事先对模型设定，模型设定直接影响测算的精准性，由于这些和农业生产的本质特征一致，因此在农业领域的估计总体上稳健性更强，优于DEA估计。SFA由Aligner和Meeusen（1977）提出，经过学者们对SFA不断优化和完善，被广泛应用于国家、产业、区域的生产率的计算

（Yang et al., 2016；曾雅婷, 2018；刘春明, 2020；Gong, 2020）。

二、农业生产率的影响因素及国际研究

农业生产与其他行业相比具有其自身的特殊性，主要因为农业是人类直接利用自然力的生产活动，土地资源是最基本的生产资料，受自然因素影响很大，供求弹性较小。国内外学者针对农业生产率的影响因素进行了广泛的研究，影响因素变量除了包括传统的影响因素如技术水平、基础设施、灌溉排水等（曾雅婷, 2019；李宁, 2019；Sheng, 2019），还有研究将受灾率、气候变化等天气指标、土壤指标和环境污染指标等作为对农业生产率的影响因素加以研究（韩海彬, 2013；岳立, 2013；杨骞, 2019）。随着经济发展和理论进步，越来越多的学者开始关注国家产业结构、政策体制变革和科技创新对农业生产率的影响，主要包括制度体制、对外开放程度、国际直接投资、人力资本、科技投入等（刘乃郗, 2018；曾雅婷, 2018；Sheng, 2019；Gong, 2020）。

农业生产率的国际分析主要集中于：对一定区域内或全球各国之间农业生产率差异的分析，对投入因素贡献率的分析等。20世纪80年代，国外学者对农业生产率的跨国差异进行的研究主要侧重于农业生产弹性、农场规模以及农业劳动生产率差异贡献的解释等。随后的研究继续对投入因素进行质量方面优化调整，农业劳动力投入因素方面纳入了年龄、性别、教育程度、职业类型、劳动时间和劳动工资水平等方面；资本投入因素方面，资本额的测算加入资本租赁价格为权重，以"40CV拖拉机当量"（CV=公制马力）为单位的农机总存量对畜力和农用机械进行估计，增加了要素投入，如农药、种子、饲料、能源等。土地因素则利用土地承载力（土壤的酸度、湿度和盐度）、土地的灌溉率等进行测算（Wang, 2018）。随着经济增长，研发投资、农业结构也成为推动一个国家农业经济增长的主要因素，受到学者的关注（Gong, 2020）。

纵观国内外关于农业生产率的文献，已有研究分析了农业生产率的变动，探讨了农业投入因素，针对农业生产率的跨国研究则从区域视角对不同国家农业生产率进行比较分析，目前基于宏观面板数据对全球农业生产率进行的研究主要集中于生产效率的测度和效应识别上，鲜有在全球视角下对农业生产效率进行国际多维比较及影响因素的研究。从现实角度来看，由于全球不同国家的农业基础设施、农业结构、技术水平和人力资本都有较大差异，各国农业生产率也不相

同，要实现从传统的增长阶段转向高效率的发展阶段，不能不重视这些因素的作用。而目前关于全球国家农业生产率影响因素的研究，对农业基础设施、人力资本、农业结构、科技研发水平与全球各国家农业生产率之间究竟存在何种关联程度的诠释明显是不充分的，这些研究未能从经济结构性视角进一步研究涉及高效发展的现实问题；而且应用较多的DEA也无法有效衡量影响因素实际作用大小。

基于此，本章尝试拓展上述对于国际农业生产率的研究思路，拟采用超越对数形式的随机前沿生产函数，分析1981—2016年国际农业生产率的变化，并对不同国家的农业生产率进行比较分析，实证分析主要经济因素究竟如何影响农业生产率，进而揭示推进农业高效率发展的有效做法。

第二节　理论模型与研究方法

一、理论模型

生产效率是全部生产要素投入量不变时，而生产量仍能增加的部分，即生产函数残差部分。随机前沿分析方法经过不断完善和改进，其随机残差项可以和农业生产特征保持一致，进而发展成为研究农业生产效率的主流方法。随机前沿生产函数有两种形式：一种是C-D生产函数形式，另一种是超越对数生产函数形式。超越对数生产函数的优势是产出对投入要素的弹性不是固定的，而且其和不被限制为1，即认为生产具有规模效应，这与现实全球农业生产具有规模效益的事实相符，因此本文采用超越对数生产函数的随机前沿分析方法。

首先假定生产函数如下：

$$Y_{nt} = f(X_{nt}, t; \beta) \exp(\gamma_{nt} - \mu_{nt}) \tag{1}$$

为了运算方便，两边取自然对数，上述函数可转化为：

$$\ln Y_{nt} = \ln f(X_{nt}, t; \beta) + \gamma_{nt} - \mu_{nt} \tag{2}$$

其中，Y_{nt}代表时间t农业总产出，f代表了最前沿的产出水平的生产函数，X_{nt}代表农业投入要素的投入量，β为待估计参数，γ_{nt}为符合N（0，σ^2）的随机残差

项，为样本在实际生产中无法有效控制的不确定的因素，并且影响方向不定，如自然因素、统计误差等。μ_{nt}为技术残差项，代表样本实际产出水平与生产可能性边界的差距，其受到生产者素质、管理者水平、技术转化率等诸多因素的影响，理论上只有样本的技术水平达到最优的情况下实际产出才会在生产可能性边界上。在现实农业生产中，普遍存在技术效率损失（$\mu_{nt}>0$）的情况，即其符合断尾正态分布$N(u, \sigma^2)$。基于此，当假定$\mu_{nt}=0$时可以估算出技术水平最优情况下的最大可能产出值$E(Y_{nt}|\mu_{nt}=0, X_{nt})$，利用样本实际产出值除以技术水平最优情况下的最大可能产出值即可算出样本的生产技术效率：

$$TE_{nt} = E(Y_{nt}|\mu_{nt}, X_{nt}) / E(Y_{nt}|\mu_{nt}=0, X_{nt}) \quad (3)$$

进一步研究生产效率差距的影响因素，假定如下模型：

$$\mu_{nt} = \sum_{i=1}^{n} \alpha_{it} Z_{int} + \varepsilon_{nt} \quad (4)$$

其中，μ_{nt}为式（3）中计算出的样本的技术水平差距值，Z_{int}表示该差距值的第i个影响变量；α_{it}为影响因素的待估参数，即反映变量i对差距值的影响程度；ε_{nt}符合极值分布的随机变量。

为了能高效准确估计以上模型参数，Battese和Coelli（1993）通过采用参数替代法，利用非线性估计技术，同时计算出随机前沿生产函数和技术差距影响因素参数的最大似然估计量。需要注意的是，当影响因素参数为负数时，表明该影响因素对生产效率有正向影响，为正数时则对生产效率有负向影响。

综上所述，由于超越对数可以有效识别投入产出的转化效率，理论模型（2）可根据超越对数形式设定如下：

$$\ln Y_{nt} = \beta_0 + \sum_i \ln X_{int} + \frac{1}{2} \sum_i \sum_j \beta_{ij} \ln X_{int} \ln X_{jnt} + \gamma_{nt} - \mu_{nt} \quad (5)$$

其中，Y_{nt}为n国第t年的农业总产出；β为待估参数；t代表年份；X_{nt}为投入要素。

根据理论模型（4）设定的农业生产率影响因素具体模型如下：

$$\mu_{nt} = \alpha_0 + \sum_{i=1}^{n} \alpha_{it} Z_{int} + \varepsilon_{nt} \quad (6)$$

其中，μ_{nt}为n国在第t年农业生产中的技术水平差距值，Z_{int}为相对应的影响因素。

二、变量设置

1. 产出和投入变量的选取及其测度

本章探讨的是全球各国的农业生产率，在产出变量方面，选取以2005年全球平均不变价计算的各国农业总产值，记为Y_{it}。在投入变量方面，采用4个类型的农业投入，包括农业用地，记作 *LandAg*（按照雨水灌溉农田公顷当量换算）；农业劳动力 *LaborAg*（从事农业劳作的且大于15岁的劳动力）；农业机械量，记作 *MachineryAg*（在使用农业机械，按40-CV拖拉机当量换算）；化肥施用量，记作 *Fertilizer*（消费的含有N、P_2O_5、K_2O营养素的化肥量）；饲料使用量，记作 *Feed*（生物能量中的代谢能）。

2. 影响因素变量的选取及其测度

本章主要关心的问题是农业生产率的影响因素，因而在关键影响农业生产率变量的选取上借鉴已有经济理论和相关文献（刘乃郗，2018；曾雅婷，2018；李宁，2019；Sheng，2019；Gong，2020），结合速水佑次郎和弗农·拉坦完整的农业发展模型（2000），考虑到数据可得性和变量代表性，分别选取农业灌溉基础设施、人力资本、农业产业结构和农业研发水平4个因素代表资源环境条件、文化素质水平、政策制度和科学技术水平。其中，农业灌溉设施选用灌溉农田面积代表，记作 *Irrig*；人力资本水平采用受教育年限和教育回报率计算的人力资本指数，记作 *HC*；为了衡量农业产业结构，采用畜牧业产值占农业总产值的比重，记作 *StrAg*；农业研发投入占农业增加值的比例来表示，记作 *RDAg*。

三、数据来源

国家层级农业输入和输出变量数据从FAO、美国农业部经济研究服务（USDA-ERS）获得。关于各国的全要素生产率影响因素的数据主要来源于世界银行数据库、格罗宁根大学增长与发展中心和国际食物政策研究所，其中 *StrAg* 数据取自世界银行数据库，世界银行数据库包含1960—2019年的相关数据；*HC* 来源于新版宏观经济跨国研究的标准数据来源的PWT9.1表（格罗宁根大学增长与发展中心），该表统计了全球184个国家1950—2017年的人力资本指数等经济数据；*RDAg* 和 *Irrig* 的数据下载自国际食物政策研究所（IFPRI-ASTI）、经济合作与发展组织（OECD）和USDA-ERS。

需要明确的是，在合并以上数据之后，得到的最终样本共涵盖全球86个国家1981—2016年的相关数据。表4-1为主要变量数据的描述性统计情况。全球86个国家平均农业产出值为174.2亿美元，使用914.8万个农业劳动力、184.3万公顷农业用地、33.4万台拖拉机等价当量的农业机械、141.5万吨化肥。在生产率影响因素方面，农业灌溉设施装配面积平均831.5万公顷，人力资本平均指数为2.16，农业结构中畜牧业占农业平均比值为38.6%，研发投入占农业增加值平均比例为0.4%。

表4-1 主要变量数据的描述性统计

	变量	符号	平均值	标准差	最大值	最小值
产出	农业产出（万美元）	Y	1 741 795.4	51 683.075	623 444.322	8.338
投入	农业用地（公顷）	$LandAg$	18 434 265	49 895.542	319 901.164	0.358
	农业劳动力（人）	$LaborAg$	9 147 599	41 318.368	389 593.0	1.0
	农业机械量（台当量）	$MachineryAg$	333 544	997.257	12 349.632	0.007
	化肥施用量（吨）	$Fertilizer$	1 414 422	4 792.267	49 841.0	0.001
	饲料使用量（万兆卡）	$Feed$	2 364 667.1	72 225.867	1 058 879.972	1.780
影响因素	农业灌溉设施（万公顷）	$Irrig$	831.5	65.257	714.659	0
	人力资本水平（%）	HC	215.740	83.889	380.906	0
	农业研发投入（%）	$RDAg$	0.377	0.813	10.620	0
	农业产业结构（%）	$StfAg$	38.583	20.680	98.397	0

第三节 实证分析结果

一、农业生产率测度模型的适用性检验

由于本研究采用的面板数据时间跨度较大，结合研究目的，为了提高模型

包容性，更好地反映全球各国农业生产率，探寻农业生产效率国家差异背后的原因，将进一步分析农业灌溉、农业产业结构、人力资本水平和农业研发投入对技术损失的影响。在第二节理论模型（5）和（6）的基础上，设定的农业生产率影响因素模型具体形式如下：

$$\ln Yn_t = \beta_0 + \beta_1 \ln LandAg_{nt} + \beta_2 \ln LaborAg_{nt} + \beta_3 \ln MachineryAg_{nt} + \beta_4 \ln Fertilizer_{nt} + \beta_5 \ln Feed_{nt} + \beta_6 \ln LandAg_{nt}^2 + \beta_7 \ln LaborAg_{nt}^2 + \beta_8 \ln MachineryAg_{nt}^2 + \beta_9 \ln Fertilizer_{nt}^2 + \beta_{10} \ln Feed_{nt}^2 + \beta_{11} \ln LandAg_{nt} \ln LaborAg_{nt} + \beta_{12} \ln LandAg_{nt} \ln MachineryAg_{nt} + cv\beta_{13} \ln LandAg_{nt} \ln Fertilizer_{nt} + \beta_{14} \ln LandAg_{nt} \ln Feed_{nt} + \beta_{15} \ln LaborAg_{nt} \ln MachineryAg_{nt} + \beta_{16} \ln LaborAg_{nt} \ln Fertilizer_{nt} + \beta_{17} \ln LaborAg_{nt} \ln Feed_{nt} + \beta_{18} \ln MachineryAg_{nt} \ln Fertilizer_{nt} + \beta_{19} \ln MachineryAg_{nt} \ln Feed_{nt} + \beta_{20} \ln Fertilizer_{nt} \ln Feed_{nt} + \gamma_{nt} - \mu_{nt} \quad (7)$$

$$\mu_{nt} = \alpha_0 + \alpha_1 Irrig_{nt} + \alpha_2 HC_{nt} + \alpha_3 StfAg_{nt} + \alpha_4 RDAg_{nt} + \varepsilon_{nt} \quad (8)$$

其中，a_i为待估参数，β_i为待估参数，相关变量符号参照表4-1所示。本文运用Frontier4.1软件对模型（7）和（8）运用一步法进行超越对数函数回归分析，其随机前沿生产函数的参数分析结果如表4-2和表4-4所示。

本文模型有效性的检验参见γ值，如果该值接近于0或未通过t检验，表示模型中无效率项为常数或者模型设定不适合，本模型中γ值的t检验值为36.441，通过了1%的显著性水平，表明随机前沿模型设定是合适的，即全球农业生产的前沿产出和实际产出之间的差距93.1%都是由生产技术非效率引起的。单边似然比（LR）检验的t值为430.97，且在1%水平上显著，说明残差项是显著的复合成分结构，表明构建的超越对数形式的随机前沿函数模型（7）比传统的生产函数模型更有效，也说明了全球农业生产效率存在效率损失。

自变量选取的合理性可以从其参数的t检验值来判断，除了农业机械量和饲料使用量交互项这一个变量不显著外，由农业用地、农业劳动力、农业机械量、化肥施用量、饲料使用量组成的变量、平方项和交互项全部通过了显著性检验，也证明了本模型变量的选取是合适的。

二、全球农业生产率的比较分析

根据模型（7）计算出1981—2016年全球86个国家和全球平均农业生产效率，如图4-1所示。从纵向来看，全球农业生产效率从1981年的33.08%一直上涨到2016年的42.12%，每年上涨幅度平均为0.258%，自2009年突破42%后，增长幅度放缓，最高值出现在2015年的42.9%。为了进一步了解全球不同收入类型的国家农业生产率，按照世界银行人均国民总收入（GNI）分类标准，将86个样本分为4类进行分析：30个高收入国家、25个中高收入国家、22个中低收入国家和9个低收入国家。从总样本情况来看：第一，全球各国农业生产效率呈逐渐升高趋势，由于高收入国家增速放缓，高收入与中高收入、中低收入水平国家之间的差距逐渐缩小，但低收入类型国家与其他国家的差距并未缩小仍然较大，代表随着全球农业技术发展，虽然全球农业生产效率逐渐升高，国家间仍存在不小差距。第二，至2016年，全球各国农业生产效率均值为42.12%，农业生产还存在约57.88%的效率损失。第三，高收入和中高收入国家的农业生产率一直高于全球平均农业生产率水平，中低收入和低收入国家的农业生产率则一直低于全球平均农业生产率水平，而且这种差距并没有发生实质性变化。4类国家农业生产效率水平与收入水平呈现出明显相关关系，主要源于收入水平更高的国家拥有更发达的经济发展水平和更合理的农业经济结构，其农业从业人员的综合素质、农业基础设施建设、科技研发投入都要强于收入水平相对低的国家。

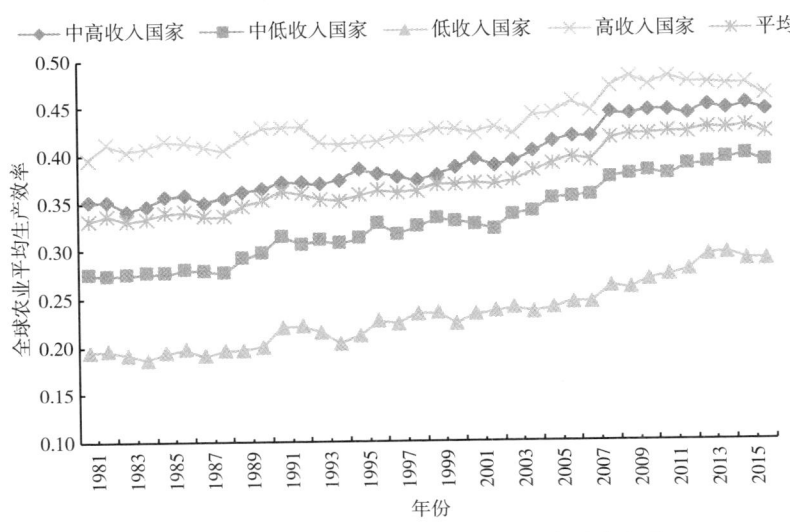

图4-1　1981—2016年全球农业平均生产效率走势

按照收入水平划分，对全球各国1981—2016年农业生产技术效率进行进一步统计整理分析，4类国家的农业生产效率如表4-3所示。根据表4-3和表4-4数据，可以分析得出如下三大特征：第一，从农业生产效率的均值来看，高收入国家农业生产效率（0.434）>中高收入国家的农业生产效率（0.393）>中低收入国家的农业生产效率（0.329）>低收入国家的农业生产效率（0.232），可见全球收入水平差异的国家农业生产效率存在差异，并与各国经济发展水平一致。第二，从农业生产效率的增速来看，全球不同收入类型国家的农业生产效率增速存在差异，1981—2016年，低收入国家从0.195升高至0.289，最高值为0.296出现在2014年；中低收入国家的农业生产效率从0.275增长至0.392，为4种收入类型国家中农业生产效率提升最快的地区，2015年达到最高值0.399；中高收入国家从0.351提高至0.446，最高值为2015年的0.452；高收入国家从0.396增至0.462，2009年达到最高值为0.482，增速最慢；低收入和中低收入国家的农业生产效率发展较快，而中高收入和高收入国家农业生产效率虽然增速较慢，但是农业效率水平一直保持领先，这意味着全球各国农业生产效率呈现出趋同趋势（高帆，2015；Gong，2020）。第三，从农业生产效率的国家差异来看，高收入国家最高值的平均为0.931，中高收入国家为0.85，中低收入国家为0.544，而低收入国家最高值的平均仅为0.329。结合表4-4来看，农业生产效率大于0.9的国家集中于高收入国家，大于0.7的主要包括高收入和中高收入国家；农业生产效率大于0.5主要体现在高收入、中高收入和低收入国家，而低收入国家农业生产效率没有大于0.5，国家间农业生产效率水平差距较大，特别是低收入水平国家农业生产效率水平低于其他类型国家。

表4-2　随机前沿生产函数的参数估计结果

待估参数	变量	系数	标准误
β_0	常数项	13.539***	0.252
β_1	lnLandAg	0.252***	0.045
β_2	lnLaborAg	0.213***	0.037
β_3	lnMachineryAg	−0.105***	0.039

（续表）

待估参数	变量	系数	标准误
β_4	$lnFertilizer$	0.120***	0.054
β_5	$lnFeed$	−0.580***	0.037
β_6	$lnLandAg^2$	−0.079***	0.006
β_7	$lnLaborAg^2$	−0.034***	0.004
β_8	$lnManchineryAg^2$	−0.013***	0.002
β_9	$lnFertilizer^2$	0.057***	0.004
β_{10}	$lnFeed^2$	0.048***	0.002
β_{11}	$lnLandAg \cdot lnLaborAg$	0.145***	0.009
β_{12}	$lnLandAg \cdot lnMachineryAg$	0.079***	0.007
β_{13}	$lnLandAg \cdot lnFertilizer$	−0.010*	0.006
β_{14}	$lnLandAg \cdot lnFeed$	−0.007*	0.005
β_{15}	$lnLaborAg \cdot lnMachineryAg$	−0.087***	0.005
β_{16}	$lnLaborAg \cdot lnFertilizer$	−0.043***	0.006
β_{17}	$lnLaborAg \cdot lnFeed$	0.018***	0.003
β_{18}	$lnMachineryAg \cdot lnFertilizer$	0.001	0.005
β_{19}	$lnMachineryAg \cdot lnFeed$	0.013***	0.004
β_{20}	$lnFertilizer \cdot lnFeed$	−0.061***	0.007
α^2	—	0.098***	0.003
γ^2	—	0.931***	0.026

注：*、**、***分别表示参数估计值在0.10、0.05、0.01水平上显著。

表 4-3 1981—2016 年高收入、中高收入、中低收入和低收入国家农业生产效率比较

年份	全球 平均值	高收入国家 平均值	高收入国家 最高值	高收入国家 最低值	中高收入国家 平均值	中高收入国家 最高值	中高收入国家 最低值	中低收入国家 平均值	中低收入国家 最高值	中低收入国家 最低值	低收入国家 平均值	低收入国家 最高值	低收入国家 最低值
1981	0.331	0.396	0.869	0.063	0.351	0.841	0.193	0.275	0.429	0.127	0.195	0.279	0.113
1982	0.336	0.411	0.917	0.082	0.352	0.824	0.196	0.274	0.433	0.123	0.195	0.273	0.127
1983	0.330	0.404	0.931	0.085	0.341	0.816	0.167	0.275	0.444	0.124	0.192	0.288	0.115
1984	0.333	0.407	0.942	0.088	0.347	0.813	0.184	0.276	0.429	0.130	0.186	0.296	0.126
1985	0.339	0.415	0.911	0.111	0.355	0.816	0.172	0.276	0.425	0.122	0.194	0.291	0.119
1986	0.341	0.413	0.909	0.085	0.359	0.836	0.180	0.280	0.443	0.120	0.197	0.283	0.122
1987	0.336	0.409	0.908	0.068	0.350	0.770	0.170	0.279	0.445	0.120	0.191	0.277	0.109
1988	0.336	0.405	0.931	0.057	0.355	0.820	0.164	0.277	0.456	0.109	0.196	0.275	0.106
1989	0.346	0.418	0.917	0.076	0.362	0.784	0.159	0.292	0.477	0.110	0.196	0.278	0.121
1990	0.352	0.428	0.940	0.065	0.364	0.877	0.148	0.297	0.466	0.125	0.200	0.269	0.121
1991	0.362	0.429	0.916	0.075	0.372	0.900	0.168	0.315	0.496	0.147	0.220	0.291	0.133
1992	0.359	0.430	0.920	0.096	0.371	0.822	0.187	0.306	0.496	0.139	0.221	0.311	0.140
1993	0.353	0.413	0.890	0.099	0.369	0.758	0.202	0.310	0.488	0.142	0.215	0.297	0.139
1994	0.352	0.411	0.916	0.106	0.374	0.753	0.213	0.307	0.489	0.143	0.203	0.280	0.143
1995	0.358	0.413	0.909	0.108	0.384	0.821	0.228	0.312	0.494	0.146	0.211	0.293	0.151
1996	0.362	0.414	0.909	0.094	0.380	0.765	0.221	0.327	0.523	0.147	0.226	0.311	0.162
1997	0.360	0.419	0.918	0.122	0.377	0.784	0.169	0.316	0.522	0.162	0.224	0.310	0.177
1998	0.362	0.420	0.919	0.123	0.373	0.840	0.167	0.324	0.505	0.170	0.234	0.323	0.173

（续表）

年份	全球 平均值	高收入国家 平均值	高收入国家 最高值	高收入国家 最低值	中高收入国家 平均值	中高收入国家 最高值	中高收入国家 最低值	中低收入国家 平均值	中低收入国家 最高值	中低收入国家 最低值	低收入国家 平均值	低收入国家 最高值	低收入国家 最低值
1999	0.369	0.427	0.928	0.164	0.379	0.847	0.209	0.332	0.521	0.146	0.235	0.321	0.183
2000	0.369	0.426	0.948	0.105	0.386	0.858	0.203	0.330	0.530	0.139	0.224	0.297	0.177
2001	0.370	0.422	0.931	0.106	0.395	0.868	0.188	0.327	0.542	0.138	0.233	0.337	0.176
2002	0.370	0.429	0.929	0.120	0.388	0.890	0.175	0.322	0.536	0.124	0.236	0.315	0.179
2003	0.372	0.422	0.902	0.122	0.393	0.893	0.174	0.337	0.552	0.127	0.239	0.358	0.184
2004	0.383	0.442	0.944	0.159	0.403	0.880	0.190	0.340	0.555	0.128	0.236	0.349	0.172
2005	0.390	0.444	0.951	0.149	0.413	0.924	0.208	0.353	0.591	0.122	0.240	0.347	0.170
2006	0.397	0.455	0.930	0.157	0.419	0.886	0.227	0.355	0.594	0.122	0.245	0.336	0.186
2007	0.394	0.446	0.957	0.171	0.418	0.890	0.199	0.357	0.631	0.122	0.245	0.356	0.194
2008	0.417	0.472	0.978	0.158	0.443	0.937	0.202	0.375	0.642	0.120	0.263	0.371	0.195
2009	0.420	0.482	0.965	0.158	0.441	0.897	0.193	0.379	0.622	0.144	0.260	0.359	0.201
2010	0.421	0.473	0.959	0.156	0.446	0.894	0.172	0.382	0.682	0.125	0.269	0.368	0.205
2011	0.423	0.481	0.950	0.197	0.446	0.877	0.203	0.378	0.678	0.125	0.273	0.384	0.209
2012	0.423	0.476	0.942	0.196	0.442	0.834	0.171	0.388	0.659	0.121	0.278	0.401	0.183
2013	0.427	0.474	0.946	0.192	0.451	0.877	0.186	0.389	0.690	0.110	0.294	0.411	0.214
2014	0.427	0.473	0.963	0.192	0.447	0.893	0.191	0.395	0.699	0.102	0.296	0.432	0.189
2015	0.429	0.474	0.956	0.176	0.452	0.938	0.168	0.399	0.680	0.112	0.289	0.436	0.169
2016	0.421	0.462	0.967	0.190	0.446	0.880	0.176	0.392	0.702	0.129	0.289	0.453	0.167
均值	0.374	0.434	0.931	0.124	0.393	0.850	0.187	0.329	0.544	0.129	0.232	0.329	0.160

表4-4 1981—2016年农业生产效率区间频数（>0.5）

效率范围	高收入国家	中高收入国家	中低收入国家	低收入国家
>0.9	52	3	0	0
0.8~0.9	105	33	1	0
0.5~0.7	148	126	82	0

三、全球农业生产率的决定因素

表4-5结果显示，全球农业生产效率的影响因素方面，农业灌溉设施、人力资本水平、农业产业结构和农业研发投入4个影响变量均通过了显著性检验，说明模型（8）可以有效反应1981—2016年全球农业生产效率的影响因素；并且农业灌溉设施、人力资本水平、农业产业结构和农业研发投入的系数均为负，说明这些因素有利于提高全球各国农业生产技术效率。

表4-5 随机前沿模型生产效率损失影响因素的参数估计结果

待估参数	变量	系数	标准误
α_0	常数项	1.872***	0.055
α_1	Irrig	−0.093***	0.005
α_2	HC	−0.421***	0.029
α_3	StfAg	−0.079***	0.014
α_4	RDAg	−0.037***	0.004

注：*、**、***分别表示参数估计值在0.10、0.05、0.01水平上显著。

农业灌溉设施和人力资本水平的估计系数为−0.093和−0.421，在1%的水平上具有显著性，说明农田灌溉设施的改善和人力资本水平对农业生产效率有显著的正向影响。由于淡水资源和劳动力在农业生产中扮演极为重要的作用，灌溉设施不仅可以抵御水旱灾害，有效改善土壤的质量、降低农业自然灾害带来的农作物灾损量；而且作为进一步发挥规模效益的重要手段，对农业生产过程中的劳动力、资本等投入要素进行互补替代（朱晶，2017），还可以促进农业生产中要素投入的优化配置，最终有效提升农业生产效率（李俊鹏，2019；栾健，2020）。

农业灌溉等基础设施的有效利用率直接决定对农业生产效率的大小。农业劳动者人力资本水平也是重要影响因素，农业劳动力有较高的教育水平，可以提高农业灌溉等基础设施的有效利用水平，能够有效利用农业技术和市场信息，从而促进农业生产效率的提升。每年中央一号文件非常重视农业基础设施建设和农村教育问题，表明我国在农业生产实践中也非常重视这2个影响因素。

农业研发投入和农业产业结构的估计系数为-0.079和-0.037，意味着农业的研发投入每增加1%，农业生产效率将提高7.9%；农业结构中畜牧业比重每提高1%，农业生产效率将提高3.7%。农业研发的新技术、新产品直接或间接地作用于农业劳动过程，其形成的生产力体现于农业物化的形式，比如优良品种、水利设施、化学肥料、地膜塑膜、饲养技术、疫病防治和品种改良等方面，这有助于增加农业产出、改进质量或者降低成本进而提高生产效益，具有先导作用，可以实现资源优化配置，改善农业生产的环境降低可能产生的风险，促进农业生产率增长（张淑辉，2013）。农业产业结构主要通过生产要素的配置和流动影响农业生产率，体现在农业内部产品结构的转换、生产要素结构的变化，由于生产要素从低效率到高效率流动的规律，这种变化会导致附加值高且技术密集的部门或产品在农业内部占据有利地位，进而引发技术诱导效应，形成外溢与扩散，推动和影响农业生产效率不断提高（魏后凯，2017）。

参考文献

陈红，关博，孙文娇，2017. 我国粮食主产区不同环境规制下农业生产效率研究[J]. 商业研究（3）：167-174.

陈鸣，邓荣荣，2020. 农业R&D投入与农业全要素生产率：一个空间溢出视角的解释与证据[J]. 江西财经大学学报（2）：86-97.

杜江，王锐，王新华，2016. 环境全要素生产率与农业增长：基于DEA-GML指数与面板Tobit模型的两阶段分析[J]. 中国农村经济（3）：65-81.

樊胜根，1998. 中国农业生产与生产率的增长：新的测算方法及结论[J]. 农业技术经济（4）：3-5.

高帆，2015. 农业劳动生产率提高的国际经验与中国的选择[J]. 复旦学报（社会科学版），57（1）：116-124.

龚斌磊，2018. 投入要素与生产率对中国农业增长的贡献研究[J]. 农业技术经济

（6）：4-18.

韩海彬，牛可萌，郝珍珍，2020. 中国"两型"农业全要素生产率增长的时空演变 [J/OL]. 统计与决策（15）：105-109.

韩海彬，赵丽芬，2013. 环境约束下中国农业全要素生产率增长及收敛分析 [J]. 中国人口·资源与环境，23（3）：70-76.

李俊鹏，冯中朝，吴清华，2019. 农田水利设施的粮食生产成本节约效应研究 [J]. 改革（6）：102-113.

李宁，何文剑，仇童伟，2017. 农地产权结构、生产要素效率与农业绩效 [J]. 管理世界（3）：44-62.

李文华，熊兴，2018. 乡村振兴战略背景下农地规模经营与农业绿色发展 [J]. 资源开发与市场，34（11）：1563-1570.

联合国，2019.《2019年世界人口数据展望报告》[R].

刘春明，郝庆升，周杨，2020. 中国绿色农产品生产技术效率研究 [J]. 统计与决策，36（1）：53-56.

刘乃郗，韩一军，王萍萍，2018. FDI是否提高了中国农业企业全要素生产率：来自99801家农业企业面板数据的证据 [J]. 中国农村经济（4）：90-105.

栾健，韩一军，2020. 农田灌溉设施的全要素生产率增长效应 [J]. 华南农业大学学报（社会科学版），19（3）：84-93.

彭甲超，易明，付丽娜，2019. 中国农业全要素生产率的再检验：基于省级面板数据农业中间消耗品的分析 [J/OL]. 中国管理科学：1-13.

速水佑次郎，弗农·拉坦，2000.《农业发展的国际分析》（1985年修订扩充版）[M]. 郭熙保 等，译. 北京：中国社会科学出版社.

王雯，2018. 中国农业全要素生产率的驱动因素分析与对策研究 [J]. 学习与探索（9）：126-131.

王洋洋，张晓慧，崔冀娜，2019. "一带一路"沿线国家和地区农业生产技术效率研究 [J]. 统计与决策，35（4）：150-153.

魏后凯，2017. 中国农业发展的结构性矛盾及其政策转型 [J]. 中国农村经济（5）：2-17.

杨传喜，王修梅，2020. 农业科技资源错配与全要素生产率研究 [J]. 科技管理研究，40（11）：74-81.

杨钧，李建明，罗能生，2019. 农村基础设施、人力资本投资与农业全要素生产率：基于空间杜宾模型的实证研究 [J]. 河南师范大学学报（哲学社会科学版），46（4）：46-52.

杨骞，王珏，李超，等，2019. 中国农业绿色全要素生产率的空间分异及其驱动因素 [J]. 数量经济技术经济研究，36（10）：21-37.

叶璐，王济民，2020. 农业全要素生产率国内外研究综述 [J]. 世界农业（2）：50-58.

尹朝静，2017. 科研投入、人力资本与农业全要素生产率 [J]. 华南农业大学学报（社会科学版），16（3）：27-35.

岳立，王晓君，2013. 环境规制视域下我国农业技术效率与全要素生产率分析：基于距离函数研究法 [J]. 吉林大学社会科学学报，53（4）：85-92.

张淑辉，陈建成，2013. 农业科研投资与农业生产率增长关系的实证研究 [J]. 云南财经大学学报，29（5）：83-90.

曾雅婷，李宾，吕亚荣，2018. 中国粮食生产技术效率区域差异及其影响因素：基于超越对数形式随机前沿生产函数的测度 [J]. 湖南农业大学学报（社会科学版），19（6）：13-21，36.

朱晶，晋乐，2017. 农业基础设施、粮食生产成本与国际竞争力：基于全要素生产率的实证检验 [J]. 农业技术经济（10）：14-24.

BANKER R D，CHARNES A，COOPER W W，1984. Some models for estimating technical and scale efficiencies in data envelopment analysis [J]. Management Science，30（9）：1078-1092.

GONG B，2020. New Growth Accounting [J]. American Journal of Agricultural，102（3）：641-661.

HOANG V N，COELLI T，2011. Measurement of agricultural total factor productivity growth incorporating environmental factors：a nutrients balance approach [J]. Journal of Environmental Economics & Management，62（3）：462-474.

HUANG C J，LIU J T，1994. Estimation of a non-neutral stochastic frontier production function [J]. Journal of Productivity Analysis（2）：170-180.

JORGENSEN D W，1967. The explanation of productivity change [J]. The Review of Economic Sstudies（34）：249-283.

RUTTAN V W, 2002. Productivity growth in world agriculture: sources and constraints [J]. Journal of Economic Perspectives, 16（4）: 161-184.

SHENG Y, DING J P, HUANG J K, 2019. The relationship between farm size and productivity in agriculture: evidence from maize production in northern China. American Journal of Agricultural Economics, 101（3）: 790–806.

SOLOW R M, 1957. Technical change and aggregate production function [J]. Review of Econometrics and Statistics, 39（3）: 312-320.

WANG S L, NEHRING R, MOSHEIM R, 2018. Agricultural productivity growth in the United States: 1948—2015 [J]. Amber Waves: 1-8.

YANG J, WANG H, JIN S Q, et al., 2016. Migration, local off-farm employment, and agricultural production efficiency: evidence from China[J]. Journal of Productivity Analysis, 45（3）: 247–59.

第五章　全球粮食安全评价与增产潜力分析

2015年9月25日，联合国193个成员国共同通过了《2030年可持续发展议程》，承诺国际社会将在2016—2030年消除贫困和饥饿，同时恢复并可持续地管理自然资源，实现在社会、经济和环境3个维度的可持续发展，共包括17项SDGs和169项具体目标；2016年3月，联合国统计委员会又确定了一个作为"具有实际意义起点"且包含230个指标的SDGs全球指标框架，以监测SDGs并跟踪进展情况（UN，2015）。SDGs高度关注粮食安全与营养，涵盖8个具体方面即5个关于发展成果和3个关于实施方法；其中，发展成果涉及饥饿、营养不良、小农农业生产率与收入、农业做法可持续性及作物与畜牧遗传资源保护，基本涵盖了粮食安全与营养的可供性、获取、利用、稳定性共4个维度（FAO et al.，2017）。SDGs是在国家层面制定相关政策的主要参考，各国可依据自身的工作重点、需求、发展阶段、能力、资源、战略、伙伴关系和实施方式审议17项SDGs，然后确定如何将它们转换成可行的发展计划并产生切实的变化（FAO，2017a；FAO，2017b；FAO et al.，2019；孙致陆 等，2020）。

谷物等粮食一直是人们的主要能量来源，因此，发展粮食生产对于全球改善粮食安全与营养状况以及到2030年实现SDGs就显得尤为重要。那么，全球粮食安全现状如何？全球粮食生产经历了何种演变过程？全球粮食产量今后是否还能增长？增长空间又有多大？评价近年来全球粮食安全形势，定量研究全球粮食生产的演变趋势与增产潜力，能够有效回答这些问题；通过评价全球粮食安全形势有助于厘清全球粮食不安全严重程度，分析全球粮食增产潜力的区域分布情况有助于识别全球哪些区域的粮食产量提升潜力更大，并可据此对全球到2030年实现SDGs的前景进行研判。因此，本章首先从饥饿状况、粮食不安全状况、低收入缺粮国3个方面对全球粮食安全形势进行分析评价；然后，以小麦、稻谷、玉米3种主要粮食为例，根据FAO数据库数据，从收获面积、产量、单产3个方面分析1961—2018年全球及各个地区粮食生产演变趋势；最后，以2018年作为参照期，利用全球农业生态区域方法估算各个区域及世界的粮食增产潜力。

第一节　全球粮食安全评价

联合国《2030年可持续发展议程》提出，粮食不安全不只意味着饥饿；"零饥饿"目标不仅要消除饥饿，还要让所有人全年都有安全、营养丰富和足够的食物，并消除一切形式的营养不良（UN，2015）。虽然重度粮食不安全与饥饿概念关联，但经历中度粮食不安全的人们面临的问题是无法确定有能力获得食物，被迫在自身所消费的食物质量或数量上做出牺牲（FAO et al., 2019）。本节从饥饿状况、粮食不安全状况、低收入缺粮国3个方面对全球粮食安全形势进行分析和评价。

一、饥饿状况

1. 食物不足发生率

食物不足发生率是指惯常食物消费量不足以提供维持正常活动和健康生活所需的饮食能量水平的人口比例（FAO et al., 2019），该指标用来表示饥饿趋势，是FAO等国际机构监测在实现SDGs 2.1方面所取得的全球进展的指标之一。从全球看（图5-1），2000年以来，全球食物不足发生率先从2000年的14.8%提高到2003年的15.1%，此后持续下降，到2015年降为10.6%，比2003年减少了4.5个百分点，但2016年起转而持续增长，到2018年增至10.8%，比2015年增加了0.2个百分点。

从全球各区域看（图5-2），2000年以来，亚洲的食物不足发生率先从2000年的16.9%增至2003年的17.8%，此后一直下降，2018年降为11.3%，比2003年减少了6.5个百分点；非洲的食物不足发生率先从2000年的24.5%持续下降至2014年的18.2%，减少了6.3个百分点，但2015年转而不断增长，2018年增至19.9%，比2014年增加了1.7个百分点；拉丁美洲与加勒比海的食物不足发生率先从2000年的11.9%持续下降至2014年的6.1%，比2000年减少了5.8个百分点，但2015年起转而不断增长，2018年增至6.5%，比2014年增加了0.4个百分点；大洋洲的食物不足发生率在2004年以前小幅波动变化，2004年起先持续下降，从2004年的5.7%降至2009年的5.1%，减少了0.6个百分点，2010年起转而不断增长，2018年增至6.2%，比2009年增加了1.1个百分点。

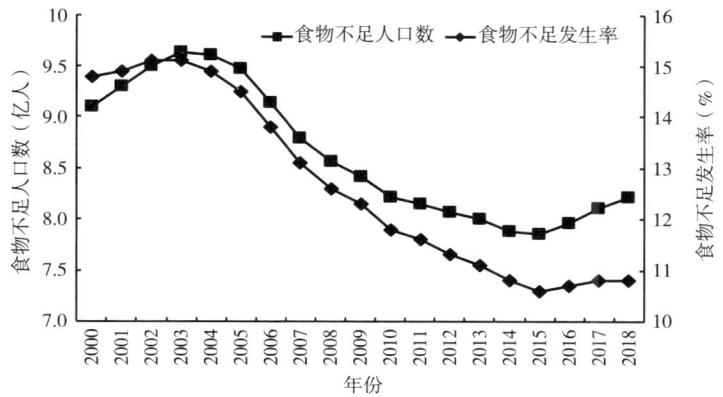

图5-1　2000—2018年全球食物不足人口数和食物不足发生率

资料来源：https://sdlc.fao.org/artifactory/fao-sdg-releases/2.1.1/2.1.1_March_2020.xlsx。

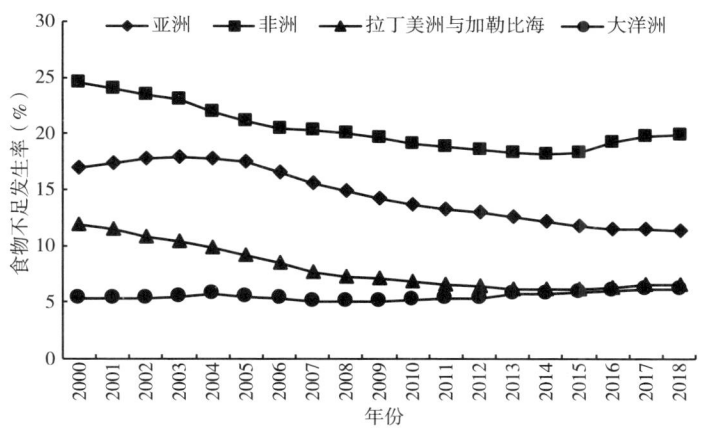

图5-2　2000—2018年全球各区域食物不足发生率

资料来源：https://sdlc.fao.org/artifactory/fao-sdg-releases/2.1.1/2.1.1_March_2020.xlsx。

从食物不足发生率均较高的亚洲和非洲区域内部看（表5-1），在亚洲，虽然整体的食物不足发生率近年来在持续下降，但主要出现在东亚、南亚和东南亚，而中亚和西亚则分别自2016年和2011年持续增长。在非洲，北部非洲和撒哈拉以南非洲的食物不足发生率近年来都持续增长；其中，在撒哈拉以南非洲，近年来，东部非洲的食物不足发生率稳中有降且大多高于30%，中部非洲和西部非洲的食物不足发生率则均趋于增长。

表5-1 亚洲和非洲食物不足发生率（%）

区域	2000年	2005年	2010年	2015年	2016年	2017年	2018年
亚洲	16.9	17.4	13.6	11.7	11.5	11.4	11.3
东亚	14.7	14.1	11.2	8.4	8.4	8.4	8.3
南亚	18.2	21.5	17.2	15.7	15.1	14.8	14.7
东南亚	22.2	18.5	12.7	9.8	9.6	9.4	9.2
中亚	12.6	11.1	7.3	5.5	5.5	5.7	5.7
西亚	10.3	9.4	8.6	11.2	11.6	12.2	12.4
非洲	24.5	21.2	19.1	18.3	19.2	19.8	19.9
北部非洲	6.7	6.2	5.0	6.9	7.0	7.0	7.1
撒哈拉以南非洲	28.4	24.3	21.7	20.9	22.0	22.7	22.8
东部非洲	39.1	34.3	31.2	29.9	31.0	30.8	30.8
中部非洲	39.2	32.4	27.8	24.7	25.9	26.4	26.5
南部非洲	7.3	6.5	7.1	7.8	8.5	8.3	8.0
西部非洲	15.3	12.3	10.4	11.4	12.4	14.4	14.7

资料来源：https://sdlc.fao.org/artifactory/fao-sdg-releases/2.1.1/2.1.1_March_2020.xlsx。

2. 食物不足人口数

食物不足人口数是指惯常食物消费量不足以提供维持正常活动和健康生活所需的饮食能量水平的人口数量（FAO et al., 2019）。从全球看（图5-1），2000年以来，全球食物不足人口数先从2000年的9.09亿人提高到2003年9.63亿人，此后持续下降，到2015年降为7.85亿人，比2003年减少了1.78亿人，但2016年起转而持续增长，到2018年增至8.22亿人，比2015年增加了0.36亿人。

从全球各区域看（图5-3），2000年以来，亚洲的食物不足人口数先从2000年的6.29亿人增至2004年的6.95亿人，此后一直降至2016年的5.12亿人，2017年起转而增加，2018年为5.14亿人；非洲的食物不足人口数在2000—2010年在2.0亿人左右持续小幅波动变化，2011年起转而持续增长，2018年提高到2.56亿人，比2010年增加了0.56亿人；拉丁美洲与加勒比海的食物不足人口数先从2000年的0.43亿人持续下降至2013年的0.19亿人，但2014年起转而不断增长，2018年增至0.24亿人，比2013年增加了0.05亿人；大洋洲的食物不足人口数在自2000年起稳中有增，从2000年的170万人提高到2018年的260万人，增加了90万人。

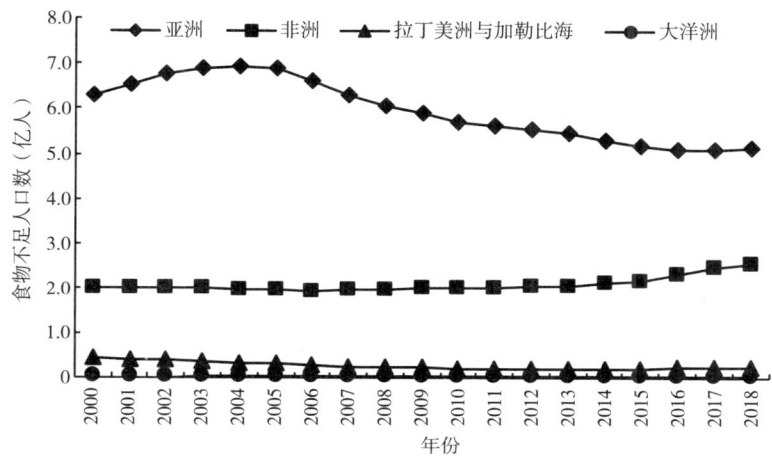

图5-3　2000—2018年全球各区域食物不足人口数

资料来源：https://sdlc.fao.org/artifactory/fao-sdg-releases/2.1.1/2.1.1_March_2020.xlsx。

表5-2　亚洲和非洲食物不足人口数（亿人）

区域	2000年	2005年	2010年	2015年	2016年	2017年	2018年
亚洲	6.290	6.886	5.721	5.187	5.123	5.124	5.139
东亚	2.217	2.191	1.784	1.381	1.378	1.381	1.370
南亚	2.645	3.398	2.931	2.861	2.783	2.764	2.785
东南亚	1.166	1.038	0.759	0.619	0.619	0.611	0.606
中亚	0.070	0.065	0.046	0.038	0.038	0.040	0.041
西亚	0.191	0.194	0.201	0.288	0.305	0.327	0.337
非洲	1.997	1.960	1.998	2.179	2.346	2.486	2.561
北部非洲	0.097	0.097	0.085	0.155	0.161	0.165	0.170
撒哈拉以南非洲	1.809	1.767	1.806	2.024	2.185	2.321	2.391

(续表)

区域	2000年	2005年	2010年	2015年	2016年	2017年	2018年
东部非洲	1.124	1.135	1.186	1.193	1.269	1.298	1.331
中部非洲	0.377	0.362	0.365	0.379	0.411	0.432	0.446
南部非洲	0.038	0.036	0.042	0.050	0.055	0.054	0.053
西部非洲	0.361	0.330	0.319	0.403	0.450	0.537	0.561

资料来源：https://sdlc.fao.org/artifactory/fao-sdg-releases/2.1.1/2.1.1_March_2020.xlsx。

从食物不足人口数均较高的亚洲和非洲区域内部看（表5-2），在亚洲，虽然食物不足人数近年来整体呈下降态势，且主要出现在东亚和东南亚，南亚稳中略增，而中亚和西亚则分别自2016年和2011年起不断增加。在非洲，北部非洲和撒哈拉以南非洲的食物不足发生率近年来都持续增长；其中东部非洲、中部非洲、西部非洲的食物不足人口数均趋于持续增长态势。

二、粮食不安全状况

中度或重度粮食不安全提供了可用于在国际层面比较食物获取面临中度或重度困难的人口比例的估计数，《The State of Food Security and Nutrition in the World 2019》报告中首次采用该指标（FAO et al., 2019），该指标根据全球可持续发展目标监测框架中的"粮食不安全经历分级表（Food Insecurity Experience Scale, FIES）"估算得到；FIES是根据直接面谈，对个人或家庭一级的粮食不安全经历严重程度做出估测。该项指标反映全球粮食不安全状况，涉及世界各国，它超越饥饿的范畴，提出保证所有人都能获得营养丰富和足量的食物这一更大目标。将世界上面临中度粮食不安全的人数与饥饿人数相加，可以了解全球无法获得安全、营养、充足的食物的人口数量情况。

1. 重度粮食不安全

根据表5-3和表5-4可知，2018年世界人口中有9.2%（略高于7亿人）面临重度粮食不安全，这些人口的食物消费量减少到了可能经历饥饿的程度。从变化趋势看，近年来，重度粮食不安全发生率缓慢上升，而食物不足发生率基本保持不变。究其原因，食物不足发生率反映了影响食物可供性和食物获取不平等问题的结构性因素，而重度粮食不安全发生率对影响人们在食物获取方面亲身经历的短期因素更为敏感（FAO et al., 2019）。因此，食物不足发生率可能无法反映出对食物消费不平等程度产生影响的各类最新现象，而重度粮食不安全发生率却能充分反映这些现象。与食物不足发生率类似，非洲也是重度粮食不安全发生率最高的区域，从2015年的19.0%提高至2018年的21.5%，增加了2.5个百分点。受南美2018年重度粮食不安全发生率达到8.3%的影响，拉丁美洲的重度粮食不安全发生率也有所上升，比2015年增加了2.5个百分点。亚洲重度粮食不安全发生率在2014—2017年下降（与食物不足发生率的趋势类似），但2018年大幅上升（与食物不足发生率不同）。

2. 中度或重度粮食不安全

纵观粮食不安全程度可以看出（表5-3和表5-4），2018年17.2%的世界人口，即13亿人，面临着中度粮食不安全。这意味着另有13亿人虽然不一定面临饥饿，但无法保证稳定获取富含营养、足量的食物，因此，与粮食安全人群相比，有更大风险出现各种形式的营养不良和健康受损。将中度和重度粮食不安全结合在一起后，2018年世界人口的中度或重度粮食不安全发生率为26.4%，约20亿人。FAO从2014年首次开始收集粮食不安全体验分级数据以来，全球层面和大部分区域的粮食不安全水平一直呈上升趋势。非洲的中度或重度粮食不安全发生率高于其他地区，达到52.5%；其次是拉丁美洲，中度或重度粮食不安全发生率超过30%，随后是亚洲（23%）、北美洲与欧洲（8%）。各区域内部也存在较大差异，2018年，在亚洲，中度和重度粮食不安全发生率在南亚（34.3%）远高于东亚（10%以下）；在非洲，南部（53.6%）和东部（62.7%）高于西部（47.9%），北非最低（29.5%）。

在世界20亿人的粮食不安全总人口中，10.38亿人（52%）在亚洲，6.76亿人（34%）在非洲，1.88亿人（9%）在拉丁美洲，这也按照粮食不安全严重程度显示了不同区域之间的人口分布差异。例如，非洲除了是粮食不安全总发生率最高的区域外，还是重度水平在总水平中占比最高的区域；拉丁美洲重度粮食不安全发生率则小得多，北美洲和欧洲更是如此。随着收入减少，不仅粮食不安全发生率会上升，重度粮食不安全人口在总人口中所占比例也会上升。2018年，低收入国家总人口仅为6.95亿人，但粮食不安全人数却多达4.34亿人（占总人口62%），重度粮食不安全人数多达1.9亿人（占总人口27%）；高收入国家粮食不安全人数为1.02亿人（占总人口9%），其中0.21亿人为重度粮食不安全（占总人口不到2%）。

表5-3 世界及各区域重度以及中度或重度粮食不安全发生率

区域	重度粮食不安全发生率（%）				中度或重度粮食不安全发生率（%）			
	2015年	2016年	2017年	2018年	2015年	2016年	2017年	2018年
世界	8.0	7.7	8.0	9.2	23.2	24.1	25.6	26.4
亚洲	6.3	5.9	6.4	7.8	19.4	19.5	20.6	22.8
东亚	<0.5	0.9	1.0	1.1	6.4	6.5	10.3	9.8
南亚	12.4	10.6	10.9	14.4	30.8	30.3	28.1	34.3
东南亚	3.7	4.2	5.8	5.2	17.3	19.0	21.5	20.4
中亚	1.8	2.8	3.6	3.2	11.1	12.6	17.3	17.3
西亚	8.9	9.3	10.2	9.0	29.1	28.3	30.1	29.5
非洲	19.0	21.9	22.9	21.5	48.3	52.6	54.3	52.5
北部非洲	7.2	9.3	10.1	8.0	22.9	27.8	35.2	29.5
撒哈拉以南非洲	21.7	24.8	25.8	24.6	54.2	58.3	58.7	57.7
东部非洲	25.1	27.8	28.7	25.9	59.7	64.8	65.5	62.7
中部非洲	—	—	—	—	—	—	—	—
南部非洲	20.6	30.7	30.8	30.6	45.9	53.5	53.6	53.6
西部非洲	14.4	16.5	17.7	17.6	45.3	47.3	47.7	47.9
拉丁美洲	6.5	7.8	9.9	9.0	25.9	28.5	33.8	30.9
中美洲	10.3	8.5	12.7	10.6	33.7	26.2	37.3	31.5
南美洲	4.8	7.5	8.8	8.3	22.7	29.5	32.3	30.6
北美洲和欧洲	1.5	1.2	1.2	1.0	9.6	8.7	8.5	8.0

资料来源：《The State of Food Security and Nutrition in the World 2019》。

表5-4 世界及各区域重度以及中度或重度粮食不安全人数

区域	重度粮食不安全人数（亿人）				中度或重度粮食不安全人数（亿人）			
	2015年	2016年	2017年	2018年	2015年	2016年	2017年	2018年
世界	5.682	6.004	6.576	7.043	17.123	18.019	19.296	20.138
亚洲	2.800	2.648	2.885	3.536	8.582	8.711	9.280	10.385
东亚	0.068	0.154	0.166	0.184	1.044	1.063	1.699	1.627
南亚	2.254	1.958	2.042	2.717	5.613	5.596	5.258	6.491
东南亚	0.237	0.273	0.375	0.343	1.099	1.221	1.396	1.340
中亚	0.012	0.019	0.025	0.023	0.076	0.088	0.122	0.124
西亚	0.229	0.245	0.276	0.270	0.750	0.743	0.806	0.802
非洲	2.267	2.682	2.875	2.770	5.771	6.441	6.820	6.761
北部非洲	0.163	0.212	0.236	0.190	0.516	0.638	0.821	0.702
撒哈拉以南非洲	2.104	2.469	2.639	2.580	5.255	5.803	5.999	6.058
东部非洲	1.002	1.143	1.213	1.125	2.384	2.660	2.763	2.717
中部非洲	—	—	—	—	—	—	—	—
南部非洲	0.131	0.198	0.201	0.202	0.291	0.344	0.349	0.353
西部非洲	0.509	0.596	0.660	0.672	1.597	1.711	1.776	1.828
拉丁美洲	0.380	0.465	0.598	0.547	1.526	1.700	2.032	1.878
中美洲	0.178	0.148	0.225	0.190	0.582	0.459	0.661	0.567
南美洲	0.202	0.317	0.373	0.357	0.944	1.241	1.371	1.312
北美洲与欧洲	0.163	0.134	0.136	0.106	1.047	0.958	0.937	0.887

资料来源：《The State of Food Security and Nutrition in the World 2019》。

三、低收入缺粮国

FAO将一个国家列为低收入缺粮国（LIFDCs）的核定依据传统上由以下3个标准决定：第1个标准是一个国家的人均国民总收入（GNI）应低于世界银行用于衡量获得国际发展援助（IDA）和国际复兴开发银行（IBRD）20年限期资格的历史上限，该资格适用于包括在世界银行种类Ⅰ和Ⅱ的国家；2018年低收入缺粮国名单是基于2016年的GNI（由世界银行利用图谱法估算）和2016年人均1 905美元的历史上限。第2个标准是根据一个国家前3年有统计数据的食物净进口额（即进口总额减去出口总额）的平均值，这里指2014—2016年的平均值。广义的食物（包括谷物、块根和块茎类、豆类、油籽、动植物油脂、肉类、蛋类、奶类等）的贸易额通过单个商品的卡路里含量进行转换和汇总。第3个标准是自我排除标准，它适用于符合上述2个标准并专门要求FAO将其从低收入缺粮国类别排除的国家。为避免各国过于频繁地改变其低收入缺粮国状态（通常表现是短期和外部震荡），FAO在2001年引入了被称为"地位的持续性"的额外因素，将推迟某一低收入缺粮国退出名单，即只有经确认，该国已连续3年不符合低收入缺粮国的收入标准或缺粮标准，才准予退出名单；也就是说，在确认了连续3年持续改善其地位之后，一个国家要到第4年才能退出名单。

比较来看（表5-5），2018年全球共有51个低收入缺粮国，比1997年减少36个。分区域看，2018年亚洲、美洲、大洋洲的低收入缺粮国数量比1997年都明显减少，欧洲已无低收入缺粮国；非洲仍然有37个低收入缺粮国，占全球的72.5%，仅比1997年减少了6个。可见，全球大多数低收入缺粮国均位于非洲，特别是撒哈拉以南非洲地区。

表5-5　1997年和2018年全球低收入缺粮国

年份	区域	国家或地区
1997年（87个国家或地区）	亚洲（27）	阿富汗、孟加拉国、不丹、柬埔寨、中国、印度、印度尼西亚、基里巴斯、朝鲜、老挝、马尔代夫、蒙古国、尼泊尔、吉尔吉斯斯坦、塔吉克斯坦、土库曼斯坦、乌兹别克斯坦、巴基斯坦、巴布亚新几内亚、菲律宾、斯里兰卡、伊朗、叙利亚、也门、亚美尼亚、阿塞拜疆、格鲁吉亚
	非洲（43）	埃及、摩洛哥、安哥拉、贝宁、布基纳法索、布隆迪、喀麦隆、佛得角、中非共和国、乍得、科摩罗、刚果、科特迪瓦、吉布提、赤道几内亚、厄立特里亚、埃塞俄比亚、冈比亚、加纳、几内亚、几内亚比绍、肯尼亚、莱索托、利比里亚、马达加斯加、马拉维、马里、毛里塔尼亚、莫桑比克、尼日尔、尼日利亚、卢旺达、圣多美和普林西比、塞内加尔、塞拉利昂、索马里、斯威士兰、坦桑尼亚、多哥、扎伊尔、赞比亚、津巴布韦

（续表）

年份	区域	国家或地区
1997年 （87个国家或地区）	美洲（9）	玻利维亚、古巴、多米尼加、厄瓜多尔、危地马拉、海地、洪都拉斯、尼加拉瓜、苏里南
	欧洲（3）	阿尔巴尼亚、波黑、马其顿
	大洋洲（5）	萨摩亚群岛、所罗门群岛、托克劳群岛、图瓦卢、瓦努阿图
2018年 （51个国家或地区）	亚洲（11）	阿富汗、孟加拉国、印度、朝鲜、越南、尼泊尔、吉尔吉斯斯坦、塔吉克斯坦、乌兹别克斯坦、叙利亚、也门
	非洲（37）	贝宁、布基纳法索、布隆迪、喀麦隆、中非共和国、乍得、刚果、科特迪瓦、刚果共和国、吉布提、厄立特里亚、埃塞俄比亚、冈比亚、加纳、几内亚、几内亚比绍、肯尼亚、莱索托、利比里亚、马达加斯加、马拉维、马里、毛里塔尼亚、莫桑比克、尼日尔、卢旺达、圣多美和普林西比、塞内加尔、塞拉利昂、索马里、南苏丹、苏丹、多哥、乌干达、坦桑尼亚、津巴布韦
	美洲（2）	海地、尼加拉瓜
	大洋洲（1）	所罗门群岛

资料来源：1997年资料来自https://docs.wfp.org/api/documents/WFP-0000031838/download/，2018年资料来自http://www.fao.org/countryprofiles/lifdc/en/。

第二节　全球粮食生产现状

一、小麦

1. 收获面积

世界小麦收获面积从1961年的2.04亿公顷增加至1981年历史高点的2.39亿公顷，1982年起在波动变化中趋于下降，2018年降为2.14亿公顷，比1982年减少了

0.25亿公顷，但仍比1961年增加了0.10亿公顷。

从各区域看（图5-4和图5-5），亚洲小麦收获面积总体上稳中有增，从1961年的0.61亿公顷提高到2018年的0.97亿公顷，增加了0.36亿公顷；同期亚洲小麦收获面积占世界小麦收获面积的比重从29.96%提高到45.25%，增加了15.29个百分点。非洲小麦收获面积在大多数年份里都低于1 000万公顷，2018年为1 022.74万公顷，比1961年增加了284.17万公顷，非洲收获面积占比一直低于5%。美洲小麦收获面积总体上先增后降，先从1961年的0.39亿公顷增加至1982年的0.56亿公顷，此后持续降至2018年的0.36亿公顷；与此同时，美洲小麦收获面积占世界比重从1961年的19.16%波动变化中降至2018年的16.58%。欧洲小麦收获面积总体上稳中有降，先从1961年的0.91亿公顷增加至1965年的0.99亿公顷，此后以降为主，到2018年降为0.61亿公顷；与此同时，欧洲小麦收获面积占世界比重从1961年的44.32%降为2018年的28.28%，减少了16.03个百分点。大洋洲小麦收获面积稳中有增，从1961年的603.37万公顷增加至2018年的1 096.06万公顷，增加了492.69万公顷；大洋洲小麦收获面积占世界比重在1998—2018年基本保持在6%左右。比较来看，1961—1982年欧洲小麦收获面积一直位居世界第一位且占世界比重均高于35%；1983—2018年亚洲小麦收获面积位居世界第一位且占世界比重均高于35%，其中1992—2018年基本都高于45%。

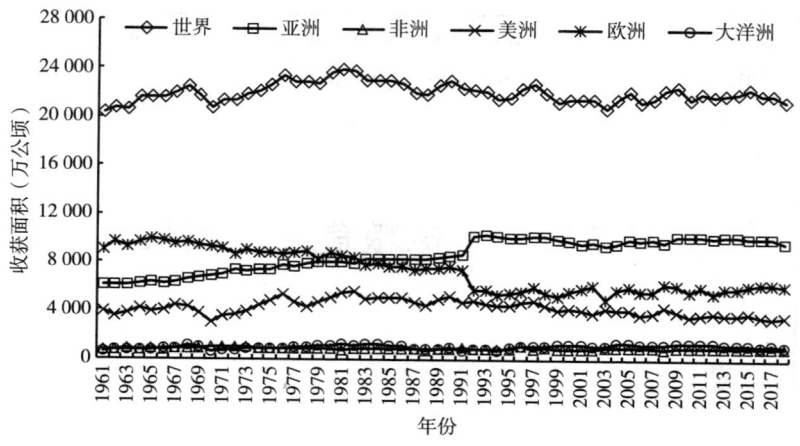

图5-4　1961—2018年世界及各区域小麦收获面积

资料来源：根据FAO数据库数据整理。

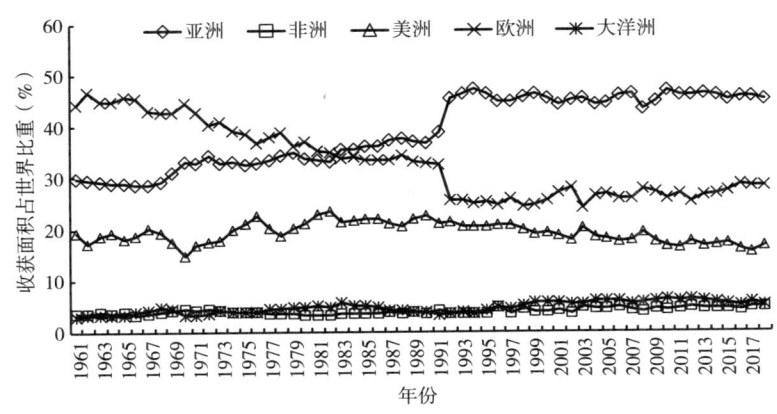

图5-5 1961—2018年世界各区域小麦收获面积占世界比重

资料来源：根据FAO数据库数据整理。

从主要国家看（表5-6），2018年，世界小麦收获面积位处前列的主要国家包括印度、中国、哈萨克斯坦、巴基斯坦、土耳其、伊朗6个亚洲国家，俄罗斯、乌克兰、法国、德国4个欧洲国家，美国、加拿大、阿根廷3个美洲国家，以及澳大利亚、摩洛哥，这15个国家的小麦收获面积合计占世界的81.59%；其中，中国小麦收获面积位处世界第3位，占世界的11.32%。

表5-6 世界小麦收获面积排名前15位的国家

1961年			1990年			2018年		
国家	收获面积（万公顷）	占比（%）	国家	收获面积（万公顷）	占比（%）	国家	收获面积（万公顷）	占比（%）
苏联	6 300	30.85	苏联	4 818	20.88	印度	2 958	13.80
中国	2 555	12.51	中国	3 075	13.33	俄罗斯	2 647	12.35
美国	2 087	10.22	美国	2 797	12.12	中国	2 427	11.32
印度	1 293	6.33	印度	2 350	10.18	美国	1 603	7.48
加拿大	1 025	5.02	加拿大	1 410	6.11	哈萨克斯坦	1 135	5.30
土耳其	785	3.84	土耳其	943	4.09	澳大利亚	1 092	5.10
澳大利亚	596	2.92	澳大利亚	922	3.99	加拿大	988	4.61
巴基斯坦	464	2.27	巴基斯坦	784	3.40	巴基斯坦	880	4.11
阿根廷	442	2.16	伊朗	628	2.72	土耳其	729	3.40
意大利	435	2.13	阿根廷	531	2.30	伊朗	670	3.13

（续表）

1961年			1990年			2018年		
国家	收获面积（万公顷）	占比（%）	国家	收获面积（万公顷）	占比（%）	国家	收获面积（万公顷）	占比（%）
法国	400	1.96	法国	515	2.23	乌克兰	662	3.09
西班牙	389	1.91	意大利	277	1.20	阿根廷	582	2.72
伊朗	360	1.76	摩洛哥	272	1.18	法国	523	2.44
罗马尼亚	297	1.45	巴西	268	1.16	德国	304	1.42
阿富汗	223	1.09	德国	243	1.05	摩洛哥	284	1.33
前15位合计	17 649	86.42	前15位合计	19 833	85.95	前15位合计	17 484	81.59
世界	20 421	100.00	世界	23 075	100.00	世界	21 429	100.00

资料来源：根据FAO数据库数据整理。

2. 产量

世界小麦产量先从1961年的2.22亿吨持续增加至2018年的7.34亿吨，共增加了5.12亿吨，年均增加897.70万吨。

从各区域看（图5-6和图5-7），亚洲小麦产量从1961年的0.46亿吨一直增加到2018年的3.28亿吨，共增加了2.82亿吨；同期亚洲小麦产量占世界小麦产量的比重从20.60%提高到44.72%，增加了24.12个百分点。非洲小麦产量从1961年的511.81万吨波动变化中增加至2018年的0.29亿吨，共增加了0.24亿吨；同期非洲小麦产量占比从2.30%提高至3.99%，增加了1.69个百分点。美洲小麦产量先从1961年的0.51亿吨增加至1981年的1.16亿吨，此后基本保持在1.10亿吨左右，到2018年为1.13亿吨，比1961年增加了0.62亿吨；与此同时，美洲小麦产量占比从1961年的22.84%降至2018年的15.41%，减少了7.43个百分点。欧洲小麦产量从1961年的1.14亿吨波动变化增加至2018年的2.42亿吨，共增加了1.28亿吨；同期欧洲小麦产量占比从51.13%降至32.99%，减少了18.14个百分点。大洋洲小麦产量先从1961年的603.37万吨增加至1983年的0.13亿吨，此后基本保持在0.12亿吨左右；与此同时，大洋洲小麦产量占比稳中有降，从1961年的2.71%降为2018年的1.49%，减少了1.22百分点。比较来看，1961—1990年欧洲小麦产量一直位处世界第一位且占世界小麦产量比重持续高于36%；1991—2018年亚洲小麦产量位处世界第一位且占世界比重持续高于37%。

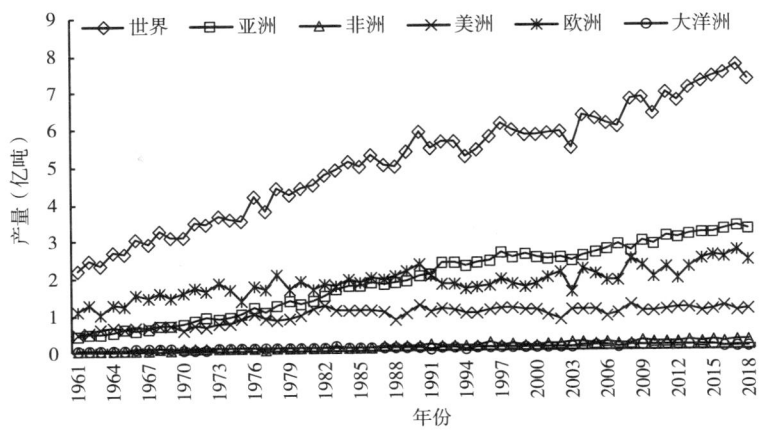

图5-6　1961—2018年世界及各区域小麦产量

资料来源：根据FAO数据库数据整理。

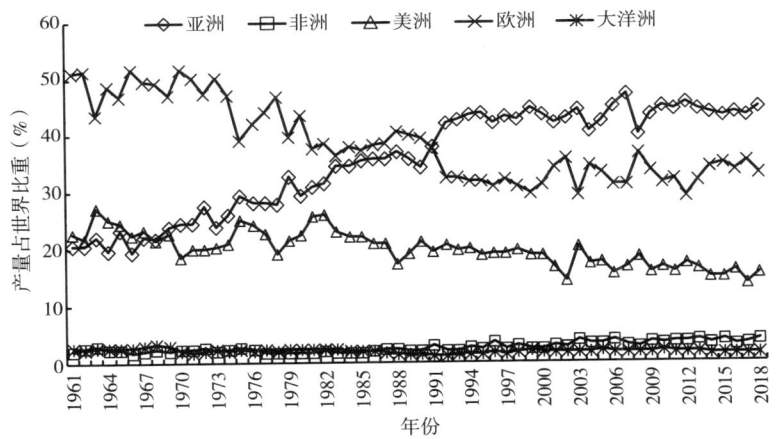

图5-7　1961—2018年世界各区域小麦产量占世界比重

资料来源：根据FAO数据库数据整理。

从主要国家看（表5-7），2018年，世界小麦产量位处前列的主要包括中国、印度、巴基斯坦、土耳其、伊朗、哈萨克斯坦6个亚洲国家，俄罗斯、法国、乌克兰、德国、英国5个欧洲国家，美国、加拿大、阿根廷3个美洲国家，以及澳大利亚，这15个国家小麦产量合计占世界的80.86%；其中，中国小麦产量位处世界第1位，占世界的17.91%。

表5-7 世界小麦产量排名前15位的国家

1961年			1990年			2018年		
国家	产量（万吨）	占比（%）	国家	产量（万吨）	占比（%）	国家	产量（万吨）	占比（%）
苏联	6 249	28.11	苏联	10 189	17.23	中国	13 144	17.91
美国	3 354	15.08	中国	9 823	16.61	印度	9 970	13.58
中国	1 425	6.41	美国	7 429	12.56	俄罗斯	7 214	9.83
印度	1 100	4.95	印度	4 985	8.43	美国	5 129	6.99
法国	957	4.31	法国	3 335	5.64	法国	3 580	4.88
意大利	830	3.73	加拿大	3 210	5.43	加拿大	3 177	4.33
加拿大	771	3.47	土耳其	2 002	3.39	巴基斯坦	2 508	3.42
土耳其	714	3.21	德国	1 524	2.58	乌克兰	2 465	3.36
澳大利亚	673	3.03	澳大利亚	1 507	2.55	澳大利亚	2 094	2.85
阿根廷	573	2.57	巴基斯坦	1 432	2.42	德国	2 026	2.76
德国	508	2.28	英国	1 403	2.37	土耳其	2 000	2.72
罗马尼亚	399	1.79	阿根廷	1 006	1.70	阿根廷	1 852	2.52
巴基斯坦	381	1.72	波兰	903	1.53	伊朗	1 450	1.98
西班牙	344	1.55	意大利	811	1.37	哈萨克斯坦	1 394	1.90
伊朗	287	1.29	伊朗	801	1.35	英国	1 356	1.85
前15位合计	18 564	83.49	前15位合计	50 358	85.16	前15位合计	59 358	80.86
世界	22 236	100.00	世界	59 133	100.00	世界	73 405	100.00

资料来源：根据FAO数据库数据整理。

3. 单产

世界小麦单产持续提升（表5-8），1961年为1 089千克/公顷，1983年超过2 000千克/公顷且为2 126千克/公顷，2008年跨越3 000千克/公顷且为3 063千克/

公顷，到2018年达3 425千克/公顷，每公顷产量比1961年增加了2 337千克。

从各区域看，亚洲小麦单产一直低于世界平均水平，1967年超过1 000千克/公顷，1983年跨越2 000千克/公顷，2011年超过3 000千克/公顷，2018年为3 385千克/公顷且比世界平均水平低1.18%。非洲小麦单产持续明显低于世界平均水平，1975年超过1 000千克/公顷，2001年起持续高于2 000千克/公顷，2018年为2 864千克/公顷且比世界平均水平低16.39%。美洲小麦产量在1983年以前持续高于世界平均水平，1983年起转而持续低于世界平均水平，1981年超过2 000千克/公顷，2010年超越3 000千克/公顷，2018年为3 183千克/公顷且比世界平均水平低7.08%。欧洲小麦单产一直明显高于世界平均水平，1978年起持续高于2 000千克/公顷，1992年起持续高于3 000千克/公顷，2014—2017年持续高于4 000千克/公顷，2018年为3 995千克/公顷且比世界平均水平高16.63%。大洋洲小麦单产大多在1 000~2 000千克/公顷持续波动变化，多数年份里明显低于世界平均水平，2018年为1 944千克/公顷且比世界平均水平低43.24%。

表5-8 世界及各区域小麦单产（千克/公顷）

区域	1961年	1970年	1980年	1990年	2000年	2010年	2015年	2018年
世界	1 089	1 494	1 855	2 563	2 722	2 972	3 319	3 425
亚洲	749	1 113	1 612	2 384	2 598	2 852	3 174	3 385
非洲	693	870	1 099	1 598	1 752	2 301	2 837	2 864
美洲	1 298	1 871	1 981	2 416	2 666	3 030	2 883	3 183
欧洲	1 256	1 734	2 189	3 087	3 320	3 608	4 188	3 995
大洋洲	1 157	1 241	982	1 648	1 840	1 599	1 943	1 944

资料来源：根据FAO数据库数据整理。

从主要国家看（表5-9），2018年小麦单产位处世界前列的主要是荷兰、爱尔兰、比利时、英国、法国、德国、丹麦、卢森堡、瑞士9个欧洲国家，新西兰、埃及、沙特、智利、墨西哥5个国家的小麦单产也很高或较高；中国小麦单产位处世界第15位，是1961年的9.71倍。

表5-9 世界小麦单产(千克/公顷)排名前15位的国家

1961年		1990年		2018年	
国家	单产	国家	单产	国家	单产
丹麦	4 121	爱尔兰	8 531	新西兰	8 960
荷兰	3 925	荷兰	7 653	荷兰	8 821
比利时卢森堡	3 712	丹麦	7 418	爱尔兰	8 738
英国	3 537	英国	6 971	比利时	8 443
爱尔兰	3 368	法国	6 479	英国	7 755
新西兰	3 352	瑞典	6 449	法国	6 843
瑞典	3 263	德国	6 273	埃及	6 690
德国	2 861	比利时卢森堡	6 034	德国	6 674
挪威	2 830	津巴布韦	5 821	沙特	6 533
日本	2 746	瑞士	5 638	丹麦	6 235
瑞士	2 713	捷克斯洛伐克	5 421	智利	6 214
捷克斯洛伐克	2 600	埃及	5 197	卢森堡	6 039
奥地利	2 580	匈牙利	5 077	瑞士	5 642
博茨瓦纳	2 500	奥地利	5 048	墨西哥	5 437
埃及	2 470	新西兰	4 884	中国	5 417
世界	1 089	世界	2 563	世界	3 425

资料来源:根据FAO数据库数据整理。

二、稻谷

1. 收获面积

世界稻谷收获面积从1961年的1.15亿公顷持续提高到2018年的1.67亿公顷,增加了44.87%。

从各区域看(图5-8和图5-9),亚洲稻谷收获面积总体上不断扩大,从1961年的1.07亿公顷增长到2018年的1.46亿公顷,增加了36.57%;同期亚洲稻谷收获面积占世界稻谷收获面积的比重从92.71%略降为87.40%。非洲稻谷收获面积从1961年的277.69万公顷持续提高到2018年的1 424.31万公顷,增加了4.12倍;同期非洲稻谷收获面积占比从2.41%提升到8.52%,增加了6.11个百分点。欧洲稻谷收获面积在大多数年份里都低于100万公顷且2018年为62.59万公顷,占世界稻谷收获面积的比重均低于1%且2018年为0.37%。大洋洲稻谷收获面积一直低于20万公顷且2018年为6.56万公顷,占世界稻谷收获面积的比重均低于0.2%且2018年为0.04%。比较来看,亚洲稻谷收获面积一直位居世界第一位且占世界比重一直高于86%。

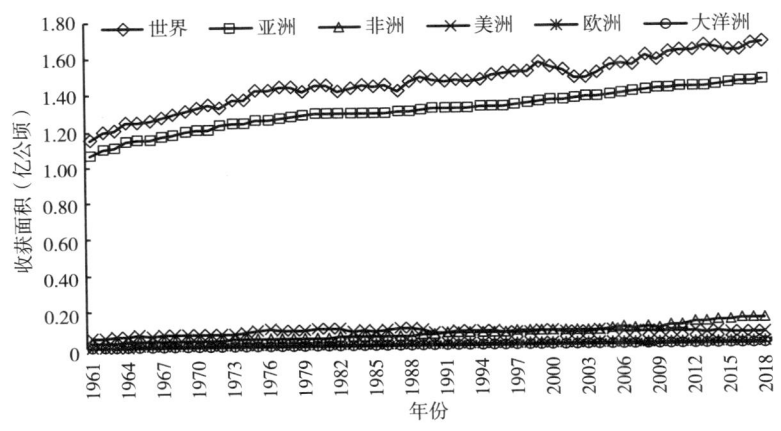

图5-8　1961—2018年世界及各区域稻谷收获面积

资料来源:根据FAO数据库数据整理。

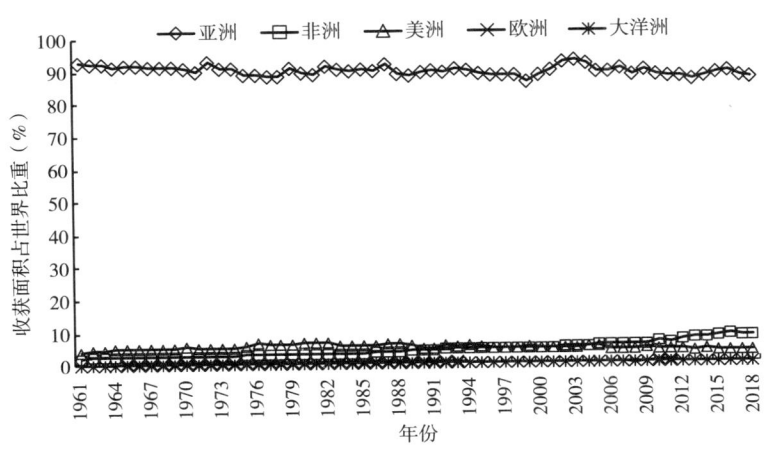

图5-9　1961—2018年世界各区域稻谷收获面积占世界比重

资料来源:根据FAO数据库数据整理。

从主要国家看（表5-10），2018年，世界稻谷收获面积位处前列的主要包括印度、中国、印度尼西亚、孟加拉国、泰国、越南、缅甸、菲律宾、柬埔寨、巴基斯坦、日本、尼泊尔12个亚洲国家以及尼日利亚、巴西、几内亚，这15个国家的稻谷收获面积合计占世界的88.48%；其中，中国稻谷收获面积位居世界第2位，占世界的18.06%。

表5-10 世界稻谷收获面积排名前15位的国家

1961年			1990年			2018年		
国家	收获面积（万公顷）	占比（%）	国家	收获面积（万公顷）	占比（%）	国家	收获面积（万公顷）	占比（%）
印度	3 469	30.07	印度	4 269	29.05	印度	4 450	26.63
中国	2 625	22.75	中国	3 306	22.50	中国	3 019	18.06
孟加拉国	848	7.35	印度尼西亚	1 050	7.15	印度尼西亚	1 600	9.57
印度尼西亚	686	5.94	孟加拉国	1 044	7.10	孟加拉国	1 191	7.13
泰国	612	5.30	泰国	879	5.98	泰国	1 041	6.23
越南	474	4.11	越南	604	4.11	越南	757	4.53
缅甸	425	3.69	缅甸	476	3.24	缅甸	671	4.01
日本	331	2.87	巴西	395	2.69	菲律宾	480	2.87
菲律宾	318	2.76	菲律宾	332	2.26	尼日利亚	335	2.00
巴西	317	2.75	巴基斯坦	211	1.44	柬埔寨	298	1.78
柬埔寨	218	1.89	日本	207	1.41	巴基斯坦	281	1.68
巴基斯坦	121	1.05	柬埔寨	186	1.26	巴西	186	1.11
韩国	113	0.98	尼泊尔	146	0.99	几内亚	186	1.11
尼泊尔	109	0.94	韩国	124	0.85	日本	147	0.88
马达加斯加	80	0.70	尼日利亚	121	0.82	尼泊尔	147	0.88

（续表）

1961年			1990年			2018年		
前15位合计	10 748	93.17	前15位合计	13 350	90.84	前15位合计	14 788	88.48
世界	11 537	100.00	世界	14 696	100.00	世界	16 713	100.00

资料来源：根据FAO数据库数据整理。

2. 产量

世界稻谷产量从1961年的2.16亿吨持续增长到2018年的7.82亿吨，增加了2.63倍。

从各区域看（图5-10和图5-11），亚洲稻谷产量从1961年的1.99亿吨不断提高到2018年的7.05亿吨，增加了2.55倍；同期亚洲稻谷产量占世界稻谷产量的比重从92.18%略降至90.20%。非洲稻谷产量从1961年的430.98万吨大幅提高到2018年的3 317.40万吨，增加了6.70倍；同期非洲稻谷产量占比从2.0%提高到4.24%，增加了2.24个百分点。美洲稻谷产量从1961年的1 057.11万吨提高到2018年的3 876.38万吨，增加了2.67倍；与此同时，美洲稻谷产量占世界比重基本稳定在5%左右且2018年为4.96%。欧洲稻谷产量一直低于500万吨且2018年为402.30万吨，占世界稻谷产量的比重在多数年份里均低于1%且2018年为0.51%。大洋洲稻谷产量在多数年份里均低于100万吨且2018年为6.59万吨，占世界稻谷产量的比重一直低于0.3%且2018年为0.08%。比较来看，亚洲稻谷产量一直位处世界第1位且占世界比重大多高于90%。

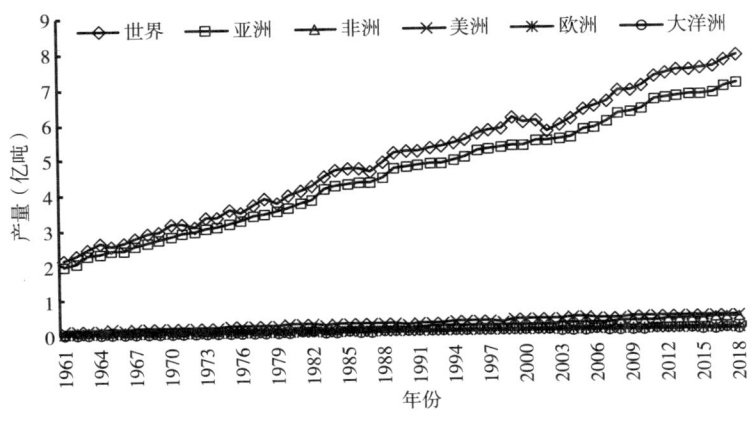

图5-10 1961—2018年世界及各区域稻谷产量

资料来源：根据FAO数据库数据整理。

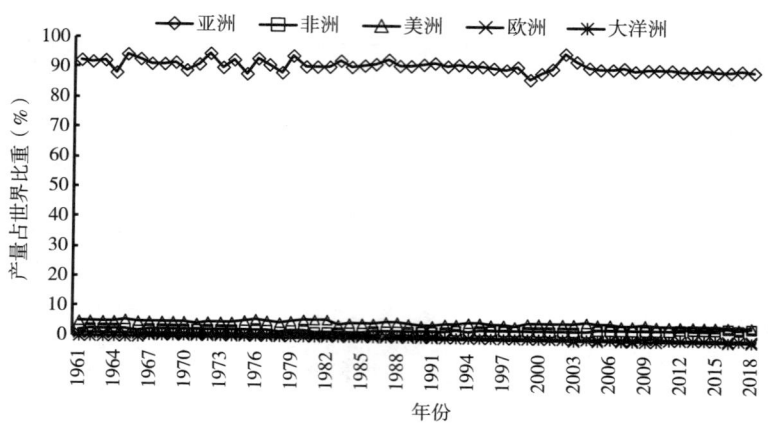

图5-11　1961—2018年世界各区域稻谷产量占世界比重

资料来源：根据FAO数据库数据整理。

从主要国家看（表5-11），2018年，世界稻谷产量位居前列的主要包括中国、印度、印度尼西亚、孟加拉国、越南、泰国、缅甸、菲律宾、巴基斯坦、柬埔寨、日本、韩国12个亚洲国家以及巴西、美国、尼日利亚，这15个国家的稻谷产量合计占世界的90.79%；其中，中国稻谷产量位处世界第1位，占世界的27.13%。

表5-11　世界稻谷产量前15位国家

1961年			1990年			2018年		
国家	产量（万吨）	占比（%）	国家	产量（万吨）	占比（%）	国家	产量（万吨）	占比（%）
中国	5 364	24.87	中国	18 933	36.51	中国	21 213	27.13
印度	5 349	24.81	印度	11 152	21.50	印度	17 258	22.07
日本	1 616	7.49	印度尼西亚	4 518	8.71	印度尼西亚	8 304	10.62
孟加拉国	1 443	6.69	孟加拉国	2 678	5.16	孟加拉国	5 642	7.21
印度尼西亚	1 208	5.60	越南	1 923	3.71	越南	4 405	5.63
泰国	1 015	4.71	泰国	1 719	3.32	泰国	3 219	4.12
越南	900	4.17	缅甸	1 397	2.69	缅甸	2 542	3.25
缅甸	683	3.17	日本	1 312	2.53	菲律宾	1 907	2.44

（续表）

1961年			1990年			2018年		
国家	产量（万吨）	占比（%）	国家	产量（万吨）	占比（%）	国家	产量（万吨）	占比（%）
巴西	539	2.50	菲律宾	989	1.91	巴西	1 175	1.50
韩国	468	2.17	韩国	772	1.49	巴基斯坦	1 080	1.38
菲律宾	391	1.81	巴西	742	1.43	柬埔寨	1 065	1.36
美国	246	1.14	美国	708	1.37	美国	1 017	1.30
柬埔寨	238	1.11	巴基斯坦	489	0.94	日本	973	1.24
尼泊尔	211	0.98	尼泊尔	350	0.68	尼日利亚	681	0.87
朝鲜	181	0.84	埃及	317	0.61	韩国	520	0.66
前15位合计	19 853	92.06	前15位合计	47 999	92.56	前15位合计	70 999	90.79
世界	21 565	100.00	世界	51 857	100.00	世界	78 200	100.00

资料来源：根据FAO数据库数据整理。

3. 单产

世界稻谷单产持续提升（表5-12），1961年为1 869千克/公顷，1963年超过2 000千克/公顷且为2 057千克/公顷，1983年跨越3 000千克/公顷且为3 137千克/公顷，2004年跨越4 000千克/公顷且为4 030千克/公顷，2018年达4 679千克/公顷，每公顷产量比1961年增加了1.50倍。

从各区域看，亚洲稻谷单产大多高于世界平均水平，1963年超过2 000千克/公顷，1982年跨越3 000千克/公顷，2002年超过4 000千克/公顷，2018年为4 829千克/公顷且比世界平均水平高3.21%。非洲稻谷单产持续明显低于世界平均水平，1989年起持续高于2 000千克/公顷，2018年为2 329千克/公顷且比世界平均水平低50.22%。美洲稻谷产量1999年以前大多低于世界平均水平，1999年起则明显高于世界平均水平，1989年超过3 000千克/公顷，1999年起持续高于4 000千克/公顷，2008年超越5 000千克/公顷，2018年为6 326千克/公顷且比世界平均水平高35.20%。欧洲稻谷单产明显高于世界平均水平，1979年起持续高于4 000千克/公顷，1996年起持续高于5 000千克/公顷，2009年起持续高于6 000千克/公顷，2018年为6 427千克/公顷且比世界平均水平高37.37%。大洋洲稻谷单产明显高于世界平均水平，2018年为9 847千克/公顷且比世界平均水平高110.45%。

表5-12 世界及各区域稻谷单产（千克/公顷）

区域	1961年	1970年	1980年	1990年	2000年	2010年	2015年	2018年
世界	1 869	2 381	2 748	3 529	3 887	4 336	4 587	4 679
亚洲	1 859	2 335	2 792	3 607	3 949	4 436	4 726	4 829
非洲	1 552	1 922	1 829	2 104	2 312	2 392	2 330	2 329
美洲	2 053	2 133	2 417	3 096	4 147	5 047	5 936	6 326
欧洲	4 120	3 984	4 294	4 298	5 248	6 029	6 471	6 427
大洋洲	4 253	5 244	4 988	8 083	7 994	8 953	9 488	9 847

资料来源：根据FAO数据库数据整理。

从主要国家看（表5-13），2018年，稻谷单产位居世界前列的主要是澳大利亚、埃及、摩洛哥、西班牙、希腊、意大利6个欧洲国家，美国、乌拉圭、秘鲁、阿根廷4个美洲国家，以及土耳其、塔吉克斯坦、韩国、中国、日本5个亚洲国家；其中，中国稻谷单产位处世界第12位，是1961年的3.44倍。

表5-13 世界稻谷单产（千克/公顷）排名前15位的国家

1961年		1990年		2018年	
国家	单产	国家	单产	国家	单产
波多黎各	6 444	澳大利亚	8 800	澳大利亚	10 386
西班牙	6 357	埃及	7 266	埃及	8 827
澳大利亚	5 900	毛里求斯	6 333	美国	8 621
意大利	5 677	日本	6 328	乌拉圭	8 500
埃及	5 053	西班牙	6 321	秘鲁	8 124
日本	4 879	韩国	6 206	土耳其	7 824
葡萄牙	4 678	美国	6 198	摩洛哥	7 791
阿尔及利亚	4 551	意大利	6 028	西班牙	7 696
朝鲜	4 307	希腊	6 000	塔吉克斯坦	7 649

(续表)

1961年		1990年		2018年	
国家	单产	国家	单产	国家	单产
韩国	4 148	法国	5 946	希腊	7 337
秘鲁	4 093	中国	5 726	韩国	7 043
法国	4 051	叙利亚	5 571	中国	7 027
土耳其	3 954	秘鲁	5 229	阿根廷	6 903
美国	3 823	喀麦隆	5 000	日本	6 617
布隆迪	3 764	土耳其	4 963	意大利	6 588
世界	1 869	世界	3 529	世界	4 679

资料来源：根据FAO数据库数据整理。

三、玉米

1. 收获面积

世界玉米收获面积从1961年的1.06亿公顷持续提高到2018年的1.94亿公顷，增加了83.53%。

从各区域看（图5-12和图5-13），亚洲玉米收获面积不断扩大，从1961年的2 779.62万公顷增长到2018年的6 729.62万公顷，增加了1.42倍；同期亚洲玉米收获面积占世界玉米收获面积的比重从26.33%平稳增加至34.74%，增加了8.40个百分点。非洲玉米收获面积从1961年的1 546.11万公顷持续提高到2018年的3 867.32万公顷，增加了1.50倍；同期非洲玉米收获面积占比从14.65%提升到19.96%，增加了5.32个百分点。美洲玉米收获面积从1961年的4 341.87万公顷持续增加到2018年的7 063.92万公顷，增加了62.69%；同期美洲玉米收获面积占世界比重先从1961年的41.13%提到1971年的45.18%，此后稳中有降且到2018年为36.46%。欧洲玉米收获面积先降后增，2018年为1 704.89万公顷，比1961年下降9.33%，占世界玉米收获面积比重持续下降且2018年为8.80%，比1961年减少了9.01个百分点。大洋洲玉米收获面积在大多数年份里均低于10万公顷且2018年为7.60万公顷，占世界玉米收获面积比重一直低于1%且2018年为0.04%。比较来看，美洲玉米收获面积一直位处世界第1位且占世界比重一直高于35%。

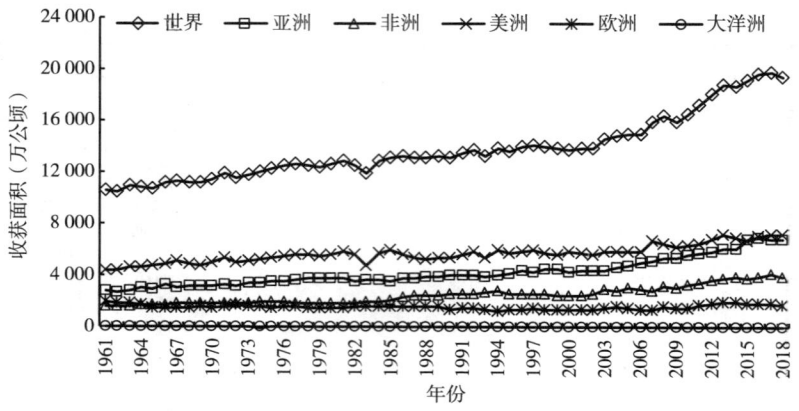

图5-12 1961—2018年世界及各区域玉米收获面积

资料来源:根据FAO数据库数据整理。

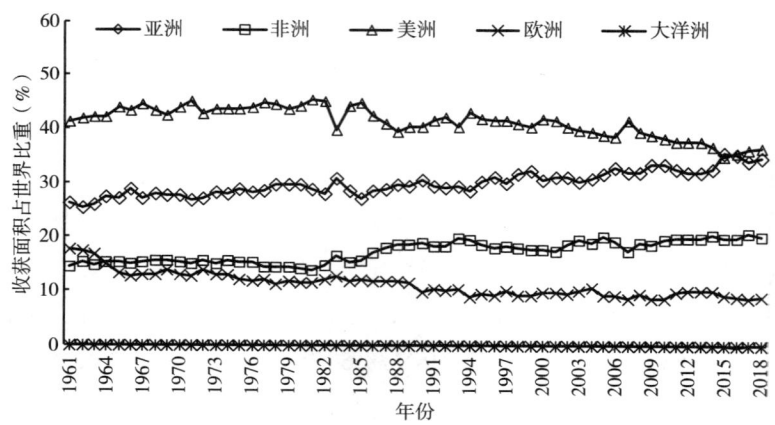

图5-13 1961—2018年世界各区域玉米收获面积占世界比重

资料来源:根据FAO数据库数据整理。

从主要国家看(表5-14),2018年,世界玉米收获面积位处前列的主要包括中国、印度、印度尼西亚、菲律宾4个亚洲国家,美国、巴西、阿根廷、墨西哥4个美洲国家,尼日利亚、坦桑尼亚、刚果、安哥拉4个非洲国家,以及乌克兰、罗马尼亚、俄罗斯3个欧洲国家,这15个国家的玉米收获面积合计占世界的75.70%;其中,中国玉米收获面积位处世界第1位,占世界的21.75%。

表5-14 世界玉米收获面积排名前15位的国家

1961年			1990年			2018年		
国家	收获面积（万公顷）	占比（%）	国家	收获面积（万公顷）	占比（%）	国家	收获面积（万公顷）	占比（%）
美国	2 332	22.09	美国	2 709	20.68	中国	4 213	21.75
中国	1 520	14.40	中国	2 140	16.33	美国	3 308	17.07
苏联	715	6.77	巴西	1 139	8.70	巴西	1 612	8.32
巴西	689	6.52	墨西哥	734	5.60	印度	920	4.75
墨西哥	629	5.96	印度	590	4.51	阿根廷	714	3.68
印度	451	4.27	尼日利亚	510	3.90	墨西哥	712	3.68
南非	412	3.90	南非	416	3.18	印度尼西亚	568	2.93
罗马尼亚	343	3.25	菲律宾	382	2.91	尼日利亚	485	2.51
阿根廷	274	2.60	印度尼西亚	316	2.41	乌克兰	456	2.36
印度尼西亚	246	2.33	苏联	284	2.17	坦桑尼亚	410	2.12
菲律宾	202	1.91	罗马尼亚	247	1.88	刚果	268	1.38
尼日利亚	138	1.30	坦桑尼亚	163	1.24	安哥拉	265	1.37
匈牙利	135	1.28	法国	156	1.19	菲律宾	251	1.30
意大利	120	1.13	阿根廷	156	1.19	罗马尼亚	244	1.26
法国	98	0.93	泰国	155	1.18	俄罗斯	238	1.23
前15位合计	8 302	78.65	前15位合计	10 098	77.06	前15位合计	14 666	75.70
世界	10 556	100.00	世界	13 104	100.00	世界	19 373	100.00

资料来源：根据FAO数据库数据整理。

2. 产量

世界玉米产量从1961年的2.05亿吨持续增长到2018年的11.48亿吨，增加了4.60倍。

从各区域看（图5-14和图5-15），亚洲玉米产量从1961年的3 160.11万吨不断提高到2018年的3.62亿吨，增加了10.44倍；同期亚洲玉米产量占世界玉米产量的比重从15.41%稳步提高至31.51%，增加了16.09个百分点。非洲玉米产量从1961年的1 614.72万吨明显提高到2018年的7 890.09万吨，增加了3.89倍；与此同时，非洲玉米产量占比基本保持稳定且大多低于8%，2018年为6.88%。美洲玉米产量从1961年的1.16亿吨持续提高到2018年的5.78亿吨，增加了3.97倍；与此同时，美洲玉米产量占比基本都高于50%且2018年为50.36%。欧洲玉米产量从1961年的4 079.752万吨明显提高到2018年的1.29亿吨，增加了2.15倍；

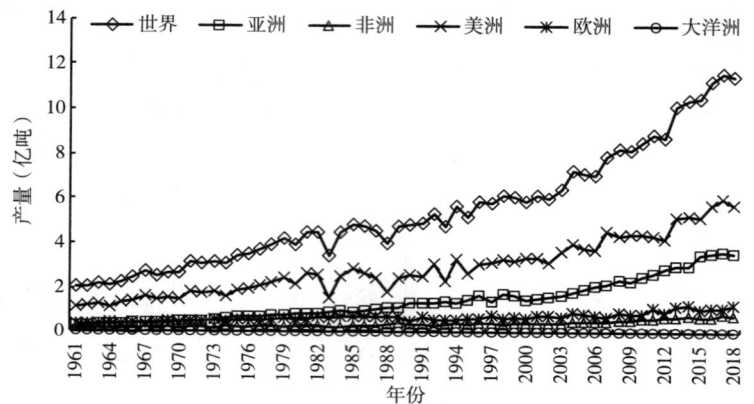

图5-14　1961—2018年世界及各区域玉米产量

资料来源：根据FAO数据库数据整理。

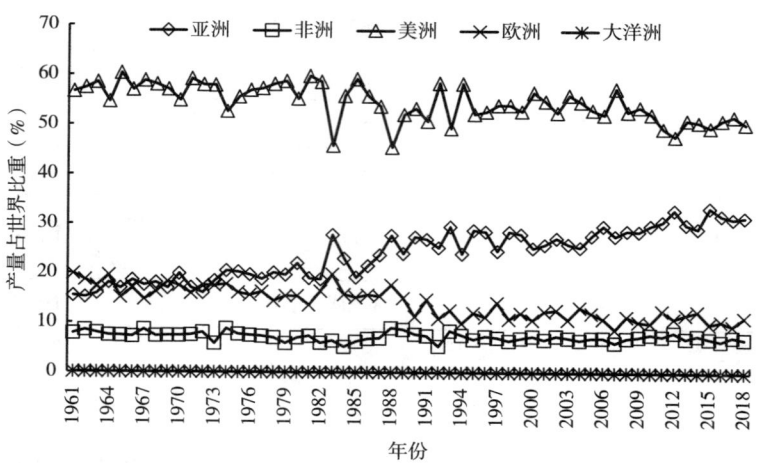

图5-15　1961—2018年世界各区域玉米产量占世界比重

资料来源：根据FAO数据库数据整理。

与此同时，欧洲玉米产量占比稳中有降且2018年为11.21%，比1961年减少了8.69个百分点。大洋洲玉米产量从1961年的17.11万吨持续增加至2018年的60.60万吨，增加了2.54倍；与此同时，大洋洲玉米产量占比基本都低于0.1%且2018年为0.05%。比较来看，美洲玉米产量一直位处世界第1位且占世界比重大多高于50%。

从主要国家看（表5-15），2018年，世界玉米产量位处前列的主要包括美国、巴西、阿根廷、墨西哥、加拿大5个美洲国家，中国、印度尼西亚、印度3个亚洲国家，乌克兰、罗马尼亚、法国、俄罗斯、匈牙利5个欧洲国家，以及南非、尼日利亚2个非洲国家，这15个国家的玉米产量合计占世界的85.71%；其中，中国玉米产量位处世界第2位，占世界的22.41%。

表5-15 世界玉米产量排名前15位的国家

1961年			1990年			2018年		
国家	产量（万吨）	占比（%）	国家	产量（万吨）	占比（%）	国家	产量（万吨）	占比（%）
美国	9 139	44.57	美国	20 153	41.67	美国	39 245	34.20
中国	1 800	8.78	中国	9 682	20.02	中国	25 717	22.41
苏联	1 711	8.35	巴西	2 135	4.42	巴西	8 229	7.17
巴西	904	4.41	墨西哥	1 464	3.03	阿根廷	4 346	3.79
墨西哥	625	3.05	苏联	988	2.04	乌克兰	3 580	3.12
罗马尼亚	574	2.80	法国	940	1.94	印度尼西亚	3 025	2.64
南非	529	2.58	南非	918	1.90	印度	2 782	2.42
阿根廷	485	2.37	印度	896	1.85	墨西哥	2 717	2.37
印度	431	2.10	加拿大	707	1.46	罗马尼亚	1 866	1.63
意大利	394	1.92	罗马尼亚	681	1.41	加拿大	1 388	1.21
匈牙利	274	1.33	印度尼西亚	673	1.39	法国	1 267	1.10
法国	248	1.21	意大利	586	1.21	南非	1 251	1.09
印度尼西亚	228	1.11	尼日利亚	577	1.19	俄罗斯	1 142	1.00
埃及	162	0.79	阿根廷	540	1.12	尼日利亚	1 016	0.88
保加利亚	142	0.69	菲律宾	510	1.05	匈牙利	796	0.69
前15位合计	17 646	86.06	前15位合计	41 450	85.71	前15位合计	98 368	85.71
世界	20 503	100.00	世界	48 362	100.00	世界	114 762	100.00

资料来源：根据FAO数据库数据整理。

3. 单产

世界玉米单产持续提升（表5-16），1961年为1 942千克/公顷，1965年起持续超过2 000千克/公顷且为2 124千克/公顷，1978年起跨越3 000千克/公顷且为3 156千克/公顷，1996年起持续跨越4 000千克/公顷且为4 030千克/公顷，2008年跨越5 000千克/公顷且为5 083千克/公顷，到2018年达5 924千克/公顷，每公顷产量比1961年增加了2.05倍。

从各区域看，亚洲玉米单产一直明显低于世界平均水平，1978年超过2 000千克/公顷，1990年、2004年、2013年分别超过3 000千克/公顷、4 000千克/公顷、5 000千克/公顷，2018年为5 373千克/公顷且比世界平均水平低9.30%。非洲玉米单产持续明显低于世界平均水平且大多低于2 000千克/公顷，2018年为2 040千克/公顷且比世界平均水平低65.56%。美洲玉米产量一直明显高于世界平均水平，1996年、2003年、2013年、2016年分别持续超过5 000千克/公顷、6 000千克/公顷、7 000千克/公顷、8 000千克/公顷，2018年为8 182千克/公顷且比世界平均水平高38.12%。欧洲玉米单产持续高于世界平均水平，1977年起持续高于4 000千克/公顷，2008年起持续高于6 000千克/公顷，2018年为7 543千克/公顷且比世界平均水平高27.33%。大洋洲玉米单产明显高于世界平均水平，2018年为7 976千克/公顷且比世界平均水平高34.64%。

表5-16 世界及各区域玉米单产（千克/公顷）

区域	1961年	1970年	1980年	1990年	2000年	2010年	2015年	2018年
世界	1 942	2 351	3 153	3 691	4 324	5 193	5 595	5 924
亚洲	1 137	1 697	2 324	3 316	3 563	4 608	5 002	5 373
非洲	1 044	1 138	1 558	1 512	1 806	2 072	2 085	2 040
美洲	2 679	2 950	3 957	4 871	5 854	7 088	7 716	8 182
欧洲	2 170	3 154	4 211	4 203	4 701	6 096	6 894	7 543
大洋洲	2 153	2 815	4 087	5 250	5 751	6 534	8 130	7 976

资料来源：根据FAO数据库数据整理。

从主要国家看（表5-17），2018年，玉米单产位处世界前列的主要是阿联酋、以色列、约旦、科威特、塔吉克斯坦、卡塔尔6个亚洲国家，智利、美国2个美洲国家，西班牙、希腊、意大利3个欧洲国家；其中，中国玉米单产为6 104千克/公顷，是1961年的5.15倍。

表5-17 世界玉米单产（千克/公顷）排名前15位的国家

1961年		1990年		2018年	
国家	单产	国家	单产	国家	单产
瑞士	4 673	以色列	13 794	阿联酋	28 466
加拿大	4 582	卡塔尔	13 500	圣文森特	27 838
比利时卢森堡	4 520	科威特	10 546	以色列	24 752
圣文森特	4 000	希腊	9 697	约旦	21 221
以色列	3 959	新西兰	9 208	科威特	17 597
美国	3 918	荷兰	9 091	塔吉克斯坦	14 887
荷兰	3 898	约旦	8 891	卡塔尔	12 524
新西兰	3 865	瑞士	8 510	智利	12 471
奥地利	3 861	奥地利	8 180	西班牙	11 920
意大利	3 288	智利	8 140	美国	11 864
特立尼达和多巴哥	3 000	意大利	7 638	新西兰	11 068
德国	2 898	比利时卢森堡	7 600	希腊	10 630
波兰	2 773	美国	7 438	意大利	10 452
日本	2 691	加拿大	6 860	乌兹别克斯坦	10 378
法国	2 529	德国	6 776	奥地利	10 149
世界	1 942	世界	3 691	世界	5 924

资料来源：根据FAO数据库数据整理。

第三节　全球粮食增产潜力分析

一、粮食增产潜力估算方法

1. 研究方法

作物生产潜力描述了特定农业气候、土壤和地形条件及农业投入和管理水平下，作物所能达到的产量上限，它是影响粮食安全的最重要因素之一，增产潜力是生产潜力高于实际产量的部分（IIASA et al., 2012）[2]。目前，国内外已有作物生产潜力测算方法分为4类（刘保花 等，2015），其中第1类是模型模拟法，通过选择合适的作物生育模型，结合气象观测数据和栽培管理措施，模拟生育期内作物光合作用等生理过程并估算作物生产潜力（Lobell et al., 2009；Van-Ittersum et al., 2013）；其中的作物生育模型包括3种（余强毅 等，2011）[2839]：机制法模型（根据作物的截光特征和光合作用以及作物能量转化与生长过程，通过光照限制、温度限制和水分限制的逐步"衰减"来估算作物生产潜力，如Wagenigen模型、Gaez方法等）、作物模型（根据气候因素，基于对与作物生长相关的参数的设定，模拟作物生育过程并估算其生产潜力，如Sucros模型、Ceres模型等）和经验公式模型（根据对作物产量、气象观测数据等的统计分析，归纳作物生产潜力及其影响因素并据此估算作物生产潜力，如Gessner-Lieth模型、Miani模型等）。另外3类作物生产潜力测算方法是：田间试验产量法（Lobell et al., 2009）、高产纪录法（Meng et al., 2013）和高产农户法（Aggarwal et al., 2008）。

比较来看，模型模拟法较为全面地考虑了作物生育过程及其与栽培管理措施间的交互作用，但受到品种等因素的影响，不同情景下的模拟结果存在一定差异；田间试验产量法在土壤、气候等方面的不同导致作物产量也存在较大差异；高产纪录法依赖于对特定田块的选择，代表性明显不足；高产农户法受到投入、技术等方面限制，其产量常低于模型模拟产量和高产纪录产量（刘保花 等，2015）。从作物学角度看，模型模拟法中的Gaez方法综合考虑了影响作物生育的光照、降水等主要气候因素，根据作物的生物量、生产率等方面的长期试验数据，利用一系列作物学模型，对标准作物生物量依次进行温度订正、叶面积订正、净生物量订正和收获指数订正，最后得到受气候等因素支配且已适宜种植的作物的最高产量（余强毅 等，2011）[2839-2840]。因此，本章采用模型模拟法中的Gaez方法来估算世界粮食增产潜力。为了分析作物适宜性并估算其生产潜力，FAO和国际应用系统分析研究所（IIASA）从2000年起合作开发Gaez软件，截至2021年年底的可用最新版本为Gaez v3.0（http://webarchive.iiasa.ac.at/Research/LUC/Gaez v3.0/）。

Gaez软件涵盖的基础数据主要包括以下4个方面（IIASA et al.，2012）[7-13]：①土地和水资源数据（包括土壤资源、地形资源、土地覆盖情况、土地受保护状况和相关社会经济及人口数据）；②农业气候资源数据（包括7种观测气候指标：平均气温、昼夜温差、日照百分率、10米高度风速、相对湿度、雨天天数和降水量）；③适宜性和作物潜在单产数据（具体是基于过去、现在和将来气候条件以及3类投入水平下的280种作物或土地利用类型；作物类型包括11个作物大类、49种作物和92个作物类别）；④作物的实际单产和产量数据。考虑到各种粮食在全球种植分布的广泛性及其在人们日常生活中的重要程度并适当简化分析，本章将粮食界定为小麦、稻谷和玉米。世界各国的粮食收获面积、产量和单产数据均来源于FAO数据库（http://www.fao.org/faostat）。

2. 参数设定

本章接下来利用Gaez v3.0软件并结合FAO数据库数据估算世界粮食增产潜力，分析过程中对Gaez v3.0软件中各个参数的设定情况如表5-18所示。

表5-18　GAEZ v3.0软件中各个参数的设定

参数	选项	设定
作物类型	分为11个作物大类、49种作物和92个作物类别	选择"小麦""稻谷（水地稻谷和旱地稻谷）"和"玉米"
水供给	分为5类：雨养、灌溉、自流灌溉、滴灌和喷灌	选择"雨养"和"灌溉"
投入水平	分为3类：低水平投入（对应于传统管理模式）、中等水平投入（对应于改进后管理模式）和高水平投入（对应于先进管理模式）	选择"高投入水平"。在该投入水平下，农作体系及管理均以市场为中心，管理目标是产品商业化；生产过程中普遍播种改良后高产品种，实现完全机械化且劳动密集度很低，使用最优的肥料以及病虫草害化学控制技术

（续表）

参数	选项	设定
CO_2施肥效应	是否存在CO_2施肥效应	选择"存在"。在可见光照射下，作物可进行光合作用，利用叶绿素将CO_2和水转化为有机物并存储能量，促进自身生长，实际上相当于对作物的生长发育进行了施肥
时期	分为3类：历史、基准和未来。历史时期包括1961—2000年各年；基准时期是指1961—1990年的平均气候条件；未来时期包括根据不同大气循环模型分别模拟得到的2020s（对应于2011—2040年）、2050s（对应于2041—2070年）和2080s（对应于2071—2100年）3个时期的平均气候条件	从未来的角度分析世界粮食增产潜力，选择大气循环模型GCM2中的模拟方案CCCma CGCM2 A2进行分析，并分别选定2020s、2050s和2080s
地理区域	世界绝大多数国家和地区	选定世界全部国家和地区
土地覆盖类型	分为11类：耕作用地、建筑用地、森林、草地与林地、荒地、内陆水体、雨养耕地、灌溉耕地、大面积森林、大面积草地和全部土地	为了与对"水供给"所做设定相对应，在"雨养"和"灌溉"两种水供给状态下分别选定"雨养耕地"和"灌溉耕地"进行分析
土地保护类型	分为4类：不受保护、非农用途保护、有限农业用途保护和全部土地	由于"土地覆盖类型"已选定，选择"全部土地"
适宜性类型	分为5类：非常适宜（VS）、适宜（S）、中度适宜（MS）、勉强适宜（mS）和不适宜（NS）。最后，输出3种组合形式的结果："VS+S"、"VS+S+MS"和"VS+S+MS+mS"	为了分析世界全部适宜土地的粮食增产潜力，本章根据输出结果"VS+S+MS+mS"进行分析

二、全球粮食增产潜力估算

本章基于上述参数设定，首先，利用Gaez v3.0软件测算得到世界各个国家的小麦、稻谷和玉米分别在2020年、2050年和2080年的3组潜在单产数据；其次，结合FAO数据库中2018年各个国家小麦、稻谷和玉米的实际单产数据，分别计算得到各个国家小麦、稻谷和玉米的单产差距，具体只计算同时有潜在单产数据和2018年实际单产数据且前者高于后者的国家；再次，根据单产差距数据，结合FAO数据库中2018年各个国家小麦、稻谷和玉米的实际收获面积数据，进一步分别

第五章　全球粮食安全评价与增产潜力分析

计算得到以2018年作为参照期的各个国家小麦、稻谷和玉米的增产潜力；最后，汇总计算得到以2018年作为参照期的各个国家、区域以及世界的粮食增产潜力。

1. 小麦

从国家看（表5-19），以2018年作为参照期，俄罗斯和美国的小麦增产潜力位居前2位，分别为5 852万~7 040万吨、4 686万~5 229万吨；土耳其、伊朗、乌克兰、波兰和澳大利亚的小麦增产潜力均在1 000万吨以上；哈萨克斯坦、摩洛哥、加拿大、阿根廷、罗马尼亚、阿富汗、埃塞俄比亚、白俄罗斯等国家的小麦增产潜力也较大。

从区域看，以2018年作为参照期，欧洲小麦增产潜力最大，为1.25亿~1.40亿吨，且主要集中在中东欧地区；美洲和亚洲的小麦增产潜力也很大，分别为6 541万~6 941万吨、5 972万~8 049万吨；非洲小麦增产潜力为1 858万~2 084万吨。

从全球看，以2018年作为参照期，世界小麦增产潜力为2.93亿~3.20亿吨。

表5-19　世界及各区域和主要国家小麦增产潜力

区域	增产潜力（万吨）		
	2011—2040年	2041—2070年	2071—2100年
世界	32 037.34	29 304.99	30 233.13
亚洲	8 048.69	6 282.21	5 971.80
土耳其	2 110.36	1 879.50	1 977.17
伊朗	1 840.57	1 716.11	1 553.01
哈萨克斯坦	1 349.73	805.25	1 189.76
巴基斯坦	748.86	240.19	—
阿富汗	413.16	403.22	345.00
土库曼斯坦	390.32	311.46	288.41
阿塞拜疆	—	—	151.48
非洲	2 031.11	2 084.23	1 857.71
摩洛哥	703.23	695.44	514.25

（续表）

区域	增产潜力（万吨）		
	2011—2040年	2041—2070年	2071—2100年
阿尔及利亚	518.62	559.51	558.20
埃塞俄比亚	424.82	442.59	391.35
美洲	6 541.36	6 940.68	6 929.62
美国	5 228.76	5 201.25	4 686.27
加拿大	512.46	826.99	1 281.72
阿根廷	584.30	678.55	679.88
欧洲	13 975.07	12 488.64	13 964.82
俄罗斯	6 976.99	5 851.58	7 040.45
乌克兰	2 360.54	1 881.62	2 237.52
波兰	1 081.70	1 121.52	1 106.70
罗马尼亚	709.42	618.89	624.52
白俄罗斯	369.70	388.58	383.47
大洋洲	1 441.10	1 509.23	1 509.19
澳大利亚	1 441.10	1 509.23	1 509.19

资料来源：根据Gaez v3.0软件测算结果和FAO数据库数据整理计算得到。

2. 稻谷

从国家看（表5-20），以2018年作为参照期，泰国、几内亚、柬埔寨、缅甸的稻谷增产潜力位居前4位，分别为872万~926万吨、644万~645万吨、613万~635万吨、587万~641万吨；菲律宾、民主刚果和尼日利亚的稻谷增产潜力均在400万吨以上；塞拉利昂、坦桑尼亚、尼泊尔等国家的稻谷增产潜力也较大。

从区域看，亚洲的稻谷增产潜力最大，为3 248万~3 276万吨，且主要集中东南亚地区和南亚地区；非洲的稻谷增产潜力也很大，为2 781万~2 829万吨；美洲和欧洲的稻谷增产潜力均较低，分别为152万~154万吨、27万~51万吨。

从全球看，以2018年作为参照期，世界稻谷增产潜力为6 257万~6 284万吨。

表5-20 世界及各区域和主要国家稻谷增产潜力

区域	增产潜力（万吨）		
	2011—2040年	2041—2070年	2071—2100年
世界	6 264.74	6 284.17	6 257.28
亚洲	3 248.25	3 276.00	3 271.12
泰国	888.13	925.99	871.76
柬埔寨	634.69	616.38	613.35
缅甸	589.62	587.07	640.58
菲律宾	410.59	434.56	459.31
尼泊尔	138.38	135.29	136.66
斯里兰卡	101.76	110.32	93.13
伊朗	92.32	84.14	99.23
非洲	2 814.72	2 828.60	2 781.21
几内亚	644.21	644.87	644.57
民主刚果	510.73	541.11	516.40
尼日利亚	471.13	466.37	487.51
塞拉利昂	318.98	314.21	316.21
坦桑尼亚	205.36	210.22	202.35
利比里亚	102.34	101.90	103.05
喀麦隆	—	90.76	95.66
科特迪瓦	98.77	—	—
美洲	153.42	152.22	153.98
多米尼加	37.72	39.26	36.05
古巴	31.37	32.43	31.95
巴拿马	23.84	21.21	23.86
欧洲	48.34	27.35	50.98
意大利	32.73	12.03	25.02
葡萄牙	12.73	6.23	14.00

资料来源：根据Gaez v3.0软件测算结果和FAO数据库数据整理计算得到。

3. 玉米

从国家看（表5-21），以2018年作为参照期，中国和印度的玉米增产潜力位居前2位，分别为5 747万~7 336万吨、4 757万~4 802万吨；尼日利亚和墨西哥的玉米增产潜力也很大，分别为2 520万~3 031万吨、2 248万~2 606万吨；阿根廷、安哥拉、莫桑比克、肯尼亚、马拉维、民主刚果的玉米增产潜力均超过1 000万吨；巴西、津巴布韦、贝宁、埃塞俄比亚、坦桑尼亚、赞比亚等国家的玉米增产潜力也较大。

从区域看，以2018年作为参照期，非洲玉米增产潜力最大，为1.85亿~2.12亿吨；亚洲玉米增产潜力也很大，为1.26亿~1.45亿吨；美洲玉米增产潜力为6 440万~8 560万吨；欧洲玉米增产潜力较低，为369万~653万吨。

从全球看，以2018年作为参照期，世界玉米增产潜力为3.82亿~4.48亿吨。

表5-21　世界及各区域和主要国家玉米增产潜力

区域	增产潜力（万吨）		
	2011—2040年	2041—2070年	2071—2100年
世界	38 179.28	43 427.81	44 750.96
亚洲	12 621.56	14 156.63	14 473.27
中国	5 747.14	6 791.67	7 335.78
印度	4 760.59	4 756.95	4 801.88
尼泊尔	648.23	558.96	574.80
菲律宾	338.82	432.12	563.18
巴基斯坦	407.98	418.81	383.44
非洲	18 465.65	20 808.35	21 199.26
坦桑尼亚	775.81	3 030.24	3 031.19
尼日利亚	2 520.47	2 559.67	2 432.08
安哥拉	1 614.16	1 613.09	—
莫桑比克	1 413.19	1 427.22	1 427.21
肯尼亚	1 280.05	1 308.45	1 302.36

(续表)

区域	增产潜力（万吨）		
	2011—2040年	2041—2070年	2071—2100年
马拉维	1 204.69	1 266.95	1 310.81
民主刚果	1 042.69	1 146.98	1 360.77
贝宁	879.62	893.83	1 285.63
津巴布韦	896.62	877.75	810.34
埃塞俄比亚	820.63	816.21	906.82
赞比亚	735.33	746.00	768.33
喀麦隆	617.27	—	—
乌干达	—	—	702.95
布基纳法索	—	685.92	679.01
美洲	6 439.50	8 094.17	8 559.87
墨西哥	2 248.39	2 392.30	2 605.76
阿根廷	1 854.94	2 049.04	2 130.61
巴西	—	1 247.86	1 440.10
危地马拉	432.89	440.51	435.49
玻利维亚	268.41	—	—
欧洲	652.56	368.66	518.56
克罗地亚	328.28	—	—
波兰	—	155.95	180.88
俄罗斯	—	88.42	199.11
捷克	123.54	—	—

资料来源：根据Gaez v3.0软件测算结果和FAO数据库数据整理计算得到。

4. 粮食

从国家看（表5-22），以2018年作为参照期，俄罗斯、中国、美国、印度的粮食增产潜力位居前4位，分别为5 946万～7 254万吨、5 747万～7 336万吨、

4 686万~5 229万吨、4 761万~4 802万吨；土耳其、伊朗、哈萨克斯坦、泰国等亚洲国家，尼日利亚、坦桑尼亚、安哥拉、民主刚果、莫桑比克、肯尼亚、埃塞俄比亚、马拉维等非洲国家，阿根廷、墨西哥、巴西等美洲国家，乌克兰、波兰等欧洲国家，以及澳大利亚的粮食增产潜力也较大，基本都在1 000万吨以上。

从区域看，以2018年作为参照期，亚洲和非洲的粮食增产潜力均很高，分别为2.26亿~2.39亿吨、2.27亿~2.58亿吨；美洲和欧洲的粮食增产潜力均较高，分别为1.31亿~1.60亿吨、1.35亿~1.47亿吨；大洋洲的粮食增产潜力为1 441万~1 509万吨。

从全球看，以2018年作为参照期，世界的粮食增产潜力为7.59亿~8.12亿吨。

表5-22 世界及各区域和主要国家粮食增产潜力

区域	增产潜力（万吨）		
	2011—2040年	2041—2070年	2071—2100年
世界	75 869.93	79 016.97	81 241.38
亚洲	23 939.53	22 576.47	23 727.77
中国	5 747.14	6 791.67	7 335.78
印度	4 760.59	4 762.06	4 801.88
土耳其	2 110.36	1 879.50	1 977.17
伊朗	1 934.41	1 800.25	1 655.43
菲律宾	—	866.68	1 022.49
哈萨克斯坦	1 390.71	839.45	1 224.12
巴基斯坦	1 223.78	—	—
泰国	1 180.60	—	1 201.55
缅甸	—	791.42	—
非洲	22 703.86	25 398.11	25 827.77
尼日利亚	2 814.93	3 026.04	2 919.59
坦桑尼亚	946.85	3 049.31	3 253.32
安哥拉	1 627.71	1 639.26	1 309.21
民主刚果	1 507.23	1 688.62	1 877.83

（续表）

区域	增产潜力（万吨）		
	2011—2040年	2041—2070年	2071—2100年
莫桑比克	1 475.39	1 503.33	1 497.58
肯尼亚	1 308.93	1 336.92	1 329.97
埃塞俄比亚	1 245.45	1 258.80	1 208.66
马拉维	1 216.02	1 280.60	1 323.10
美洲	13 074.78	16 042.57	15 596.04
美国	5 228.76	5 201.25	4 686.27
阿根廷	2 451.48	2 727.59	2 810.49
墨西哥	2 248.39	2 392.30	2 605.76
巴西	—	1 273.46	1 463.39
加拿大	512.46	—	—
欧洲	14 710.65	13 490.59	14 580.61
俄罗斯	6 996.80	5 946.22	7 253.57
乌克兰	2 360.62	1 893.16	2 238.82
波兰	1 151.35	1 277.46	1 287.58
罗马尼亚	733.41	619.52	625.39
白俄罗斯	378.83	560.40	433.81
大洋洲	1 441.10	1 509.23	1 509.19
澳大利亚	1 441.10	1 509.23	1 509.19

资料来源：根据Gaez v3.0软件测算结果和FAO数据库数据整理计算得到。

5. 全球粮食安全与增产潜力

从全球粮食安全状况看，在饥饿状况方面，全球食物不足发生率从2004—2015年持续下降转为2016—2018年的持续增加，各区域近年来仅亚洲的食物不足发生率持续下降，非洲、拉丁美洲与加勒比海、大洋洲均持续增长，其中非洲2018年增至19.9%（撒哈拉以南非洲达22.8%）；全球食物不足人口数2018年增至

8.22亿人且比2015年增加0.36亿人，近年来亚洲、非洲、拉丁美洲与加勒比海、大洋洲的食物不足人口数均出现增长，其中非洲2018年达2.56亿人且比2010年增加0.56亿人。在粮食不安全状况方面，2018年9.2%的世界人口（7.04亿人）面临重度粮食不安全，近年来亚洲、非洲和拉丁美洲的重度粮食不安全发生率均有不同程度上升；2018年世界人口的中度或重度粮食不安全发生率为26.4%（20.14亿人），其中10.38亿人（52%）在亚洲，6.76亿人（34%）在非洲，1.88亿人（9%）在拉丁美洲。在低收入缺粮国方面，2018年有51个低收入缺粮国，比1997年减少36个；2018年亚洲、美洲、大洋洲的低收入缺粮国数量比1997年都明显减少，欧洲已无低收入缺粮国，非洲仍有37个低收入缺粮国且占全球的72.5%，仅比1997年减少6个，即全球大多数低收入缺粮国均位于非洲，特别是撒哈拉以南非洲地区。

从全球粮食增产潜力看，以2018年作为参照期，世界粮食增产潜力为7.59亿~8.12亿吨，其中亚洲、非洲、美洲、欧洲的粮食增产潜力分别为2.26亿~2.39亿吨、2.27亿~2.58亿吨、1.31亿~1.60亿吨、1.35亿~1.47亿吨。分品种看，世界小麦增产潜力为2.93亿~3.20亿吨，其中欧洲、美洲、亚洲的小麦增产潜力分别为1.25亿~1.40亿吨、6 541万~6 941万吨、5 972万~8 049万吨；世界稻谷增产潜力为6 257万~6 284万吨，其中亚洲、非洲的稻谷增产潜力分别为3 248万~3 276万吨、2 781万~2 829万吨；世界玉米增产潜力为3.82亿~4.48亿吨，其中非洲、亚洲、美洲的玉米增产潜力分别为1.85亿~2.12亿吨、1.26亿~1.45亿吨、6 440万~8 560万吨。

参考文献

刘保花，陈新平，崔振岭，等，2015. 三大粮食作物产量潜力与产量差研究进展[J]. 中国生态农业学报（5）：525-534.

孙致陆，李先德，2020. 联合国可持续发展目标下的非洲粮食生产演变趋势与发展潜力分析[J]. 中国农业大学学报（2）：160-170.

余强毅，吴文斌，唐华俊，2011. 基于粮食生产能力的APEC地区粮食安全评价[J]. 中国农业科学（13）：2838-2848.

AGGARWAL P K，HEBBAR K B，VENUGOPALAN M V，et al.，2008. Quantification of yield gaps in rain-fed rice, wheat, cottonand mustard in India

[EB/OL]. http://oar. icrisat. org/2335/.

Food and Agriculture Organizationof the United Nations（FAO）, International Fund for Agricultural Development（IFAD）, World Food Programme（WFP）, 2017. Monitoring food security and nutrition in support of the 2030 agenda for sustainable development: taking stock and looking ahead [EB/OL]. http://www. fao. org/3/a-i6188e. pdf.

Food and Agriculture Organizationof the United Nations（FAO）, International Fund for Agricultural Development（IFAD）, United Nations Children's Fund （UNICEF）, et al., 2019. The state of food security and nutrition in the world 2019 [EB/OL]. http://www. fao. org/3/ca5162en/ca5162en. pdf.

Food and Agriculture Organizationof the United Nations（FAO）, 2017. FAO and the SDG: indicators-measuring up to the 2030 agenda for sustainable development [EB/OL]. http://www. fao. org/3/a-i6919e. pdf.

Food and Agriculture Organizationof the United Nations（FAO）, 2017b. Towards zero hunger 1945—2030 [EB/OL]. http://www. fao. org/3/a-i6196e. pdf.

International Institute for Applied Systems Analysis（IIASA）, Food and Agriculture Organizationof the United Nations（FAO）, 2012. Global agro-ecological zones （GAEZ v3. 0）: model documentation [EB/OL]. http://pure. iiasa. ac. at/id/eprint/13290/1/GAEZ_Model_Documentation. pdf.

LOBELL D B, CASSMAN K G, FIELD C B, 2009. Crop yield gaps: their importance, magnitudes and causes [J]. Annual Review ofEnvironment and Resources, 34（1）: 179-204.

MENG Q F, HOU P, WU L, et al., 2013. Understanding production potentials and yield gaps in intensive maize production inChina [J]. Field Crops Research, 143（1）: 91-97.

UNITED NATIONS（UN）, 2015. Transforming our world: the 2030 agenda for sustainable development [EB/OL]. https://sustainabledevelopment. un. org/post2015/transformingourworld.

VAN-ITTERSUM M K, CASSMAN K G, GRASSINI P, 2013. Yield gap analysis with local to global relevance: a review [J]. FieldCrops Research, 143（1）: 4-17.

第六章　全球对外农业投资与发展中国家粮食安全[①]

国外农业投资是促进发展中国家粮食安全的重要途径。本章将重点研究外国农业投资是否流向了发展中国家、影响外资流入的主要因素、外国农业投资能否产生预期的效果、发展中国家应该采取什么措施来优化外商直接投资的效应，致力于研究通过对外农业投资促进发展中国家的粮食安全。

第一节　研究背景

粮食安全是可持续发展议程中的重要议题（Pérez-Escamilla et al.，2017；FAO，2020）。过去几十年以来，全球粮食安全取得了显著进展（Barrett et al.，2016）。由于强劲的人口增长以及气候变化等原因，发展中国家特别是撒哈拉以南非洲的营养不良人数在增加（Hertel et al.，2016；Gonzalez，2018；Thornton et al.，2018）。在自然资源有限与粮食需求日益增长的背景下，实现全球粮食安全仍是一项重大挑战，重点和难点在发展中国家（Fan et al.，2014）。

农业发展对于改善粮食安全具有重要意义，特别是其对粮食供应、可及性和粮食系统稳定性等方面（World Bank，2019）。由于发展中国家农业公共支出的份额一直在下降，粮食增产稳产长期受到限制（Morea et al.，2018）。投资不足通常意味着生产力低下和生产停滞，缺乏投资已被确定为发展中国家处理粮食危机、保障粮食安全的关键挑战（Hallam，2009）。在最不发达国家，由于生产

[①] 本章以《The Potential of Absorbing Foreign Agricultural Investment to Improve Food Security in Developing Countries》为题，发表在 Sustainability，纳入书稿时做了一定的修改。

所需的基础设施投资过高，导致一部分土地未能得到开发利用。世界粮食安全委员会要求高级别专家组就"2030年议程框架下支持和改善粮食安全与营养的多利益相关者伙伴关系（MSP）"提交报告。许多发展中国家开始引进农业外资，包括资本、技术和管理经验，将其作为获取资本与技术的一个机会，以期能够提高本国农业生产力，满足农业发展需求（Kaarhus，2018）。

在过去几十年中，较高的农业回报和相对便宜的土地引发了农业投资浪潮，跨国公司开始大规模投资发展中国家农业（Hall，2012）。对于外商直接投资是否真的可以改善发展中国家的粮食安全，学术界尚且存在争议（Cotula et al.，2009）。有研究指出，农业对外投资具有支持和改善发展中国家农业绩效的巨大潜力（Jovanovic，2008）。对农业的不断投入会促进技术转移，提高农产品产量和质量（Dries et al.，2004），进而会增加发展中国家在全球农业产量和出口中所占的份额（Gunasekera et al.，2015），减少其对进口的依赖。引进农业外资能够在当地创造就业机会，促进农民收入的增长（Williams，2015），满足发展中国家日益增长的食品需求（Lampietti et al.，2011），减少营养不良（Soriano et al.，2016）。也有学者认为，农业对外投资会对当地小农、食物安全、环境与社会经济稳定性构成威胁（Naylor，2011；Scoones et al.，2016）。在土地获取过程中，农户的利益并没有得到充分的保障，造成小农尤其是妇女的边缘化，粮食不安全加剧，环境污染问题严重（Kaarhus，2018）。总的来看，农业对外投资涉及经济、政治、体制、法律和道德等问题（Morea et al.，2019），投资的实际效果远比媒体报道来得复杂严峻，需要全面分析（Hofman et al.，2012；Chen et al.，2017；Jiang et al.，2019）。

基于此，本章研究内容为：外国农业投资是否流向了发展中国家，影响外资流入的因素有哪些，吸收的外国农业投资能否产生预期的效果，发展中国家应该采取什么措施来优化外商直接投资的效应。

第二节　理论基础与数据方法

一、对外直接投资理论

通常，发达国家的跨国公司更倾向于在其他发达国家投资，发展中国家的公司更倾向于先在邻近的发展中国家投资,在积累经验后再逐步拓展到发达国家。各理论学派研究国际直接投资区位选择的视角、侧重点各有不同,大多以市场、资金、技术等因素作为出发点,侧重针对非农领域。农业投资具有高风险、周期长且规模经济门槛高等特点,其区位选择是否存在不一样的规律,值得更深入的研究与探讨(表6-1)。

表6-1 对外直接投资理论

理论	提出者	主要观点	区位选择思想
垄断优势理论	Hymer(1960)	垄断优势是进行国际直接投资的动因	跨国公司根据竞争力选择东道国
寡占反应理论	Knicherbocker(1973)	寡头企业采取任何行动,其他企业会做出应对性反应	国际直接投资更倾向于流向投资环境不同的市场以及资本市场发达、市场结构为寡占型的国家
国际产品生命周期理论	Vernon(1966)	产品生命周期分为新产品阶段、成熟阶段和标准化阶段,后2个阶段因垄断优势渐次丧失而适于对外直接投资	国际直接投资的策源地一般为发达国家,接着向各种条件相近但又具有一定区位优势的其他发达国家投资,然后转向广大发展中国家
比较优势理论	Kojima(1978)	外国直接投资应根据比较成本原则进行判断	对外直接投资应该从本国已经处于或即将陷于比较劣势的产业依次进行
内部化理论	Rugman(1987)	原材料、半成品,尤其是技术、知识、管理技能等中间产品市场存在缺陷,企业具有外部市场内部化动机	国际直接投资流向市场不完全的国家
国际生产折衷理论	Dunning(1977)	企业只有同时具备所有权优势、内部化优势和区位优势,才可能对外直接投资	企业更倾向于寻找能充分利用知识资本以强化或补充其核心竞争力的区位
小规模技术理论	Louis(1983)	发展中国家企业对外直接投资的优势表现为小规模制造、当地采购和特殊产品、接近市场	发展中国家的跨国公司适宜对低收入小市场国家进行投资
技术创新产业升级理论	Cantwell(1989)	发展中国家在对外投资过程中技术能力逐步积累和提高,投资领域从传统产业逐步扩展到高技术产业	对外直接投资在地理上遵循从周边地区到发展中国家,再到发达国家的顺序

二、方法与数据

引入人口迁移的推拉理论,分析农业对外投资的形成过程。农业对外投资是否实际发生,一方面取决于"拉力",即东道国引进农业外资的需求,包括促进粮食生产、技术转移和就业等方面(Khouri et al.,2011),也可解释为发展中国家农业发展的内在需要;另一方面取决于"推力",即企业的投资动机,通常包括资源、劳动力、市场和技术(Dunning,1988)。此外,一项投资是否发生还取决于"中间因素",即东道国的投资环境(Lu et al.,2020)。企业在投资前会综合考虑投资环境的影响,只有确定投资总体收益大于投资成本时才会选择向该国投资。因此,从引资需求度、投资动机和投资环境3个方面构建指标体系。

(一)评估指标体系

1. 引资需求度

促进国家粮食安全是发展中国家引进外国农业投资的重要原因。粮食安全包括粮食供应、粮食获得、粮食利用和粮食系统稳定性4个方面,从以下4个指标来衡量一个国家的引进外资需求。

(1)粮食供应。粮食供应在粮食安全中起着决定性的作用,是确保人们获得充足食物的必要条件(Clapp,2017)。一国引进外国农业投资的一个基本原因就是提高本国粮食产量和粮食供应,满足本国粮食需求。一般来说,一国粮食供应量越不充足,该国引进农业外资的需求就越强烈。采用人均粮食供应当量这个指标衡量各国粮食供应情况。

(2)农业生产力。粮食生产是保障粮食供给的重要方面(Burchi et al.,2016)。通常,一个国家的粮食生产率越低,粮食供给越不安全,引进外国农业投资的需求越大。采用农业工人人均增加值这个指标衡量各国的农业生产力。

(3)人均资本存量。获取食物的另一种方式是通过市场购买,这取决于人们的购买力(Cheng et al.,2020)。人均资本存量是测度购买力的重要指标。一般而言,一个国家的人均资本存量越低,获得粮食的能力越弱,粮食安全性就越差,引进外国农业投资的需求就越强。采用人均GDP这个指标来衡量各国的人均资本存量。

(4)经济社会发展水平。粮食利用和粮食系统的稳定性是粮食安全的重要方面(Islam et al.,2020),与一个国家的发展水平显著相关。通常,一个国家的经济发展水平越低,其生产和获得充足粮食的可能性越小,保障本国粮食供应链稳定的能力越弱，这将增加对该国外国投资的需求。采用人文发展指数这个指标来测度各国的经济和社会发展水平。

2. 投资动机

在投资动机方面，对外直接投资动机可划分为资源寻求型、市场寻求型、效率寻求型以及战略资产寻求型等不同类型。因此，从以下4个方面衡量企业的投资动机。

（1）农业资源。丰厚的自然资源是产业发展的重要物质基础和有利条件。在农业投资过程中，耕地是企业所看重的重要资源（Schoneveld，2014）。采用人均耕地面积这个指标来衡量各国的资源禀赋。

（2）市场。许多企业对外农业投资是出于规避贸易壁垒和扩大市场份额。寡头垄断反应理论认为，外国直接投资往往流向资本市场发达的国家（Knicherbocker，1973）。市场广阔且潜力大的国家更倾向于吸引企业进行投资。采用市场规模指数这个指标衡量各国的市场规模。

（3）效率。企业进行农业对外投资需要雇佣当地劳动力（Banerjee et al.，2011），在企业预算范围内实现劳动力供给和需求的快速匹配是效率寻求型企业低成本扩张的重要条件（Le et al.，2019）。采用劳动力市场效率指数这个指标衡量在各国投资的人力成本。

（4）农业技术。一些企业选择发达国家开展投资，为的是学习先进的农业技术和管理经验，及时跟踪国际先进技术，提高农产品的技术含量，促进技术成果的产业化和商品化（Jarrett et al.，2015）。采用谷物单产这个指标衡量各国的农业技术水平。

3. 投资环境

选择以下变量来综合评估各国的经济、政治、社会和法律环境。

（1）经济环境的稳定性。进行对外直接投资的企业希望得到稳定的经济回报，东道国经济环境的稳定性是其考虑的重要因素（Moghadam et al.，2019）。采用通货膨胀率这个指标测度东道国的经济波动情况，通货膨胀率越低，投资环境通常越有利。

（2）政治和法制环境。政局稳定、政府效率高、法制健全的国家拥有较好的投资环境，会减少企业投资过程中的政治、法律和社会风险（Carril-Caccia et al.，2019）。采用世界银行治理指数测度各国的政治和法制环境，包括政治稳定指数、政府效能指数、腐败监管指数、监管治理指数、法律制度和民主自由权利指数；为方便后续计算，将这些指标值加总再取均值，并将该均值作为衡量各国政治和法制环境的一般指标。

（3）制度条件。除政治、经济、法制环境外，企业也会关注东道国的制度条件（Mahbub et al.，2019）。东道国对投资者的保护力度强，将会大大减少企业的运营风险，吸引企业向该国投资。采用投资者保护指数这个指标衡量一国投资的制度条件。

（4）基础设施。基础设施的优劣是评估东道国投资环境的重要方面（Ibrahim et al.，2019），尤其是运输基础设施状况。若一国基础设施太差，会显著制约投资项目的顺利进行，采用交通基础设施指数这个指标衡量各国基础设施好坏。

（二）数据来源

根据数据的全面性和可获取性，选择135个国家（地区）作为研究对象。数据年份为2018年，其中个别指标缺少最新年份数据，采用能获得的最新年份数据予以替代（表6-2）。

表6-2 指标选择和数据来源

层面	变量	指标	数据来源	年份
东道国引资需求	粮食供应情况	人均食物供应当量	FAO	2013
	农业生产力	农业工人人均增加值	世界银行	2018
	人均资本存量	人均GDP	世界银行	2018
	经济社会发展水平	人文发展指数	联合国开发计划署（UNDP）人类发展报告	2018
企业投资动机	农业资源	人均耕地面积	世界银行	2016
	市场	市场规模指数	全球竞争力报告	2018
	效率	劳动力市场效率指数	全球竞争力报告	2018
	技术	谷物单产	FAO	2018
东道国投资环境	经济稳定性	通货膨胀率	世界银行	2018
	政治和法制环境	世界银行治理指数均值	世界银行全球治理指数	2018
	制度条件	投资者保护力度指数	全球竞争力报告	2018
	基础设施	交通基础设施指数	全球竞争力报告	2018

（三）研究方法

采用主成分分析方法，分别评估各国的投资需求、投资环境和投资动机；采用Spearman相关分析方法，分析各变量的相关关系。

1. 主成分分析

主成分分析方法利用数据本身得到各个指标在综合评分中的权重，可以很好地体现综合评价的客观性和公允性，经常被用来进行综合评价。各指标对评价结果的影响方向不同，先利用极差标准化方法将逆向指标转化为正向指标，再开始进行主成分分析，步骤如下。

第一步，原始数据的标准化处理。为方便后续计算主成分得分，采用式（1）对评价指标进行标准化处理。

$$zx_{ij} = (x_{ij}^* - \overline{x}_j)/S_j \quad （1）$$

（1）式中，zx_{ij}代表第i样本中第j指标的原始数值在进行标准化处理之后的数值，x_{ij}^*为第i样本中第j指标原始数值，$\overline{x}_j$为第j指标原始数值的均值，S_j为第j指标原始数值的标准差。

第二步，确定主成分个数。对标准化后的数据进行主成分分析，当方差累计贡献率大于85%时，确定主成分个数p，方差累计贡献率采用式（2）确定。

$$\alpha = \sum_{i=1}^{p} \alpha_i / \sum_{i=1}^{m} \alpha_i \quad （2）$$

（2）式中，α为方差累计贡献率，p为主成分个数，m为指标总个数，α_i为第i指标的方差贡献率。

第三步，计算主成分得分。首先，利用式（3）确定主成分的特征向量。

$$e_{ij} = \frac{\alpha_{ij}}{\sqrt{\lambda_i}} \quad （3）$$

（3）式中，α_{ij}表示旋转前主成分载荷矩阵中第j指标在第i主成分的载荷系数，λ_i表示第i主成分的特征值，e_{ij}表示标准化正交向量所对应的值。由此得出各个主成分得分的表达式，如式（4）。

$$F_i = \sum_{j=1}^{m} e_{ij} zx_{ij} \quad （4）$$

（4）式中，F_i为第i主成分得分，e_{ij}表示标准化正交向量所对应的值，zx_{ij}代表第i样本中第j指标的原始数值在进行标准化处理之后的数值，m为指标个数。

第四步，计算各主成分权重。计算公式如式（5）所示。

$$\omega_i = \frac{\lambda_i}{\sum_{i=1}^{p} \lambda_i} \quad （5）$$

（5）式中，λ_i表示第i主成分的特征值，ω_i表示第i主成分的权重，p为主成分个数。

第五步，计算主成分综合得分。计算公式为式（6）。

$$F = \sum_{i=1}^{p} \omega_i F_i \quad （6）$$

（6）式中，F为综合得分，ω_i表示第i主成分的权重，F_i为第i主成分得分，p为主成分个数。

2. Spearman 相关分析

Spearman相关系数，又称秩相关系数，利用两变量的秩次大小作线性相关分析，对原始变量的分布不做要求，具有比其他相关分析适用范围更广、可以有效揭示变量之间相关关系等优势（Abidin et al.，2014）。在进行主成分分析之后，使用Spearman相关分析来获得投资需求得分、投资吸引力得分和投资环境得分之间的相关关系和规律特征，进而得出结果和启示。

第三节　实证分析结果

一、单维度特征

（一）引资需求

在引进外资需求方面，综合考察各国在保障粮食安全、促进农业和社会经济发展方面的需求，得出引进农业外资需求最旺盛的20个国家（表6-3）。

表6-3 引资需求排名与得分

排名	国家	得分	排名	国家	得分
1	乍得	1.92	11	马拉维	1.46
2	埃塞俄比亚	1.71	12	津巴布韦	1.44
3	利比里亚	1.66	13	卢旺达	1.43
4	马达加斯加	1.64	14	几内亚	1.33
5	莫桑比克	1.64	15	布基纳法索	1.28
6	也门	1.64	16	塞内加尔	1.28
7	塞拉利昂	1.56	17	斯威士兰	1.28
8	乌干达	1.55	18	冈比亚	1.27
9	赞比亚	1.53	19	东帝汶	1.25
10	坦桑尼亚	1.47	20	刚果	1.23

可以看出，最迫切需要引进农业投资的前20个国家几乎全部位于非洲，尤其是乍得、利比里亚、埃塞俄比亚、马达加斯加、莫桑比克等国家，引进农业投资的需求最为旺盛，这与当前非洲粮食不安全和营养不良状况密切相关。根据FAO发布的《2019年粮食安全和营养状况报告》，2018年食物不足人数增加到8.22亿人。非洲大多数地区的局势正在恶化，非洲国家迫切需要引进外国农业投资来提高农业技术水平，应对极端天气和气候变化影响，以缓解营养不良现状。

为整体考察各地区引进农业外资的需求，按照世界银行的地区分类标准（分为东亚与太平洋地区、欧洲与中亚地区、拉丁美洲与加勒比海地区、中东与北非地区、北美地区、南亚地区、撒哈拉以南非洲地区），进一步将135个国家引资需求度得分按地区分类加总并取均值，得出地区平均引资需求情况（图6-1）。

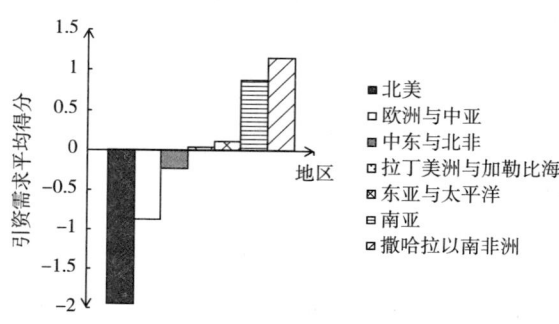

图6-1 各地区引资需求平均得分

从图6-1可以看出，引进农业外资需求与各地区的发展状况密切相关。撒哈拉以南非洲、南亚、拉丁美洲等发展中国家和地区人均资本量偏低，经济发展水平不足以支撑其扩大国内农业投资以及大规模对外投资。这些地区的国家希望能够通过引进外资扩大农业生产，促进农业技术转移，其引进农业外资的需求明显高于其他地区。欧洲与中亚、北美农业发展情况良好，国家粮食安全有保障，引进农业外资的需求偏低。

（二）投资环境

在投资环境方面，综合考虑各国经济、政治、社会和法制环境，投资环境最优的前20个国家与投资环境最差的后20个国家的得分同样存在较大差距（表6-4、表6-5）。

表6-4　投资环境最优越的国家排名与得分

排名	国家	得分	排名	国家	得分
1	新西兰	1.78	11	爱尔兰	1.34
2	加拿大	1.70	12	美国	1.33
3	英国	1.60	13	瑞士	1.28
4	丹麦	1.57	14	挪威	1.26
5	瑞典	1.47	15	西班牙	1.23
6	日本	1.45	16	芬兰	1.23
7	马来西亚	1.44	17	奥地利	1.21
8	荷兰	1.42	18	澳大利亚	1.15
9	法国	1.39	19	阿拉伯联合酋长国	1.12
10	德国	1.34	20	斯洛文尼亚	1.00

表6-5　投资环境最差的国家排名与得分

排名	国家	得分	排名	国家	得分
1	也门	-4.04	11	阿尔及利亚	-1.07
2	委内瑞拉	-3.73	12	塞拉利昂	-1.02
3	刚果	-2.44	13	马拉维	-1.00
4	津巴布韦	-2.19	14	加蓬	-0.99
5	阿根廷	-2.17	15	乌克兰	-0.96

(续表)

排名	国家	得分	排名	国家	得分
6	苏里南	-1.54	16	黎巴嫩	-0.89
7	埃及	-1.44	17	马达加斯加	-0.85
8	埃塞俄比亚	-1.42	18	尼日利亚	-0.78
9	伊朗	-1.30	19	喀麦隆	-0.73
10	乍得	-1.23	20	老挝	-0.72

总体而言，发达国家的投资环境明显好于发展中国家。投资环境最佳的前20个国家集中在欧洲地区（如英国、丹麦、瑞典等）以及北美地区（如加拿大和美国）。东亚和太平洋地区的一些发达国家也有良好的投资环境，如日本、新西兰、澳大利亚。投资环境最糟糕的国家集中在拉丁美洲（如委内瑞拉、阿根廷、苏里南）以及中东和北非（如也门、埃及、伊朗）。这表明，发达国家的政治和宏观经济环境稳定，政策透明，法律制度和基础设施健全，在该地区投资的法律风险较小，这有利于企业在长期获得稳定的投资回报。

按地区对135个国家进行分类，得到平均投资环境得分（图6-2）。无论是在国家还是地区层面，结论基本相同，即发达国家和地区的投资环境较好。北美和欧洲的投资环境得分远高于其他地区，撒哈拉以南非洲、拉丁美洲以及中东和北非的治理和基础设施薄弱，发展滞后，环境因素更加不稳定。例如，由于历史原因、文化差异和内部矛盾，中东地区长期处于战争状态（Burkle et al., 2017），企业在该地区投资，面临较大的风险挑战。

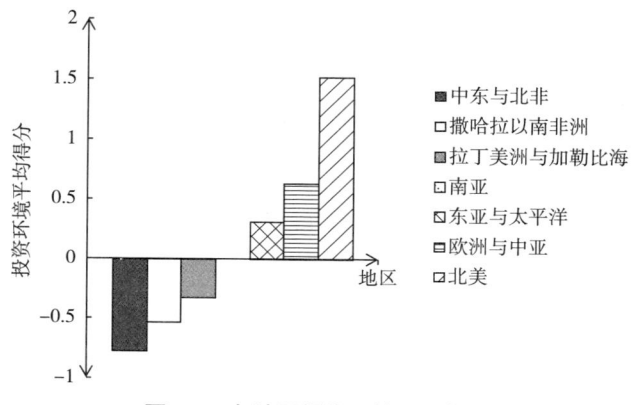

图6-2　各地区投资环境平均得分

（三）投资吸引力

能够满足企业投资动机的国家和地区通常具备农业资源、人力成本、市场和技术等方面的吸引力。同样地，最具吸引力的国家与缺少投资吸引力的国家的评价得分存在较大差距（表6-6、表6-7）。

表6-6 最具投资吸引力的国家排名与得分

排名	国家	得分	排名	国家	得分
1	加拿大	2.27	11	俄罗斯	1.02
2	澳大利亚	2.24	12	荷兰	0.94
3	美国	2.13	13	爱沙尼亚	0.82
4	阿拉伯联合酋长国	1.81	14	中国	0.74
5	哈萨克斯坦	1.76	15	日本	0.73
6	瑞士	1.49	16	挪威	0.71
7	英国	1.31	17	瑞典	0.71
8	新西兰	1.15	18	芬兰	0.68
9	丹麦	1.13	19	爱尔兰	0.67
10	德国	1.05	20	阿塞拜疆	0.63

表6-7 缺少投资吸引力的国家排名与得分

排名	国家	得分	排名	国家	得分
1	也门	-1.42	11	塞拉利昂	-0.77
2	委内瑞拉	-1.29	12	莱索托	-0.77
3	毛里塔尼亚	-1.16	13	阿尔及利亚	-0.75
4	佛得角	-1.09	14	苏里南	-0.71
5	突尼斯	-0.98	15	津巴布韦	-0.68
6	萨尔瓦多	-0.90	16	埃及	-0.66
7	洪都拉斯	-0.90	17	多米尼加共和国	-0.66

（续表）

排名	国家	得分	排名	国家	得分
8	斯里兰卡	-0.85	18	黎巴嫩	-0.65
9	厄瓜多尔	-0.80	19	利比里亚	-0.64
10	圭亚那	-0.79	20	伊朗	-0.63

整体来看，发达国家明显更具有投资吸引力。投资吸引力最强的前20个国家主要集中在欧洲（如瑞士、俄罗斯、英国等）以及北美地区（如加拿大和美国）。少数东亚与太平洋地区的发达国家（如新西兰和澳大利亚）也具有投资吸引力。缺少投资吸引力的国家集中在拉丁美洲（如委内瑞拉、洪都拉斯、萨尔瓦多等）、中东与北非地区（如也门、突尼斯）、撒哈拉以南非洲（如毛里塔尼亚、佛得角、塞拉利昂等）。可以看出，发达国家更具有土地资源和技术优势，同时经济发展水平较高，市场规模较大，劳动力市场效率较高，能够满足企业的主要投资动机，对于追求利润最大化的企业来说具有较强的吸引力。

从分地区评价结果来看（图6-3），与投资环境的结论相似，不管是从国家层面还是地区层面看，发达国家和地区更具备投资吸引力。北美地区投资吸引力得分远高于其他地区，欧洲与中亚、东亚与太平洋地区的投资吸引力平均得分也大于0。撒哈拉以南非洲、中东与北非地区、拉丁美洲以及南亚地区市场发育尚不充分，农业技术水平、农业单产较低，导致企业的投入成本较高，区位优势不明显，加大了吸引企业投资的难度。

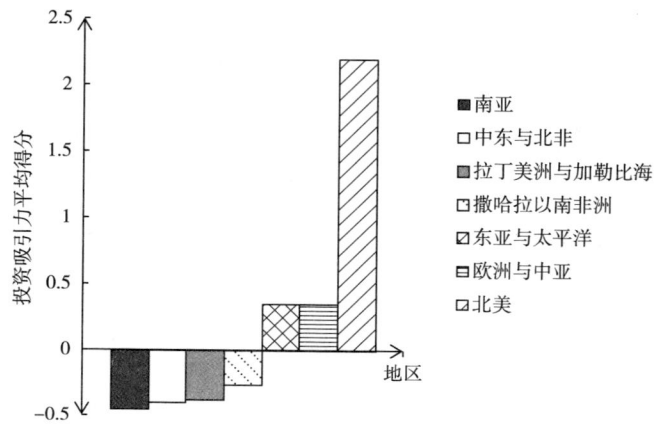

图6-3　各地区投资吸引力平均得分

二、相关分析

（一）引资需求与投资环境

根据Spearman相关分析的结果，引资需求度与投资环境在0.01的显著性水平下负相关（双尾），相关系数为-0.687。如图6-4所示，从地区层面看，投资需求得分大于0的国家和地区集中在撒哈拉以南的非洲、南亚以及拉丁美洲，投资环境得分大于0的国家集中在北美、欧洲与中亚地区以及东亚与太平洋地区。从国家层面来看（表6-3、表6-4、表6-5），在迫切需要引进农业投资的前20个国家中，投资环境差的国家有8个，包括乍得、刚果、埃塞俄比亚、马达加斯加、马拉维、塞拉利昂、也门和赞比亚；与投资环境最好的前20个国家完全没有交叉，因此，引进农业外资需求旺盛的国家，其投资环境整体较差。综上所得，从投资需求和投资环境来看，发展中国家通常具备较高的投资需求，但对应较差的投资环境。

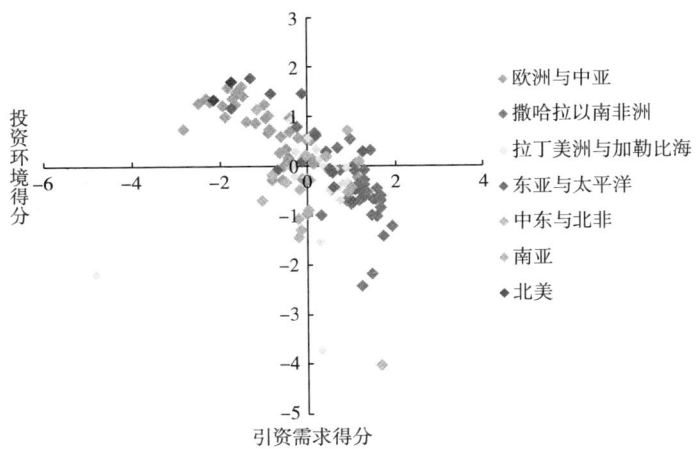

图6-4 引资需求与投资环境的关系（见文后彩图）

（二）引资需求与投资吸引力

根据Spearman相关分析的结果，引资需求度与投资吸引力在0.01的显著性水平下负相关（双尾），相关系数为-0.515。如图6-5所示，从地区层面看，投资需求得分大于0的国家和地区集中在撒哈拉以南的非洲、南亚以及拉丁美洲，投资吸引力得分大于0的国家集中在北美、欧洲与中亚地区以及东亚与太平洋地区。从国家层面来看（表6-3、表6-6、表6-7），在迫切需要引进农业投资的前20个国家中，塞拉利昂、也门、津巴布韦和利比里亚难以满足企业在资源、市场、劳动力、技术等方面的投资动机。这20个国家与投资环境最好的前20个国家完全没有交叉，可见发展中国家具有较高的投资需求，但对应较弱的投资吸引力。

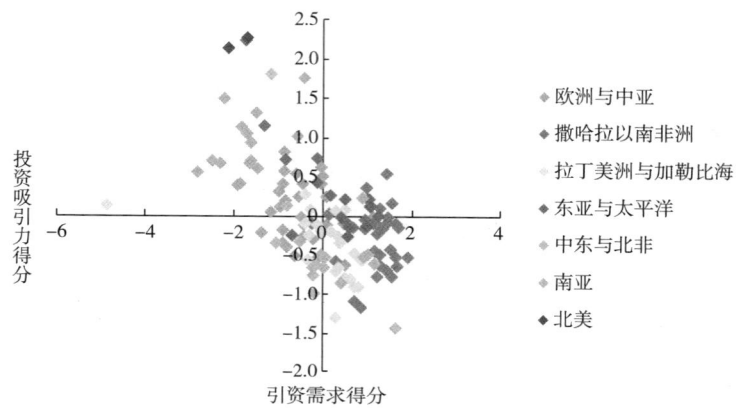

图6-5 引资需求与投资吸引力的关系（见文后彩图）

（三）投资环境与投资吸引力

根据Spearman相关分析的结果，投资环境与投资吸引力在0.01的显著性水平下正相关（双尾），相关系数为0.631。如图6-6所示，从地区层面看，投资环境得分和投资吸引力得分均大于0的国家集中在北美、欧洲与中亚，以及东亚与太平洋地区，其中北美地区拥有相对更好的投资环境与投资吸引力。从国家层面来看（表6-4、表6-6），在投资环境最好的前20个国家中，同时具备投资吸引力的国家有15个，包括澳大利亚、加拿大、丹麦、芬兰、德国、爱尔兰、日本、荷兰、新西兰、挪威、瑞典、瑞士、阿拉伯联合酋长国、英国和美国；在投资环境最差的前20个国家中，不具备投资吸引力的国家有9个，包括阿尔及利亚、埃及、伊朗、黎巴嫩、塞拉利昂、苏里南、委内瑞拉、也门和津巴布韦。因此，不具备投资吸引力的地区，投资环境一般也较差。这表明发展中国家的投资环境相对较差，投资吸引力相对较弱。

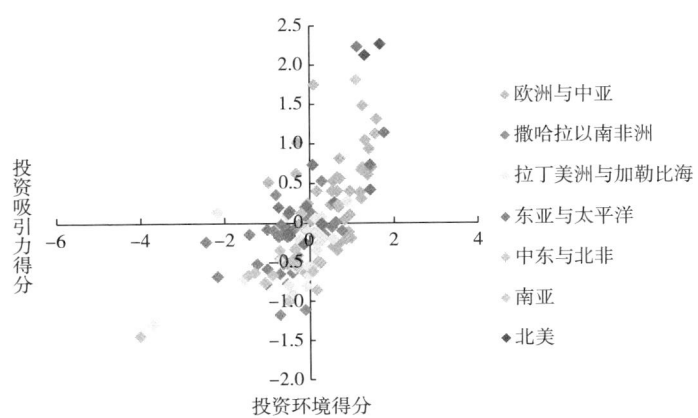

图6-6 投资环境与投资吸引力的关系（见文后彩图）

三、政策启示

综上看来，发展中国家通过吸收外商农业投资来促进粮食安全的理想与现实存在差距。从愿景理想来看，发展中国家具备旺盛的引资需求，致力于通过引进外资来促进农业增长、就业和改善农业技术水平，这为投资者创造了"拉力"。从现实情况来看，虽然发展中国家吸收的外商农业投资规模有所增加（Bagherzadeh，2012；Yusuffff et al.，2015；Wable et al.，2018），其在市场、技术等方面的劣势仍不能满足投资者的需求，加之其不良的政治、经济、法制环境等"中间环境障碍"，导致投资者的投资动机形成的"推力"出现偏差，阻碍了外国农业投资的流入（Akande et al.，2013）（图6-7）。

发展中国家有大量的土地处于未开发或者开发不足的状态（Voget-Kleschin et al.，2013），对于资源寻求型的企业仍具有较强的吸引力。这种以土地资源为导向的农业投资面临较高的风险（Hofman et al.，2012），还可能带来小农边缘化、环境污染、打破当地劳动市场结构、与当地企业的恶性竞争等问题（Naylor，2011；Rulli et al.，2013；Chen et al.，2017），是国际社会对农业投资的主要关切所在（Chen et al.，2017；Jiang et al.，2019）。对于迫切需要引进农业投资的发展中国家来说，改善投资环境、加强自身能力建设对于提高对投资者的吸引力至关重要。《联合国2030年议程》鼓励多利益相关者合作，促进知识、经验、技术和资金的共享，以推动所有国家，特别是发展中国家实现可持续发展目标。因此，发展中国家有必要通过改善投资环境、加强能力建设来调和自身的引资需求与投资者的投资目标。

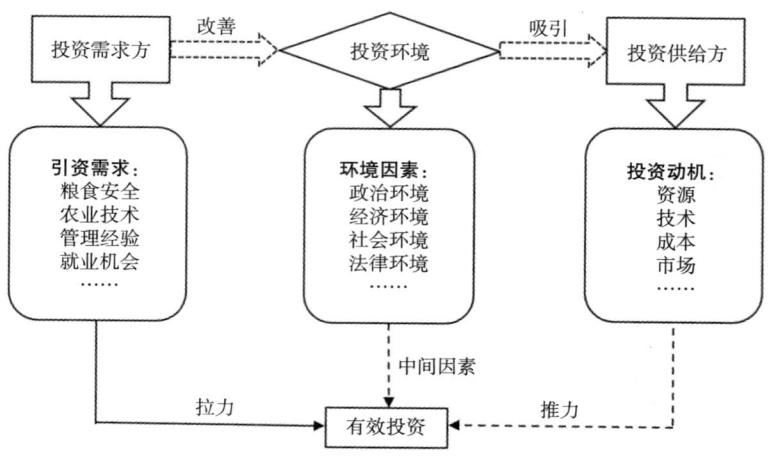

图6-7　发展中国家引进外商农业投资现状

从长远来看，发展中国家有必要通过改善投资环境和加强能力建设，使引资需求与投资者的投资目标相协调。首先，东道国政府引导投资至关重要。东道国需要制定一个整体的政策框架，使外商农业投资与国家农业发展战略相符合，使外商农业投资能够流向有助于东道国粮食安全与减贫的重点领域。其次，东道国需要改善管制水平，增强政策的透明性，完善法律法规，制定与跨国企业进行开放式对话的多利益主体参与机制。再次，建立统一开放、竞争有序的市场体系，使资源得到合理配置，提高对外开放程度，提供有关投资需求的相关信息，尽量避免东道国与投资者之间的信息不对称。最后，东道国政府应主动采取措施提高国际分工地位，通过建立完善农田水利、交通、通讯、能源等基础设施，给予一定的政策优惠等措施来吸引外资和跨国公司落地，并加强技术交流、鼓励人才培养、促进科技研发以提升区域竞争力，增加东道国的投资吸引力。

从短期来看，外商农业投资国际规则的制定应更具包容性。由于发展中国家的投资环境通常较差，其对投资者的吸引力主要来源于土地资源，土地资源投资如果引导不当，可能会导致小农边缘化，引起与当地企业的恶性竞争；若得到合理引导，既可以解决发展中国家粮食安全最为关键的资金瓶颈，也可以带来技术、管理、组织等方面的优势，推动解决发展中国家农业长期面临的产能不足、基础设施和农业技术落后等发展瓶颈问题。国际社会对于企业在发展中国家的农业投资，需要更加包容开放的态度，需要加强治理与合作。

在发展中国家投资环境较差的现实条件下，更重要的是如何发挥农业投资的正外部性，提高投资效率。一方面，需要东道国政府引导投资，重点是加强土地管理和制度建设，并增加公共投资以提高小农生产力。另一方面，企业应尽量避免大规模的土地占用，优先考虑更具包容性的投资模式，如价值链主要环节的合资、合同农业、技术合作等，充分考虑当地的劳动力、社会现状和环境标准，更加关注生产的粮食和利润的分配。通过各方共同努力，促成可持续的农业对外投资，最终实现双赢结果，使外国农业投资真正有益于东道国的粮食安全和社会生计。

参考文献

AKANDE O R，BIAM C K，2013. Causal relations between foreign direct investment in agriculture and agricultural output in Nigeria [J]. African Journal of Agricultural Research，8（17）：1693–1699.

BAGHERZADEH A，2012. The analysis of the effects of domestic and foreign investment in R&D on agricultural TFP in Iran [J]. International Journal of Agricultural Management and Development，2（2）：91–101.

BANERJEE R，NAG R N，2011. Globalization，labour market segmentation，unemployment and wage inequality：A theoretical analysis [J]. Journal of Economic Integration，26（3）：578–599.

BARRETT C B，PALM C，2016. Meeting the global food security challenge：obstacles and opportunities ahead [J]. Global Food Security，11：1–4.

BURCHI F，DE M P，2016. From food availability to nutritional capabilities：advancing food security analysis [J]. Food Policy，60：10–19.

BURKLE F M，ERICKSON T B，VON SCHREEB J，et al.，2017. A declaration to the UN on wars in the Middle East [J]. Lancet，389：699–700.

CANTWELL J，1989. Technological innovation and multinational corporations [M]. Cambridge：B. Blackwell.

CARRIL-CACCIA F，MILGRAM-BALEIX J，PANIAGUA J，2019. Foreign direct investment in oil-abundant countries：the role of institutions [J]. Plos One，14（4）：e20215650.

CHEN Y, LI X, WANG L, et al., 2017. Is China different from other investors in global land acquisition: some observations from existing deals in China's Going Global Strategy [J]. Land Use Policy, 60: 362–372.

CHENG X H, JO Y, KIM J, 2020. Heterogeneous impact of supplemental nutrition sssistance program benefit changes on food security by local prices [J]. American Journal of Preventive Medicine, 58（3）: e97–e103.

CLAPP J, 2017. Food self-sufficiency: making sense of it, and when it makes sense [J]. Food Policy, 66: 88–96.

COTULA L, VERMEULEN S, LEONARD R, et al., 2009. Land grab or development opportunity: agricultural investment and international land deals in Africa [R]. London: IIED.

DRIES L, SWINNEN J F M, 2004. Foreign direct investment, vertical integration, and local suppliers: evidence from the polish dairy sector [J]. World Developmnent, 32（9）: 1525–1544.

DUNNING J H, 2009. Location and the multinational enterprise: a neglected factor? [J] Journal of International Business Studies, 40（1）: 35–62.

FAN S, BRZESKA J, 2014. Feeding more people on an increasingly fragile planet: China's food and nutrition security in a national and global context [J]. Journal of Integrative Agriculture, 13（6）: 1193–1205.

FAO, 2020. The food security and nutrition in the world: safeguarding against economic slowdowns slowdowns and and downturns 2019 [R]. 2020-03-13. http://120. 221. 32. 86: 6510/www. fao. org/3/ca5162en/ca5162en. pdf.

GONZALEZ R B, 2015. Impacts of climate change on crop production in Bolivia and Peru: a systematic review of evidence [J]. Outlook on Agriculture, 44（2）: 143–149.

GUNASEKERA D, CAI Y, NEWTH D, 2015. Effects of foreign direct investment in African agriculture [J]. China Agricultural Economic Review, 7（2）: 167–184.

HALL R, 2012. The next Great Trek: south African commercial farmers move north [J]. Journal of Peasant Studies, 39（3-4）: 823–843.

HALLAM D, 2009. Foreign investment in developing country agriculture: issues, policy implications and international response. Beyond the crisis: international investment for a stronger, cleaner, fairer global economy [R]. 2009-12-(7-8).

HERTEL T W, BALDOS U L C, 2016. Attaining food and environmental security in an era of globalization [J]. Global Environmental Change, 41: 195–205.

HOFMAN I, HO P, 2012. China's developmental outsourcing: a critical examination of Chinese global 'land grabs' discourse [J]. Journal of Peasant Studies, 39(1): 1–48.

HYMER S H, 1960. The international operations of national firms: a studies of direct foreign investment [M]. Cambridge: MIT Press.

IBRAHIM M, ADAM I O, SARE Y A, 2019. Networking for foreign direct investment in Africa: how important are ICT environment and financial sector development? [J] Journal of Economic Integration, 34(2): 346–369.

ISLAM M M, ALMAMUN M A, 2020. Beyond the risks to food availability—Linking climatic hazard vulnerability with the food access of delta-dwelling households [J]. Food Security, 12(1): 37–58.

JARRETT H, DRAGAN M, SALEEM S, 2015. The impact of trade openness on technical efficiency in the agricultural sector of the European Union [J]. Applied Economics, 47(12): 1230–1247.

JIANG X, CHEN Y, WANG L, 2019. Can China's agricultural FDI in developing countries achieve a win-win goal: enlightenment from the literature [J]. Sustainability, 11(1): 41.

JOVANOVIC R J, 2008. The importance of foreign direct investments and their effect on agriculture and food industry in Serbia [J]. Acta Agriculturae Serbica, 13(25): 55–68.

KAARHUS R, 2018. Land, investments and public-private partnerships: what happened to the Beira Agricultural Growth Corridor in Mozambique? [J] Journal of Modern African Studies, 56(1): 87–112.

KHOURI N, SHIDEED K, KHERALLAH M, 2011. Food security: perspectives from the arab world [J]. Food Security, 3: s1–s6.

KNICHERBOCKER F T, 1973. Oligopolistic reaction and the multinational enterprise [M]. Cambridge: Harvard University Press.

KOJIMA K, 1978. Direct foreign investment: a Japanese model of multinational business operations [M]. London: Croom Helm.

LAMPIETTI J A, MICHAELS S, MAGNAN N, et al., 2011. A strategic framework for improving food security in Arab countries [J]. Food Security, 3: 7–22.

LE N H, DUY L V Q, NGOC B H, 2019. Effects of foreign direct investment and human capital on labour productivity: evidence from Vietnam [J]. Journal of Asian Finance Economics and Business, 6(3): 123–130.

LOUIS T W, 1983. Third world multinationals: The rise of foreign investment from developing countries [M]. Cambridge: MIT Press.

LU X H, LI Y, KE S G, 2020. Spatial distribution pattern and its optimization strategy of China's overseas farmland investments [J]. Land Use Policy, 91: 104355.

MAHBUB T, JONGWANICH J, 2019. Determinants of foreign direct investment (FDI) in the power sector: a case study of Bangladesh [J]. Energy Strategy Reviews, 24: 178–192.

MOGHADAM A T, MAZLAN N S, CHIN L, et al., 2019. Mergers and acquisitions and greenfield foreign direct investment in selected ASEAN Countries [J]. Journal of Economic Integration, 34(4): 746–765.

MOREA D, BALZARINI M, 2018. Financial sustainability of a public-private partnership for an agricultural development project in Sub-Saharan Africa [J]. Agricultural Economics, 64(9): 389–398.

MOREA D, BALZARINI M, 2019. Bankability of a public private partnership in agricultural sector: a project in sub Saharan Africa [J]. Agricultural Economics, 65(5): 212–222.

NAYLOR R, 2011. Expanding the boundaries of agricultural development [J]. Food Security, 3(2): 233–251.

PEREZ-ESCAMILLA R, SHAMAH-LEVY T, CANDEL J, 2017. Food security governance in Latin America: principles and the way forward [J]. Global Food Security, 14: 68–72.

RUGMAN A M, 1987. Inside the multinationals [M]. London: Croom Helm.

RULLI M C, SAVIORI A, D'ODORICO P, 2013. Global land and water grabbing [J]. Proceedings of the National Academy of Sciences of the United States of America, 110（3）: 892-897.

SCHONEVELD G C, 2014. The geographic and sectoral patterns of large-scale farmland investments in sub-Saharan Africa [J]. Food Policy, 48: 34-50.

SCOONES I, AMANOR K, FAVARETO A, et al., 2016. A new politics of development cooperation: chinese and Brazilian engagements in African agriculture [J]. World Developmnent, 81: 1-12.

SORIANO B, GARRIDO A, 2016. How important is economic growth for reducing undernourishment in developing countries [J]. Food Policy, 63: 87-101.

THORNTON P, DINESH D, CRAMER L, et al., 2018. Agriculture in a changing climate: keeping our cool in the face of the hothouse [J]. Outlook on Agriculture, 47（4）: 283-290.

VERNON R, 1966. International investment and international trade in the product cycle [J]. Quarterly Journal of Economic Activity, 80: 190-207.

VOGET-KLESCHIN L, OTT K, 2013. Introduction to the special issue of the journal of agricultural and environmental ethics on ethical aspects of large-scale land acquisition in developing countries [J]. Journal of Agricultural & Environmental Ethics, 26（6）: 1059-1064.

WABLE N B, NIMBARKAR G G, KUDALE M B, 2018. Foreign direct investment in Indian agricultural sector for agribusiness growth [J]. Trends in Biosciences, 11（13）: 2374-2376.

WILLIAMS T O, 2015. Reconciling food and water security objectives of MENA and sub-Saharan Africa: is there a role for large-scale agricultural investments [J]. Food Security, 7（6）: 1199-1209.

World Bank, 2019. World development report 2008: agriculture for development [R]. 2019-07-02. https://elibrary. worldbank. org/doi/pdf/10. 1596/978-0-8213-7297-5.

YUSUFF M A, AFOLAYAN O T, ADAMU A M, 2015. Analysis of foreign direct investment on agricultural sector and its contribution to GDP in Nigeria[J]. Journal of Emerging Trends in Economics and Management Sciences, 6（2）: 94-100.

第七章　全球农业技术转移模式与实施效果

第一节　全球农业技术转移模式现状

技术转移是技术发展与扩散过程中最具挑战性和关键性的环节。农业技术转移回应了农业竞争发展以及农业经济增长对农业科学知识和技术应用的根本性需求。根据联合国《国际技术转移行动守则草案》对技术转移的定义以及国内对技术转移的认识，可把农业技术转移定义为：农业科学技术和服务向农业生产、农产品加工制造应用的转移，包括系统的知识、信息、技术及相关的操作程序、组织结构等物化知识在组织间的转移；转移过程一般历经农业技术创新、示范和推广3个阶段；转移行为可能发生在国家间、地区间、行业间，或者发生在农业科学技术系统内部的输出与输入过程中。

农业发展阶段不同，对农业技术转移的需求程度不同，农业技术转移的目的和采用的农业转移模式也有所差别。根据转移的农业技术类别（如可直接应用于农业生产中的技术，需转化为适用性实用技术才能应用于农业生产的技术）、农业技术转移的参与主体、使用平台、转移方式、渠道、转移发生的空间范围、组织动员和制度安排上的不同，不同的农业技术转移模式特点不同。

总体看，农业技术转移具有公益属性。为了调节研发与应用间的关系，缩短从研发到应用的时间，提高农业科技成果的利用效率，降低农业经营主体使用农业技术的成本，促进农业更快更好发展，各国政府普遍对农业技术转移予以财政投入支持。大学、科研机构、企业、基金会、农民协会等是主要的农业技术供给方，企业、家庭农场、农民合作组织、农户等为农业技术需求方，各级政府部门、农业技术试验站、示范园区等作为农业技术转移的中介组织,通过以无偿或有偿2种方式开展农业技术转移。

一、主要的农业技术转移方式

世界各国主要采取市场化和非市场化2类方式开展农业技术转移。

1. 市场化方式

通过市场渠道开展农业技术转移的具体形式有直接投资、农业技术转让或引进、专利和技术特许、农业技术(服务)贸易、合作研发协议授权、合同承包等。

直接投资是农业技术转移的主要形式,也会伴随农产品国际贸易而发生,一般采用支付专利使用费和特许使用金的方式进行农业技术转移的直接投资。

农业技术转让或引进是指农业技术输出方向输入方出售农业技术。一般情况下,被出售的农业技术是已经成熟、不进行商业化可能会过时的技术。在本国农业技术市场上使用价值和经济价值不高的农业技术会在国家之间转移。

专利和技术许可也是一种常用的农业技术转移方式,通常包括商业评估许可、内部商业化使用许可、生物材料许可、非独占性专利许可和独占性专利许可等。一般接受方和受让方签订许可协议,规定在特定的条件下允许对方对其拥有的农业技术享有使用权、产品的制造权和销售权。

农业技术(服务)贸易一般通过贸易渠道开展,也是农业技术水平较低国家获得先进农业技术的捷径,同时也受到农业技术水平较高国家的青睐。

合作研发协议授权是一类重要的技术转移协议形式,政府所有的试验室、研究中心,政府资助但是非政府所有的研发中心,都可签订这类技术转移协议,约定双方根据各自优势合理分工、共同设计、研发或生产某种(技术)产品。合作的方式主要有:①开展技术入股,在投入技术产生效益后享有技术分红;②建立合资企业,一方通过许可贸易提供领先的农业技术信息,当地的合作方提供销售网络、劳动力、市场信息、管理技术、品牌宣传等其他优势条件。

合同承包是指在政府采购过程中政府与承包商签订书面合同,约定承包商为政府提供所需的产品和服务。

2. 非市场化方式

通过非市场渠道开展农业技术转移的具体形式有:农业技术培训、农业技术交流、农业技术合作、农业技术馈赠和农业技术援助等。但是，无偿的农业技术转移也存在金钱以外的利益交换。

农业技术援助的主要方式包括农业技术人员培训、技术交流与咨询、管理咨询服务、农业技术合作、农业技术馈赠和建立农业技术综合示范平台等。例如，中国通过"中国—几内亚比绍农业技术合作项目（ATCP）"，向几内亚比绍农民传授农业机械使用技巧，通过品种改良培育适合当地的水稻品种，帮助提高几内亚比绍的农业生产能力、粮食安全水平以及妇女地位等。再如，中国与多米尼克签署农业技术援助协定，在多米尼克建立"中国—多米尼克现代农业中心"，为多米尼克提供现代农业技术创新、示范、试验、研究和培训于一体的综合平台；并在此基础上，开展两国农业科研综合楼建设、农业基础设施建设、蔬菜育苗和生产技术引进、农业实用技术培训、观光农业项目建设、农业疫病防治和灾害救助、推动实施当地"香蕉产业恢复计划"等工作（联合国开发计划署，2018），帮助当地有效提高农业生产效率和收入水平，推动当地农业可持续发展，产生了良好的社会效益（哈罗德·古斯特，2018）。

二、农业技术转移的一般机制

各国普遍构建并逐步完善农业技术转移制度、体制和运行机制，以保障农业技术转移规范、有序、有效。

1. 构建和完善农业技术转移制度体系

农业技术转移制度建设的着力点一般放在培育各类农业技术转移主体、建设农业技术转移中介平台、规定政府对农业技术转移的资助力度和范围、规范农业技术转移的模式和流程、保护知识产权、推动农业技术教育与培训等方面，通过出台相关方面的配套法律、法规与政策措施，构建农业技术转移支持制度体系，营造良好的条件与环境，促进农业技术成果转移进入市场。

2. 配置和优化调整农业技术转移体制

农业技术转移体制安排的重点是建立和改进农业技术转移的组织机构，明确各组织机构的职责、任务和权利以及各单位之间的层级关系、协作关系。一般情况下，国家和地方政府会成立专门的农业技术合作、转移和推广服务部门，负责农业技术研发、合作、教育和成果转化、推广宏观行动计划与协调工作；同时，还会设立相对独立的农业技术转移监督管理部门。政府投资的农业科技试验室、农业科技（转移或信息）中心、农业科技示范基地等也直接或间接对政府农业技术转移管理部门负责。这些机构不仅从事农业技术研发、应用、交流与合作，还提供农业技术专利、成果和相关信息，为农业技术转移中介机构提供信息查询服务、技术咨询服务，促进农业技术成果、信息和服务转移进入市场，用于农业生产实际，并从农业技术转移转化中获取收益，用以维持运营。农业技术转移体制的安排不是一成不变的，会根据国家农业科技战略规划思路、目标的变化进行相应的调整。

3. 形成和改进农业技术转移运行机制

农业技术转移的运行以农业技术转移制度体系和体制安排为基础，又根据实践效果进行改革调整，此变化情况较为复杂。其运行机制包括农业技术的供求机制、价格机制、竞争机制、创新机制、风险机制，农业技术转移的投入机制、收益分配机制、激励机制、制约机制和保障机制等内容，目的是解决好政府与市场、指导与服务、监督与服务之间的关系。由于各国发展经济的指导思想不同、政治体制不同、科技战略不同、农业发展水平和重点不同，所采用的农业技术转移运行机制亦"和而不同"，既有一定的规律性，又有明显的差异性。

三、前沿发现与观点

在经济发展程度不同的国家或地区，适用的农业技术转移模式和运行机制有明显差别。

1. 发达国家农业技术转移的发展

在发达国家，如美国，其农业技术转移制度安排和组织机构建设早在19世纪中期便开始发生，至今已有超过150年的发展历史；当时，农业承载着大部分美国人的生计，但是农业从业人员及其家庭的农业技术水平不高，接受农业技术教育的渠道也很少，提高农业科技对农业发展的支撑力得到了政府的重视。在19世纪60年代美国农业开始步入现代化进程之际，美国国会先后通过赠地大学法案、孵化试验站法案，建立起由美国农业部提供经费支持、赠地大学提供人力和技术支持的农业试验站体系，用于示范农业技术成果。1914年美国处于大规模城市化阶段，农业人口减少，耕地增加，需要进一步发展农业规模经营，导致农业技术需求同步增加。在此背景下，美国出台了"合作农业推广法"，成立合作农业推广服务局，组织协调各级政府之间开展农业技术合作推广工作，保障政府支持开发的农业技术成果向农民应用层面扩散。

政府投入一直是农业技术转移推广的重要资金来源。第二次世界大战期间，受战争影响，美国的农业科技投入占比水平降低。第二次世界大战后，世界经济恢复并迅速发展，美国GDP在世界经济中的占比震荡下滑。面对崛起的日本和欧洲等国的强势竞争，美国感到其技术优势受到威胁，因此，再次采取措施着力提高本国科技水平，加强政府对经济的干预。20世纪80年代，美国针对农业科技投入水平低、农业技术转化率低等问题，全面、系统地加强了农业技术转移的制度、体制、机制建设，重点培育各类农业技术转移主体，建设农业技术转移中介平台，加大政府对农业技术研发与推广的资助力度和范围，规范农业技术合作与转移的模式和流程，促进政府资助的农业科技成果转移进入市场；同时，调整农业技术转移相关组织机构，"管理、协调、监督"三管齐下，加强对农业科技研发、推广的规划管理，配合农业技术转移制度的落实，以支持农业技术转移。在制度建设上，美国于1980年出台技术创新法案、大学与小企业专利法案，于1982年出台企业创新发展法案，于1984年出台国家合作研究法案，于1986年出台联邦技术转移法案，于1989年出台国家竞争力及技术转移法案；在体制改革上，突出政府对农业科技与教育的重视，1980年开始专门成立"农业合作推广局"，作为美国农业部的二级单位，由美国农业部直接领导，并成立首席科学家办公室，协调政府支持的农业试验站体系与农业技术市场间的工作。

20世纪90年代，美国设立国家战略重点研发项目，配套相应的系列政策，以促进高新技术产业发展，生物科学等涉农基础研究也包含在内。1994年，美国农业部职能再次调整，增加了自然资源保护、食物营养与消费、灾害救助、风险管理、信息收集和分析等职能，强化了农业部的"统筹协调"功能，使农业科技研发、推广的规划计划与资源配置更方便有效。

机构设置也随之变化，设置了促进业务单位协调联系的机构和职位，如内部事务申诉办公室、小企业办公室、首席经济学家、总检察长、法律总顾问等。政府对市场的干预方式也更加直接，包括立法允许政府资助企业，与企业联合研发，以缩短农业技术（产品或服务）的研发周期，降低研发成本，分担研发风险，推动资本、人力资源等要素投入到农业科技研发与应用领域。生物技术在育种、繁殖、动物健康等领域的应用就是美国政府支持农业科技发展的成功案例，满足了美国农业现代化的技术需求，提高了美国农业的竞争力，还形成了新行业，为美国农业发展增添了新的经济增长点。

进入21世纪，农业成为美国第二大最具生产效率的产业，农业现代化水平世界领先，智慧农业等技术在精准农业战略中发挥了重要作用。2008年金融危机之后，美国农民家庭收入仍能保持5%的增长速度，农业技术创新与成果转移功不可没。同时，美国农业技术转移也出现了新情况，面临新挑战，如客户类型和需求增多、技术转移项目和服务增多、非政府的推广机构增多，为此，政府管理机构也再次重组，以适应这些新变化。2008年美国农业部成立国家食品和农业研究所，替代1994年农业部成立的合作研究、教育、推广机构，负责农业推广的协调工作。

从上述案例可以看出，农业技术转移过程是公共资源私有化的过程，核心使命是通过促进分享农业技术成果创新增加社会财富，这需要在创新、市场和政府间找到平衡点，使三者相辅相成，共同促进提高科技推动发展的实效。美国的农业技术转移强调的是农业技术在供需双方间转移的合法性、便利性和积极性，注重制度建设、体制安排上的协同以及机制运行上的规范性，并通过不断探索实行新手段、新措施，使制度可操作、能落实、有效果，在推动农业现代化及提高农业生产率与竞争力上发挥了至关重要的作用。

2. 发展中国家农业技术转移的发展

许多发展中国家在过去几十年的发展中，实现了贸易和投资自由化，消除了进口壁垒，对外放松对农业技术转移的管制，允许引进新的国外农业技术，对内消除农业技术转移的制度障碍，促进对私人和公共农业技术转移的投入，允许农业技术的私人转让，促进了农业产量和收入的提高，使农民和消费者获得了更高水平的福利（Gisselquist et al.，2002；Gisselquist et al.，2000）。但多数发展中国家仍是通过政府机构控制的单一渠道强制性开展农业技术转移与推广，如政府建立研究机构或中心，以开发、改进有助于农业发展的技术，农业技术研究、开发、传播和利用的整个过程需要经过审查。采取这一做法的重要原因之一是政府希望确保官方对农业技术转移及其效果的管理和控制（Lado，1998）。

农业环境和资源的利用情况、农民自身知识和选择偏好以及所处的社会经济环境等因素，对农业技术转移方案的选择以及所选农业技术转移模式的实施成效有显著影响，且很有可能是负面影响。例如，马来西亚希望通过技术转让方式推进农业新技术的商业化，因此，制定了政府研究机构向私营企业转让技术的计划，设计了合理的技术转让过程。在农业技术转让过程中，各参与主体的认知起到了非常重要的作用。供需双方对开展农业技术转让有足够的积极性，能够准确认识和判断商业机会，以及技术创造者承诺充分分享其知识和技术，都是农业技术转让成功的决定性因素（Dardak et al.，2014）。在加纳（中等偏低收入国家）"示范"是推广农业技术最重要的途径之一。通过以农户家庭为基础建立农业技术示范田，让农民向农民展示农业技术效果，能起到良好的农业技术推广效果，从而促进农业技术向农民的转移，无线广播是加纳使用的主要农业技术宣传推广方法。采用报纸、海报、戏剧、视频、手机等大众传媒和信息通信技术向农民传播农业技术信息，效果明显较低（Azumah et al.，2018）。在菲律宾，农业技术转移模式与农业技术推广人员的素质关系密切，平均年龄近50岁，从事农业技术推广工作近20年，具有农业相关专业大专学历的农业技术推广人员，会直接向农民、私人农场、农民协会介绍农业新技术和做法，也会通过会议和使用信息通信技术推介农业新技术（Declaro-Ruedas，2019）。

3. 欠发达国家农业技术转移的发展

农业技术进步促进了全球农产品生产、分配和消费的不断升级。影响农业技术发展的物质条件和体制环境差别，加大了不同国家和地区之间农业技术水平的差距。在欠发达国家，如埃塞俄比亚，国家委托农业技术推广机构完成农业技术推广任务，但在各种推广教育方法和媒介中，广播这种传统、简单的方式才是向农民传播农业信息的最重要手段。因为，当地中年农民的平均受教育年限是小学5年，他们中90%以上的人会收听广播农业节目。手机在农民之间的信息交流中也起到非常重要的作用（Cheffo，2016），提高手机覆盖率对推广改良农业技术可以发挥至关重要的作用，如手机可以方便地接收病虫害预警信息；但是，欠发达国家的基础设施条件不佳，往往缺乏可靠的通信网络，因而，难以通过手机这一媒介实施农业技术的应用示范。

第二节 典型国家农业技术转移模式与效果

从组织管理、人力和经费等资源配置，服务对象与内容，农业技术转移推广方式与方法等方面系统看，发展程度不同的国家，其农业技术转移模式各有特点和优势,效果和影响也有所差别。

一、美国农业技术转移模式与效果

1. 美国农业技术转移的基本模式

在组织管理上,总统负责协调国家科学技术研究的重大战略部署和跨部门协作;美国农业部设立了直属的国家食品与农业研究所、经济研究局,负责提出方案,确定优先项目,资助国家和地方大学及其合作组织开展研究、教育和推广活动,制定规划,修订政策,评估决策,辅助技术转移机构的组织管理工作(王禹 等,2015)。

美国的农学院、林学院、兽医学院、州农业试验站、联邦与州合作建立的地区性推广站以及农业合作推广机构、服务农业领域的其他性质的科研机构,一般都有专门的技术转移机构或制定了技术转移计划。以他们为龙头研发技术,获取知识,再通过竞标等方式,与企业等市场主体合作开发利用知识、形成技术。

除了农业部,商务部、能源部、卫生与公共事业部、国土安全部、国家环保署、国家中小企业局、国家科学基金会、国际发展署等部门也设置了涉及技术转移的管理、执行与服务的下属管理或研究部门(机构),如,国家技术转移中心(NTTC)、美国国家技术信息中心(NTIS)、小企业发展中心、小企业信息中心等,在农业技术转移机构框架中起到了辅助作用。

除了联邦实验室联合体(FLC),大学技术经理人联合会(AUTM)、技术转移协会(TTS)、许可执行协会(LES)、政府—大学—产业研究圆桌会议(GUIRR)、大学经济发展联合会(UEDA)、国家商业孵化联合会(NBIA)、国家种子和风险基金联合会(NASVF)、国家小型工商投资企业联合会(NASBIC)等组织机构也发挥了技术市场的中介服务或统筹协调作用,有的还承担了部分政府技术转移管理职能,也是推动技术转移的重要组织。

美国县级政府也设立了农业推广办公室。为了强化管理,减少经费支出,县级农业推广办公室有所减少,而区域农业推广办公室有所增加(商启杰,2013)。

在资源配置上,①在人力资源配置方面,有1.7万人左右的农技推广人员以及更多的农技推广志愿者;②在经费投入方面,倡导公私有效合作。联邦政府经费投入相对稳定,起导向作用,以刺激州、县政府的投入;同时,引导其他商业渠道的经费投入。捐赠、合同收入、发展基金等作为其他的投入经费来源；③在信息共享方面，政府、大学、科研院所、国家图书馆和著名粮农企业提供了丰富的信息资源。如美国农业部提供了与美国国家农业图书馆共同开发的A-GRICOLA数据库，该数据库存有10万份以上的农业科技参考资料。美国农业信息系统连通了美国农业部、15个州的农业署、36所大学和大量农业企业，覆盖了美国的46个州，加拿大的6个省以及美国、加拿大加以外的7个国家。各类专业农业信息网络系统为专家和农户提供了咨询服务平台。

服务对象与内容较广，主要是采用科技一体化策略，通过各种方式方法，向农场主、企业提供最新的科技成果，不仅传播技术，提供专业化的知识和信息、设备、人才、资金、经验，甚至是承诺等，还着力提升农场主的经营管理和营销技能，以及利用自然资源和保护环境的能力。

方式方法则丰富多样。其实施过程为：首先，实行科学的项目计划；其次，有十二大类供选择使用的办法，包括建立联盟、合同承包、合作研究、委托服务、专利与许可、信息披露、受让与捐赠、资源与信息共享、资助计划、中介服务、人员交流和培训、设备与设施租赁等；最后，以协议约束（赵志耘 等，2012）。

2. 美国农业技术转移模式的特点和优势

美国农业技术转移模式主要有三大特点：一是注重发挥政府作用；二是激发市场活力；三是最大化大学的社会价值。

政府干预贯穿美国农业技术转移发展的全过程，并且政府作用的发挥逐步增强，历经了从争议四起到形成社会共识、得到合法性保障的发展过程。美国政府对农业技术转移的干预主要体现在：①强化政府宏观管理。根据农业发展战略、农户技术需求与变化，及时调整农业技术转移制度和体制。②强化农业技术供给。一是加强政府资助，同时让渡农业技术的公共产权；二是简化向小企业技术转移的程序，推动技术向小企业转移。③促进技术信息的公开和知识产权的保护。提供法律依据和合法手段，严格保护科技成果知识产权，便于技术从公共部门向私人部门自由扩散。④强化制度保障。重点关注重点技术领域，系统完善相关技术转移制度，做好专门法律政策间的衔接，加强对技术转移的制度保障能力。

同时，美国政府抓住关键环节和市场主体，激活市场。具体做法有：①要求联邦试验室为小企业技术转移提供中介服务，畅通技术供求联结渠道；②要求企业参加合作研究开发计划，在合作中实现技术转移和技术成果共享（刘艳艳等，2013）；③允许私营企业接受独占性授权，保护私人部门商业和金融信息，鼓励私人企业在研究人员、技术服务、知识产权、经费等方面开展合作，获得公共试验设备设施和人力资本的使用权，获取公共知识和经验，开阔视野，增加接触技术前沿的机会，以缩短先进技术商业化的时间。

在公私合作商业化农业技术方面，美国政府强调最大化地实现大学的社会价值，鼓励创新大学和企业合作模式，提高合作水平，通过完善现代大学制度，促进大学科技资源（包括知识、信息、技术、人才、试验设备设施等）的有效配置，发挥大学在区域农业发展中的科技、人才支撑作用。

3. 美国农业技术转移模式的效果和影响

科学和技术研究是两个平行但又相互交叉、相互借鉴、相互贡献的路径，领衔和贯穿着美国农业现代化过程。美国建立的"农业教育培训—科技研发—技术转移"三位一体的农业技术转移模式，体系庞大，投入巨大；农业教育培训体系、农业科技研发体系、农业技术转移三大体系协作互动，各参与方具有较好的素质和合作精神，在任务与经费上能有效合作，产生大量的适用技术。在政府统筹谋划、优化配置相关资源、协调体制安排、促进农业技术研发和转移推广的背景下，不同的参与主体在现有的农业技术转移模式和机制中都能找到合适的途径实现农业技术转移，使农业技术转移体系运转高效，成效极为显著，帮助美国形成了农业高科技优势，使其农业机械化和自动化、农业生物技术、农业信息化水平全球领先，极大地提高了美国农业的生产效率、农产品的品质和国际竞争力，并大大地减少了环境污染，使美国农业走上可持续发展之路，在推动美国成为世界第一农业强国中起到了关键的主导作用。现阶段，美国农场平均每个农业劳动力可以管理耕地182.11万平方米，可以养殖60 000~70 000只鸡、5 000头牛，可以生产谷物100吨以上，肉类10吨左右，可以养活98个美国人和34个外国人。不断进步的精准农业、生物工程农业等，将为美国农业发展带来更大潜力（王志等，2010）。

二、欧盟农业技术转移模式与效果

欧盟作为政治、经济一体化组织，在欧盟与非欧盟国家之间的农业技术转移、欧盟内部成员国之间的农业技术转移两个方面都有整体的宏观管理计划，所采取的政策措施和办法重点突出、针对性较强。

1. 与非欧盟国家开展农业技术转移的策略

在促进国际技术转移方面，欧盟立足于增强欧盟整体科技实力，着重从增强欧盟科技人才力量和减少技术、产品引进风险入手，通过加强制度建设，提高国际技术转移的质量和水平。

第一，为吸引科技人才来到欧盟，保证欧盟在技术创新领域的竞争力，欧盟根据自身发展战略，启动了欧盟统一、规范的新移民政策，提出《欧盟合法移民行动计划》，关注和吸引外来移民，对科技人才和技术移民采取简化审核和批准手续、放宽停留时间、提供相应的国民待遇等措施，扩大技术移民占移民总数的比例，提高移民的整体素质和受教育水平。例如，允许科学家和高级科研人员、外国跨国公司经理，依照项目时间长短确定停留期限，而不需要工作许可；为非欧盟国家的专业人才提供"蓝卡"（类似美国"绿卡"），吸引了大量亚洲、非洲人才。另外，以欧盟的名义提出"外国留学生资助计划"，资助外国研究生和教师到欧盟国家学习和参加研究项目，发放的欧盟硕士文凭，欧盟国家承认，可用于受资助的外国留学生在欧盟成员国中合法择业就业。欧盟还加大科研投入力度，建立欧盟统一的科研人员能力和业绩评价标准，允许非欧盟国家科研人员申请欧盟投资的科研项目，增强欧盟的科研力量。

第二，运用年期许可制度，降低引进产品、技术的风险。评估产品、技术引进的风险类别和等级，通过审批予以确定，对低风险者发放一定年期的许可证，以降低产品、技术引进带来的风险。例如，非原产种类的种质资源引进及引进计划须经国家咨询委员会批准，评定为常规（低风险）的准予发放5年许可证。

2. 欧盟内部成员国间开展农业技术转移的策略

欧盟内部成员国之间存在明显的经济、社会、科技发展不平衡问题。欧盟和成员国本身都采取了措施促进技术转移，提升科技能力。

一方面，为了推进欧盟整体发展，除了针对粮食、农机、物流等农业农村领域重点问题促进政府间合作，欧盟还格外重视推动技术转移网络平台的建设，以促进成员国之间的技术转移。例如，欧盟在多个国家构建国家、区域和基层三级结点的创新驿站网络，主要由商会、大学的技术中心、区域发展组织等一些合格的区域组织联盟运作，促成突破地域限制、覆盖范围广泛的技术转移合作，帮助企业获得技术或者将其研究成果进行转移（杜红启 等，2012）。其中，国家结点主要作用是协调配套政策、信息和资金等资源，促进开展跨国技术转移合作。区域和基层结点之间可以开展横向的技术合作，包括共同开发、知识产权许可、法律问题咨询以及人员交流等。

另一方面，技术水平偏低、需要引进技术的成员国也改革完善本国的技术转移制度建设，从改善技术引进环境、配置资源、保障安全等方面着手，创造促进技术引进的条件。例如，减少对引进外资的限制，简化审批手续、提高审批效率，给予外资企业（尤其是高技术企业）税收优惠，放宽外资利润汇出限制，加强对外资的立法保护等。

三、其他典型国家农业技术转移模式与效果

1. 日本：制度效仿美国，体制有本国特点

虽然农业在日本被认为是弱势产业，但是农业在国民经济中的基础性和重要性没有变，其依然注重推动农业技术的不断进步。为此，日本主要采取了2条路径并进的方案：一方面，推动本国农业技术研发与推广；另一方面，引进国外先进的农业技术。

日本农业技术转移体系的构建理念同美国类似，以集中协调为中心。在日本国内，农业技术转移以"官、产、学、研"一体化合作模式为基础，重视采用政府政策引导和法律强制等制度手段促进政府、企业、大学及科研院所间的合作交流，促进科研开发、专利转移和技术产业化，促进人才流动，推动技术转移工作。日本的技术转移制度体系建设主要效仿美国，核心是鼓励开发创新、有效保护知识产权，有《技术转移法》《科学技术基本法》等基本的法律法规，实施"官民共同研究制度"，采取政府补贴中介服务运行费、支持风险投资、为大学和科研机构提供成果转移和技术合作平台等措施，支持向中小企业的技术转移与技术交流活动。企业在日本的科技体制中地位突出、作用重大，企业的研发投入占日本全国研发投入的大部分，但是大部分大企业自己设立研究所。因此，中小企业开展技术转移更需要政府的关注和帮助。

农业协会贯穿日本整个农业技术转移过程，各级农业协会设立农业技术推广中心，开展宏观和微观层面的农业技术转移工作，包括制定农业政策战略，推广新品种、新产品和新技术，帮助农户掌握具体的农业技术，农业技术转移方式主要有合作研究、委托研究、技术孵化、专利许可及人员交流等（任昱仰 等，2012）。

日本引进农业技术的目的是提高农产品的产量、质量和农业效率，同时保障技术引进的安全和限制、技术引进对国内经济、公共事业等的冲击，防止不合理的技术引进阻碍技术发展。因此，日本重点引进种质资源以及农资和农机技术，重视对引进技术的改良和创新，并引进了美国的农业普及员制度，建立了引进补助制度、技术引进审议制度等管理制度，对提高日本农业技术水平起到了重要作用。上述措施在日本的《农业改良助成法》《农业基本法》《农机化促进法》《外资法》等农业技术转移相关制度建设中有所体现。在农业技术水平落后于西欧、美国的历史阶段，日本对技术引进的规制较强、审查范围大、标准宽泛，包括有利于国际收支的改善、有利于产业政策的贯彻、有利于国产技术的开发、有利于日本公共事业的发展和防止对日本经济产生不良影响等（高雪莲 等，2010）。当前技术水平几乎赶上西欧国家、技术能力也有较多积累之后，日本政府便以更开放的态度鼓励更多地引进技术；同时，也根据新的农业发展战略要求，制定颁布新的技术引进标准和要求，如增加严格控制环境污染、促进交易公平等方面的条款。

日本的农业技术转移模式促进日本形成了以自主创新为主的农业技术体系，为日本农业发展注入了活力与动力，有力地推动了日本农业从传统农业向先进的现代农业转变。

2. 巴基斯坦：需求导向的一揽子方案

巴基斯坦农业技术转移模式的显著特点是：①以需求为导向，直接评估农民需求。②强调发挥农业技术推广人员的作用，促进科研、推广、应用三者结合。重视国家农业技术转移从业人员的素质培训、学术教育和与田间实践的紧密联系，建立多学科农业技术推广团队，从事农业技术适用性研究、培训、咨询和农场研究，使农业技术推广工作者成为农业科技研究人员、农业技术市场和农民间的传送器和接收器，将农业科技研究者、农业技术推广人员和优秀农民团结在一起。③创新农业技术推广方法，实施农业技术一揽子实践方案。注册成立以技术（产品）为主营业务的商业团体，大量培训青年人，以完成从研究基地向农村农户传播实用信息的艰巨任务。具体做法包括：①定期举办会议、发布信息、利用手机短信和电子邮件等最新的通信方式提供咨询。②在种植季节开始前以当地语言出版最新的研究成果。③向当地农民推荐适用的农业技术及相应的一揽子实践方案（Gill et al.，2013）。

该农业技术转移模式为促进利益攸关方之间的互动制定了一个有效的行动框架。通过这套农业技术转移机制的运作，巴基斯坦农业经营主体的农业知识和技术得到了更新，使其掌握的生产技术更加适应农业发展要求，不仅帮助巴基斯坦提高了农产品产量、质量和农民收入，降低了国家食物安全风险，而且对保护农业资源与环境也起到了积极影响。

第三节 全球农业技术转移模式的发展趋势与启示

一、农业技术转移的发展环境发生变化

无论国家发展程度如何，农业在国民经济体系中的基础地位和重要地位不可动摇。尽管世界农业发展水平极不均衡，但现代农业是各国普遍认同并追求的发展方向。生态农业、智慧农业、生物农业等已经成为现代农业重要的发展现实和趋势，科技在其中起到了关键性作用。在传统农业向现代农业发展的过程中，农业技术转移也面临诸多变化，如农业技术转移的服务对象变化、内容和手段变化、服务主体变化、科技环境变化、宏观经济政治环境变化等，这些变化将促使农业技术转移模式相应地调整变化。

1. 农业技术转移的服务对象变化

在不同的农业发展阶段，农业技术转移的重点服务对象不同。当传统农业在国民经济结构中占比较大，提供较多就业时，农户是农业技术转移的最大对象群体。随着城镇化的推进，农业规模化经营的扩张，农场、企业、其他社会性组织团体等逐渐成为主要的农业经营主体，农业技术转移的服务对象类型也越来越多，除了农户、农场、企业，还有行业协会、农民组织团体、其他社会性非营利公益组织等。他们从事的农业经营范围、重点、特点不同，对农业技术及相关服务的偏好、接受能力等也不同。

2. 农业技术转移的内容和手段变化

农业技术转移的内容和手段要与农业发展及服务对象的需求及适应性相匹

配。农业经营主体需要提高生产效率，降低成本，提高盈利能力，就要选择符合农业发展和市场需求趋势、相对成熟和进步、接受和使用方便且成本相对低的农业技术。例如，在印度，广播是一种非常流行的农业技术推广媒介，广电网络对农业有深远影响；调查显示，印度近60.0%的村民认为，在农业技术转移中农业广播类媒介更为有效，同时大部分村民（66.67%）建议在农业节目播出时使用当地语言（Garg et al., 2014）。

3. 农业技术转移的服务主体变化

农业技术转移的服务主体一般有大学教师、科研机构的研究人员、专职的农业技术推广人员、企业、社会性盈利或非营利组织等。通常情况下，大学教师和政府科研机构的研究人员更侧重于基础研究、应用研究以及提供农业技术推广教育项目计划、参与教育培训工作，不经常与技术转移服务对象直接接触。专职的农业技术推广人员直接与技术转移服务对象接触。农业技术转移平台或中介机构的地位越来越得到重视。农机、农资等农业产业链条及周边业务涉及的企业也承担着相关领域内的农业技术转移及服务工作。

4. 农业技术转移的科技环境变化

科技环境变化对农业技术转移的方式方法有直接影响。例如，区块链技术、人工智能、5G技术使农业技术转移信息安全度、技术转移速度和效率提高，合作程序简化，服务对象扩大，更便于开展多方合作，更好地满足更多服务对象的需要。

5. 农业技术转移的宏观政治经济环境变化

尽管由政府公共部门主导农业技术转移，其效率、效益、影响力表现往往不佳，公平性上也难以保证，针对性不足，经常受到社会批评，经济学家和政治家对政府是否应当直接干预农业技术转移以及干预力度应该多大也一直有争议；但是，很多国家仍有诸多理由采取政府主导农业技术转移的模式。目前，在"逆全球化"和新冠肺炎疫情影响下，不少国家经济、政府财政状况不理想，依靠税收向农业技术转移投入能力受限，国际农业技术转移也面临更多掣肘，这些因素的影响将通过农业技术转移政策的调整显现出来。

二、全球农业技术转移模式的发展趋势

好的农业技术转移模式应当能够联结和满足农业科技研发与农业发展、农

业经营者的需求,让政府、市场和社会能够分工协作、高效互动、共享利益,其核心是处理好政府、社会和市场的关系,使他们发挥好各自的作用。从典型国家农业技术转移模式的演进过程看,探索形成这种农业技术转移模式也是各国农业科技管理和创新活动的重要目标和任务之一。这种模式不仅强调要有较强的整体性、系统性和协调性,在具体环节上还将越来越突出地体现以下特点。

第一,在管理上,积极发挥政府作用,坚持政府集中协调,重视宏观规划,突出重点领域和技术;提供制度支持和体制改革配套,提高农业技术创新与转移推广应用体系内部运行机制的协调能力和效率,引导市场配置资源的方向,营造符合农业发展形势需求、有利于农业技术转移市场发展的条件和外部环境,提供长期稳定的经费支撑。

第二,在产品和服务上,重视问题导向和需求导向,兼顾先进性和市场性。

第三,在农业技术供给体系分工上,重视以科研机构为主的基础研究,以企业为主的技术创新,坚持知识发现、技术创新和技术转移推广一体化,农业技术供给由政府垄断走向多元化、商业化、私有化,市场作用得以更充分的发挥。

第四,在农业技术转移市场建设上,重视试验、示范、教育、培训,提高农业技术转移各参与方的认识和判断,培育农业技术转移需求和市场,激发建立农业技术市场自我投入、自我发展。

第五,在农业技术转移服务上,健全农业技术转移服务组织和功能,重视培育农业技术转移中介组织和横向、纵向交叉的多维度中介组织网络,提高其服务水平和活力,发挥好他们在农业技术转移中的主体作用,提高农业技术资源的利用效率和合作效率。

第六,重视利用农业技术传播新手段,优化调整农业技术转移和扩散方式。

第四节 对优化我国农业技术转移模式的启示

一、我国农业技术转移机制改革的背景与问题

应用农业技术的目的是解决农业发展中的实际问题,优化农业技术转移模式的目的是促进农业技术的进步和应用,以解决农业问题、促进农业发展。

自20世纪90年代以来，我国经济保持了20年的高速增长，农业质、量、结构、生产经营组织方式和体系随之发生了深刻变化，农业技术转移出现了新的发展趋势，也面临一些新情况。例如，在农业技术供给主体中，除了高校和科研机构的科研人员，农机、农资等涉农企业技术人员也发挥了重要作用，农业技术转移平台、中介机构、社会组织逐步增加。农业技术需求主体的类型增多，除了农户、农场，家庭农场、合作社、行业协会及其他企业、社会性组织团体等逐渐成为新型农业技术需求主体。他们从事的农业经营范围、重点、特点不同，对农业技术及相关服务的需求、偏好和接受能力不同，需要的适应性农业技术以及与之相匹配的农业技术转移扩散方式也不同。除了良种良法、土壤改良、疫病防治、精深加工等传统领域，市场对智能装备、农业数据开发利用、市场信息动态监测预测、仓储保鲜、冷链物流、智慧管理等农业技术的需求加剧。科技进步日新月异，改变了农业技术转移方法，数字技术的应用使农业技术转移的程序简化、服务便利，速度、信息安全度和效率提高，更便于扩大农业技术转移对象和开展多方农业技术合作。同时，我国农业技术市场处于转型期，正向准市场经济发展，这对我国农业技术转移机制改革提出了新要求。

此外，我国现行的农业技术转移机制新老问题并存，也需要通过深化农业技术转移机制改革加以解决。由于对科学发现、知识生产、技术创制和技术转移的区分不清晰，对他们各自的经济社会功能的区别认识不足。长期以来，在农业科技领域，我国政府的宏观政策安排重农业科技研发、轻农业技术转移，过度强调了农业技术转移的国家推动和公益性，忽略了农业技术转移的市场导向特征和农业技术价值由市场显化的重要性，科技成果大部分为合作转化和自我转化，普遍采取协议定价方式进行技术转移，技术转让或许可转化的比例低于10%；农业技术市场体系建设滞后，形成了农业技术转移资金投入不到位、依赖国家财政，农业技术转移专业化服务主体规模不大、人才队伍不强、服务能力有限，农业技术资源仍然比较分散、信息流通不畅，农业技术供需对接缺乏中间体系支撑的局面，使农业技术有效需求的形成受阻，农业技术供需难以快速、有效、精准地衔接，农业技术成果的市场化、商品化程度不高，农业科技成果转化率和农业科技研发回报率提高速度较低甚至下降，阻碍了先进的农业技术转化为现实生产力。

二、优化调整我国农业技术转移模式的建议

随时代发展问题和要求而变是各国农业技术转移机制演化的基本规律之一。在"逆全球化"和新冠肺炎疫情持续的背景下，加快提高农业技术转移效率，解决农业问题，促进农村发展，加强科技对以内循环为主的"双循环"经济格局的支撑，建议借鉴发达国家经验，结合我国农业发展规律、农业科技创新与技术转移规律以及全球农业技术转移模式的发展趋势，从以下方面着手优化调整我国农业技术转移模式（丁琳琳，2021）。

第一，培育发展多种农业技术转移机构，政府主导公益性农业技术转移、市场引导营利性农业技术转移两条线并重。营利性农业技术转移中介机构以大学和科研院所内部技术转移机构为主体，农业行业中5%有创新能力的企业从事新技术开发，30%的企业从事技术改良和技术市场开发。

第二，构建政府投入稳定、市场投入增加、政府和市场投入重点各有侧重的农业技术转移投入支持机制。中央政府投资公益性农业技术推广，补贴知识和技术由公共部门向私人部门转移时发生的基本技术转移费用，并向东北部和西部倾斜。地方政府按问题导向和技术需求指向投资地方关键领域和重大项目，开发前瞻性的农业应用技术，推广有产业共性的农业应用技术。发挥企业熟悉产业经济、微观经济体、市场信息和趋势的优势，让市场集中投资改良转移市场潜力大、容易商业化、适用性强的成熟技术，提高技术创新和转移扩散的效率与效益。

第三，健全农业技术供给体系和机制，增加适用性农业技术供应。科学规划布局农业科技孵化器，加大财政资金专项支持，引导社会资本投入；打破部门利益藩篱，保护知识产权的同时，让渡政府资助产生的农业技术产权，促进政府支持的科研机构与市场，尤其是小企业的合作，增加社会项目占比，尤其是横向委托课题和自选课题占比，加快培育符合市场和农业发展战略需求的新技术；加强农业技术引进及其本地化改良，弥补农业技术供给结构性短缺；实施"工读交替制"人才培养模式，提升农业技术转移专业人才培养水平；改进农业技术转移专业人才的激励、评定机制，壮大、稳定农业技术转移人员队伍。

第四，培育农业技术转移市场需求。推广普及农业教育，提高农业从业者的科学技术素质；推广规范性合同或协议，规范第三方农业技术评价和价值评估工作，降低农业从业者采用农业新技术的风险；丰富农业技术转移平台和中介机

构功能，调研挖掘农业技术需求；将农业技术需求和农业技术成果信息纳入全国一体化大数据中心协同创新体系。

第五，以解决资金和人才问题为主，完善支撑保障条件。构建"政产研金服用"模式的农业技术转移体系，对涉农企业实施研发费用加计扣除企业所得税优惠政策；对认定的现代农业科技成果转移转化项目上缴的营业税、企业所得税、增值税施行部分减免；设置现代农业科技成果转移转化财政专项扶持资金，用于鼓励相关企业开展自选的农业技术创制、改良及转移转化，在农业、生物新品种应用技术成果产生的主要地区——东北，中央财政加大支持力度；鼓励金融机构开展农业科技成果转移转化贷款业务，由省财政安排资金补偿合作金融机构，以贷款形式支持中小微企业农业科技成果产业化过程中所发生贷款损失的资金。此外，把农业技术转移专业人才纳入引进人才政策范畴。

参考文献

丁琳琳，2021. 打通农业科技创新的"最后一公里" [N]. 光明日报，2021-01-26.

杜红亮，赵志耘，任昱仰，2012. 欧盟技术转移制度体系述略 [J]. 科技与法律，95（1）：63-67.

高启杰，2013. 美国合作推广服务改革的动向、原因与启示 [J]. 中国农村经济（3）：80-88.

高雪莲，奉公，2010. 日本农业技术引进的历程及模式探讨 [J]. 农业经济问题（2）：104-109.

哈罗德·古斯特，2018. 农业援助促进多中"民相亲" [N]. 人民日报，2018-10-24.

联合国开发计划署，2018. 中国对外农业援助的成效与经验 [EB/OL]. 2018-10-29. https://www.cn.undp.org/content/china/zh/home/library/south-south-cooperation/achievements-and-experience-of-china-s-agricultural-assistance.html.

刘艳艳，郭春雨，蔡辉益，2013. 国内外农业技术转移模式比较与借鉴 [J]. 中国农业科技导报，15（6）：78-82.

任昱仰，赵志耘，杜红亮，2012. 日本技术转移制度体系概述 [J]. 科技与法律，95（1）：68-72.

王禹，许世卫，李哲敏，2015. 美国农业部组织架构和职能概况 [J]. 世界农业（6）：145-149.

王志，董雅慧，2010. 美国农业发展的经验对我国农业的启示 [J]. 东南亚纵横（11）：108-111.

赵志耘，杜红亮，任昱仰，2012. 美国技术转移制度体系探微 [J]. 科技与法律，95（1）：58-62.

AZUMAH S B, DONKOH S A, AWUNI J A, et al., 2018. The perceived effectiveness of agricultural technology transfer methods: evidence from rice farmers in Northern Ghana [J]. Cogent Food & Agriculture（4）：1-11.

CHEFFO A, 2016. Mass media and its role in agricultural technology transfer: the case of Dendi and Ejere weredas, Oromia, Ethiopia [J]. Mass Media and its Role（2）：66-77.

DARDAK R A, ADHAM K A, 2014. Transferring agricultural technology from government research institution to private Firms in Malaysia [J]. Procedia-Social and Behavioral Sciences, 115（2）：346-360.

DECLARO-RUEDAS M Y A, 2019. Technology transfer modalities utilized by agricultural extension workers in organic agriculture in Philippines [J]. Journal of Agricultural Extension, 23（3）：75-83.

GARG S K, RAI D P, BADODIYA S K, et al., 2014. Effectiveness of radio in transfer of agricultural technology [J]. Bhartiya Krishi Anusandhan Patrika, 29（1）：47-51.

G JEAN-MARIE, D GISSELQUIST, 2000. An argument for deregulating the transfer of agricultural technologies to developing countries [J]. The World Bank Economic Review, 14（1）：111-127.

GISSELQUIST D, NASH J, PRAY C, 2002. Deregulating the transfer of agricultural technology: lessons from Bangladesh, India, Turkey, and Zimbabwe [J]. World Bank Research Observer, 17（2）：237-265.

GILL M S, SHARMA M, KAUR G, 2013. Technology transfer modules of Punjab Agricultural University used for agricultural development in Punjab [J]. Journal of Krishi Vigyan, 1（2）：78-83.

LADO C, 1998. The transfer of agricultural technology and the development of small-scale farming in rural Africa: Case studies from Ghana, Sudan, Uganda, Zambia and South Africa [J]. GeoJournal, 45（3）：165-176.

第八章 全球化背景下中国农产品贸易增长机制和潜力[①]

中国自加入WTO以来,中国农产品贸易迅速增加。自2004年以来,中国农产品贸易出现贸易逆差,并逐年增大;而从中国各区域农产品贸易来看,各地区区际农产品贸易远大于对外农产品贸易。为什么中国农产品贸易持续增长?中国农产品贸易增长的机制是什么?中国农产品贸易增长的潜力有多大?本章将以中国国内各地区区际流通和贸易成本为视角,就中国农产品贸易的增长机制和潜力进行分析。

第一节 中国农产品贸易的基本特征

一、中国农产品贸易增长快,且贸易对象较为集中

2002—2018年,中国农产品进出口总额呈波动增长趋势,由2002年的306.1亿美元增长至2018年的2 177.1亿美元,平均增长13.5%;除2009年、2015—2016年农产品进出口总额下降外,其余年份农产品进出口总额均呈现不同程度的增长,其中2010年增长比例最大,为32.2%。

中国农产品出口额、进口额的变动趋势与进出口总额的变动趋势大致相同,均呈波动增长趋势,分别由2002年的181.3亿美元、124.7亿美元增长至2018年的804.5亿美元、1 372.6亿美元;增长比例分别是10.2%、17.0%。中国农产品

[①] 本章中关于贸易潜力估算的相关内容已在《中国农村经济》2017年第3期发表。

出口额除在2009年、2015年出现较小程度的下降外，其余年份农产品出口额均呈现不同程度的增长。同样的，中国农产品进口额仅在2009年、2015—2016年出现下降，但其下降幅度均较大，分别下降了10.3%、4.6%、4.5%；其余年份农产品进口额均呈现出不同程度的增长。

从中国农产品贸易差额来看，除2002年、2003年农产品贸易呈顺差外，其余年份均呈贸易逆差状态，且逆差额的绝对值呈波动增长趋势。

二、中国农产品贸易主要集中在沿海地区和前10位农产品贸易省份

参照中国区域划分，将中国的31个省（市、区）划分为八大地区，分别是京津地区（北京和天津）、东北地区（辽宁、吉林和黑龙江）、北部沿海地区（山东和河北）、东部沿海地区（上海、浙江和江苏）、南部沿海地区（广东、福建和海南）、中部地区（山西、河南、安徽、湖北、湖南）、西北地区（内蒙古、陕西、宁夏、甘肃、青海、新疆）、西南地区（四川、重庆、广西、云南、贵州、西藏）。

以2018年中国各省份农产品贸易数据为依据，南部沿海地区、东部沿海地区、北部沿海地区的农产品贸易额分别占全国农产品贸易总额的26%、25%、19%，沿海地区的总贸易额占比达到了70%；剩余东北地区、京津地区、西南地区、中部地区、西北地区的总贸易额仅占全国农产品贸易总额的30%（图8-1）。2018年东北地区、京津地区、西南地区、中部地区、西北地区的贸易额

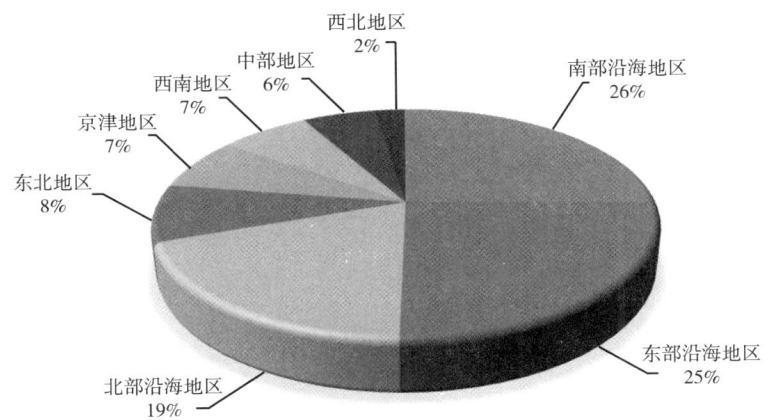

图8-1 2018年中国八大区域农产品贸易额占比情况

分别是175.8亿美元、158.3亿美元、150.8亿美元、122.2亿美元、48.3亿美元，可以看到这些地区的贸易额以及贸易占比均是依次下降的（图8-2）。同样的，南部沿海地区、东部沿海地区、北部沿海地区这3个地区的出口总额、进口总额占比均较高，分别占全国农产品出口总额、进口总额的66%、72%；剩余5个地区的出口总额、进口总额占比仅为34%、28%；并且除京津地区的进口额占比远大于出口额外，东北地区、西南地区、中部地区、西北地区的出口额占比均大于进口额占比。

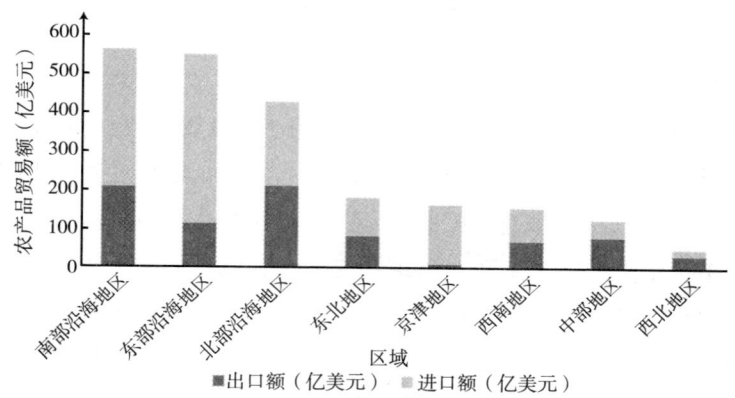

图8-2 2018年中国八大区域农产品贸易情况

2018年农产品贸易额位列前10位的省（区、市）分别是广东、山东、江苏、上海、福建、辽宁、浙江、天津、广西、河北，其农产品贸易额分别是380.4亿美元、363.2亿美元、240.0亿美元、182.6亿美元、163.6亿美元、128.3亿美元、117.6亿美元、110亿美元、69.2亿美元、57.0亿美元，分别占全国农产品贸易总额的17.55%、16.76%、11.07%、8.42%、7.55%、5.92%、5.43%、5.07%、3.19%、2.63%。其中，农产品出口额位列前10位的省（市、区）分别是山东、广东、福建、浙江、辽宁、云南、江苏、河南、湖北、河北，分别占全国农产品出口总额的23.55%、12.72%、12.39%、6.95%、6.84%、5.02%、4.90%、3.39%、2.44%、2.36%；农产品进口额位列前10位的省（市、区）分别是广东、江苏、山东、上海、天津、辽宁、福建、浙江、广西、北京，分别占全国农产品进口总额的20.36%、14.67%、12.81%、12.12%、7.44%、5.38%、4.73%、4.54%、4.11%、3.25%。

在2002年、2007年、2012年、2018年，31个省（区、市）的贸易额一直位列前10位的分别是山东、广东、浙江、辽宁、江苏、福建、上海、河北。相较2012年，2018年农产品贸易额位列前10位的省（区、市）虽然排名次序发生了变化，但位列前10位省（市、区）并没有发生变化。相较2007年，广西由于其农产品进口额由2007年的第11名提前至2018年的第9名，相应的广西的农产品贸易额由2007年的第11名增长至2018年的第9名，进入前10行列；相反北京的进口额由2007年的第8名降至2018年的第10名，导致北京的农产品贸易额由2007年的第10名降至2018年的第12名，从而退出前10行列。相较2002年，天津、广西的农产品进口额分别由2002年的第10、第11名提前至2018年的第5、第9名，因此天津、广西的农产品贸易额均进入前10行列；相反北京市的农产品进口额由2002年的第5名降至2018年的第10名、吉林的农产品出口额由2002年的第6名降至2018年的第15名，因此北京、吉林的农产品出口退出前10行列（表8-1）。

表8-1 2002—2018年中国各省（区、市）农产品贸易排名情况   单位：亿美元

排名	2002年			2007年			2012年			2018年		
	出口额	进口额	贸易额	出口额	进口额	贸易额	出口额	进口额	贸易额	出口额	进口额	贸易额
1	山东	广东	山东	山东	江苏	山东	山东	山东	山东	山东	广东	广东
2	广东	山东	广东	广东	广东	广东	广东	广东	广东	广东	江苏	山东
3	浙江	江苏	浙江	辽宁	山东	江苏	福建	江苏	江苏	福建	山东	江苏
4	辽宁	上海	辽宁	浙江	上海	浙江	浙江	上海	福建	浙江	上海	上海
5	福建	北京	江苏	福建	浙江	辽宁	辽宁	天津	浙江	辽宁	天津	福建
6	吉林	辽宁	福建	江苏	天津	福建	江苏	辽宁	浙江	云南	辽宁	辽宁
7	江苏	浙江	上海	黑龙江	辽宁	上海	云南	浙江	上海	江苏	福建	浙江
8	上海	福建	北京	吉林	北京	天津	河北	广西	天津	河南	浙江	天津
9	河北	河北	吉林	河北	福建	河北	吉林	福建	广西	湖北	广西	广西
10	黑龙江	天津	河北	上海	河北	北京	黑龙江	北京	河北	河北	北京	河北
11	北京	广西	天津	云南	广西	广西	上海	河北	北京	上海	河北	云南
12	新疆	河南	黑龙江	陕西	河南	黑龙江	湖北	河南	云南	安徽	河南	北京

(续表)

排名	2002年			2007年			2012年			2018年		
	出口额	进口额	贸易额	出口额	进口额	贸易额	出口额	进口额	贸易额	出口额	进口额	贸易额
13	天津	黑龙江	广西	新疆	安徽	吉林	广西	云南	河南	黑龙江	安徽	河南
14	四川	安徽	河南	天津	吉林	河南	河南	吉林	吉林	湖南	湖南	安徽
15	云南	四川	新疆	四川	云南	云南	安徽	安徽	湖北	吉林	吉林	湖北

三、中国区际农产品贸易额大于对外农产品贸易额

从中国各地区农产品贸易流的比较来看，呈现如下特征：①中国各地区区际农产品贸易额明显大于对外贸易额，例如，东北地区的区际农产品出口额和进口额分别为1 431亿元和642亿元，而对外出口额和进口额分别为401亿元和355亿元。②中国各地区区内贸易额依然大于区际和对外农产品贸易额，例如，华北地区区内贸易额为5 474亿元，明显大于华北地区与其他地区的区际农产品出口额21.03百亿元，也大于华北地区对外农产品进口额227亿元，其他地区基本如此，具体如表8-2所示。

表8-2　中国各地区农产品贸易情况　　　　　　　　　　　　单位：亿元

地区	华北	东北	华东	华中	华南	西南	西北	世界其他国家和地区	省际贸易汇总
华北	5 474	224	1 331	230	124	69	125	227	2 103
东北	292	5 818	914	148	14	27	36	401	1 431
华东	535	278	18 020	244	245	120	237	1 817	1 659
华中	176	57	652	10 961	453	252	150	167	1 740
华南	126	16	234	98	6 678	124	90	473	688
西南	188	27	420	181	367	7 490	83	163	1 266
西北	256	40	584	226	80	96	3 831	121	1 282
世界其他国家和地区	654	355	2 581	118	1 098	110	40	741 609	—
省际贸易汇总	1 573	642	4 135	1 127	1 283	688	721	—	—

注：横向表示对应地区区际和对外进口额；纵向表示对应地区区际和对外出口额。

第二节 农产品贸易增长的源泉

引力模型是分析贸易增长常见的模型,本节介绍改进的引力模型,并将贸易增长直接分解为收入增长和贸易成本两个影响因素。

一、传统的引力模型

引力模型来自地球万有引力定律,Tinbergen(1962)和Poyhonen(1963)最早将引力模型应用于贸易领域的研究,认为两国贸易量的大小与两国GDP呈正相关,而与距离呈负相关。自此以后,国内外很多学者采用引力模型对双边及多边总体贸易或对某类产品贸易等进行分析;然而在模型使用过程中,保持基本的变量(贸易双方GDP和距离)不变,再逐步引入其他相关变量,如人口数量、是否在同一贸易区域、是否使用同一语言、是否相邻等。但是,随着引力模型的广泛使用,引力模型也受到了一些质疑,认为其缺乏经济学理论基础,只是经验之谈。

二、改进的引力模型

本节从消费者效用理论出发,利用一般均衡研究方法来推导影响农产品贸易的因素,证实了引力模型具有理论基础。

某国为实现消费者效用最大化,在一定的收入约束条件下,消费不同的产品组合,消费的各种产品来自包括国内和国外两个地区,消费者效用函数形式采用CES函数为:

$$U_j = \left(\sum_i \beta_i^{(1-\sigma)/\sigma} c_{ij}^{(\sigma-1)/\sigma} \right)^{\sigma/(\sigma-1)} \tag{1}$$

(1)式中,U_j表示j地区所获取效用的大小,β_i表示来自i地区产品的份额参数,c_{ij}表示j地区来自i地区的产品进口量,σ表示j地区所消费不同地区产品之间的替代弹性。(1)式的约束条件为:

$$\sum_i p_{ij}c_{ij} = y_j \qquad (2)$$

（2）式中，y_j 表示 j 地区收入水平，p_{ij} 表示 j 地区消费者所消费 i 地区产品的价格。

其中，$p_{ij}=p_i t_{ij}$，p_j 表示 i 地区产品价格，t_{ij} 代表 j 地区和 i 地区之间的贸易成本（关税税率和距离所引发的成本）。

$$x_{ij} = p_{ij}c_{ij} \qquad (3)$$

（3）式中，x_{ij} 表示 j 地区来自 i 地区的产品进口额。

构建拉格朗日乘数，求解可得：

$$c_{ij} = \left(\frac{\sigma}{p_{ij}}\right)^{\sigma} \frac{y_j}{\sum_i \beta_i^{(1-\sigma)/\sigma} p_{ij}^{(1-\sigma)}} \qquad (4)$$

把（3）带入（4）求解可得：

$$x_{ij} = \left(\frac{\beta_i p_i t_{ij}}{P_j}\right)^{(1-\sigma)} y_j \qquad (5)$$

其中，$E_j = \left[\sum_i (\beta_i p_i t_{ij})^{(1-\sigma)}\right]^{1/(1-\sigma)} \qquad (6)$

（6）式中，E_j 分别表示 i 地区、j 地区产品出口平均贸易成本；

$$y_i = \sum_j x_{ij} \qquad (7)$$

（7）式中，y_i 表示 i 地区收入水平，

$$y_i = (\beta_i p_i)^{1-\sigma} \sum_j (t_{ij}/E_j)^{(1-\sigma)} y_j \qquad (8)$$

由（4）式的右边分子、分母同时乘以 y_i，并把（8）式代入可得：

$$x_{ij} = \frac{y_i y_j}{y^w} \left(\frac{t_{ij}}{E_i E_j}\right)^{1-\sigma} \qquad (9)$$

（9）式中，

$$E_{i(j)} = \left(\sum_{j(i)} (t_{i(j)j(i)} / E_{j(i)})^{1-\sigma} \theta_{j(i)} \right)^{1/(1-\sigma)} \quad (10)$$

E_i 表示 i 地区平均贸易成本；θ_i、θ_j 分别表示 i 地区、j 地区 GDP 占世界 GDP 的比重。在双边贸易成本 t_{ij} 中，$t_{ij}=(1+T_{ij})d^\rho$，其中，T_{ij} 表示 i 地区与 j 地区之间的关税税率，d 表示 i 地区与 j 地区之间的距离。ρ 是贸易成本距离指数，即由距离引发的贸易成本。

对（9）式两边取对数可得：

$$lnx_{ij} = c + \alpha_1 lny_i + \alpha_2 lny_j + \alpha_3 lny_w + \alpha_4 lnt_{ij} + \alpha_5 lnE_i^{(1-\sigma)} + \alpha_6 lnE_j^{(1-\sigma)} \quad (11)$$

把公式 $t_{ij}=(1+T_{ij})d^\rho$ 带入（11）式可得：

$$\begin{aligned} lnx_{ij} = & c + \alpha_1 lny_i + \alpha_2 lny_j + \alpha_3 lny_w + \alpha_4 ln(1+T_{ij})^{(1-\sigma)} + \alpha_4 lnd^{\rho(1-\sigma)} \\ & + \alpha_5 lnE_i^{(1-\sigma)} + \alpha_6 lnE_j^{(1-\sigma)} \end{aligned} \quad (12)$$

（12）式包含了双方 GDP 以及贸易距离，符合传统引力模型的形式，进而说明了传统引力模型的合理性，这也为传统的引力模型提供了理论基础。

（11）式从理论角度证实了双边产品贸易量不仅取决于贸易双方 GDP、与世界其他地区 GDP 存在着一定的关联性，同时还考虑了双边贸易成本，产品出口平均贸易成本将对双边贸易量产生影响。

改进的引力模型为传统的引力模型赋予了理论基础，对于中国农产品出口（进口）而言，中国作为供给方（需求方），贸易对象作为需求方（供给方）；距离则代表运输成本，$ln(1+T_{ij})^{(1-\sigma)}$ 则代表贸易双方的关税及非关税壁垒成本；$lnE_i^{(1-\sigma)} lnE_j^{(1-\sigma)}$ 分别表示地区 i 和地区 j 所面临的与第三方的贸易成本。

中国和世界GDP的变动趋势基本与中国农产品进口额、出口额和贸易总额变动趋势基本相同（图8-3），这也可以说明中国农产品贸易的持续增长与中国GDP和世界GDP的同步增长有很大关系；可以看到，中国GDP、世界GDP均呈波动增长趋势，但世界GDP的波动幅度要大于中国GDP。数据显示，中国GDP由2002年的18 793.2亿美元增长至2018年的141 937.0亿美元，年均增长比例为13.56%，其中2007年增长比例最大，为23.08%。世界GDP由2002年的347 125.0亿美元增长至2018年的864 394.0亿美元，年均增长比例为6.02%；世界GDP在

2008—2009年、2014—2015年出现了负增长,分别下降了5.15%、5.33%;其余年份世界GDP均呈现出不同程度的增长。

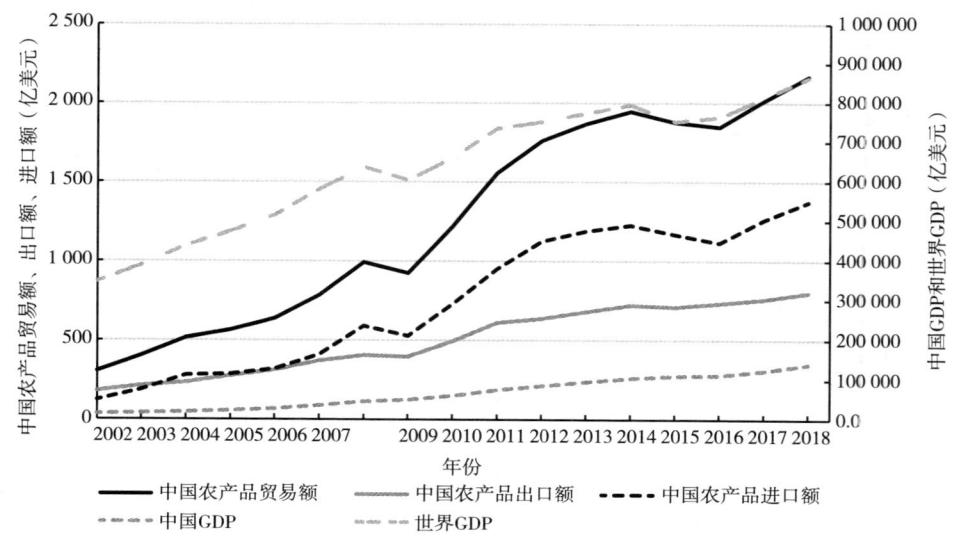

图8-3 2002—2018年中国农产品贸易额、出口额、进口额、中国GDP和世界GDP趋势

第三节 贸易成本的内涵及测算

一、贸易成本的内涵

贸易成本在国际专业化和贸易模型中起着重要的作用,任何涉及国际专业化和贸易模型的经验评估最终必须面临贸易成本(Hummels,2007)。贸易成本是指产品从生产者到消费者的一切成本,其涉及各个贸易环节中所产生的费用,可以分为搜寻成本、签约成本、履约成本、运输成本、跨境成本、分销成本等。不同学者对贸易成本有不同的分类标准,贸易成本的定义是除生产商品的边际成本之外,一切将商品送达最终用户发生的成本,包括运费及时间在内的运输成本、关税及非关税壁垒的政策障碍、信息成本、合同实施成本、使用不同货币有关的成本、分销成本等,这也是贸易成本最为准确的定义;与此同时Anderson等

（2004）并对各部分对贸易成本的贡献进行了分解，政策性成本占8%，语言类壁垒成本占7%，货币壁垒引发的成本占14%，包括信息壁垒成本在内的其他成本占9%，然而，同时也发现，这些贸易成本在不同商品之间的成本差异很大。其他学者也对贸易成本进行了定义和分离，运输成本均是贸易成本重要组成部分，如Melitz（2003）认为贸易成本包括2类：一类是以运输费用为主的可变贸易成本，运输成本主要与运输数量和运输时间有关；另一类是非运输成本，如销售渠道建设、广告促销、市场开发中的隐性成本支出等，这些成本通常是在进入市场时一次性支出的；Pierre-Philippe等（2005）分析了国际贸易中的贸易成本，研究认为运输成本是天然存在的，可能随着距离和运输方式的差异而有所不同，而除运输成本以外的贸易成本包括贸易政策法规、信息以及文化差异而导致的贸易成本。在国际贸易中，国际运输成本可能比关税更加重要，关税可能在事前的国际贸易谈判中已经确定，国际运输成本可能随着距离及相关贸易风险的增加而急剧增加（Hummels，2007）。而从区际贸易成本和对外贸易成本的比较来看，两者存在的根源有其差别，区际贸易成本主要由运输成本和地方保护导致，运输成本更为直观，也更容易测度，而测度由地方保护引发的贸易成本则并非易事；对外贸易成本除了运输成本以外，更主要的是关税及非关税壁垒所引发的成本（陆铭 等，2011）；从构成的角度来说，区际贸易成本可能是对外贸易成本的重要构成，区际贸易成本的下降可能会引起对外贸易成本的下降，这对于国内产业聚集有一定的影响，这也可能导致位于沿海地区省份对外贸易成本更低，这些省份的对外贸易成本更低，也更利于贸易发展。

二、贸易成本的测度

贸易成本的测度是相对较为复杂的过程，贸易成本包含的因素较多，有关税税率、距离、签订契约等。贸易成本分为直接的贸易成本和间接的贸易成本：直接的贸易成本包括运输成本、关税成本等，可以选择某一标准对其进行测度，相对来说比较方便；间接的贸易成本，如政策成本、语言成本和信息差异成本，这些成本难以直接描述和测度，无法找到统一的标准进行衡量。上文描述的传统的或者改进的引力模型可能是测度贸易成本较为重要的方法，但用传统的引力模型来度量贸易成本，传统的引力模型事前就决定了贸易成本的基本构成，使得测度的结果可能有偏差（Novy，2006）；Anderson等（2004）则对传统的引力模型进行改进，根据消费者行为理论和一般均衡理论进行改进，改进的引力模型融入了多边贸易阻力等问题，但是模型中贸易成本的假设具有较强的对称性（Bergstrand，1989），Novy（2011）在其研究基础上，对贸易成本进行了研究和不断改进，在研究过程中采用trade cost measure表示贸易成本，此数值尽管不是贸易双方所引发的实际贸易成本，只是贸易成本变动的相对值，其可以间接反映贸易双方贸易成本的变动趋势。针对贸易成本的测度，目前较为流行的测算方式主要有三类：一是Anderson等（2003）的贸易成本；二是李嘉图模型的贸易成本；三是异质性企业模型的贸易成本。上述3类贸易成本的差异主要表现为以下两点：一是，贸易成本的基本构成第3类贸易成本中仅包括可变的贸易成本，固定的贸易成本视作沉没成本；二是3类贸易成本均转换成贸易量之间的关系，其不同点则取决于替代弹性参数的大小和内涵不一致。

三、中国农产品贸易成本的变动趋势判断

国内许多文献借助于Novy的研究方法对中国贸易成本变动及其对贸易增长的影响进行了探讨。许统生等（2011）、许统生等（2012）分别采用不同替代弹性数值对中国农产品和制造业产品的贸易成本进行了分析，结果表明中国农产品和制造业产品贸易成本均呈现下降趋势。对于贸易成本变动与贸易增长变化两者关系的研究，丁媛媛等（2012）对中国与东盟农产品贸易成本进行了分析，研究发现中国与东盟的贸易成本在1995—2009年平均下降33.34%，汇率波动对贸易成本影响最为显著，共同语言、距离和人均GDP差额也同样产生重要的作用。贾伟等（2013）分品种和分主要贸易对象分析了中国农产品贸易成本变动趋势，整体而言，中国农产品贸易成本是下降的，低于主要贸易对象；贾伟等（2017）证实了2002—2010年中国各区域农产品贸易成本呈现下降趋势，但各地区农产品贸易成本存在差异，区际贸易成本明显小于对外农产品贸易成本，其中东部沿海地区农产品贸易成本最低。王梦醒等（2020）的研究表明，贸易成本是影响一国（地区）农产品进口的重要因素，且农产品由于其特殊性，贸易成本普遍高于制造业。2017年我国与主要贸易伙伴的农产品贸易成本为2.43，比2001年下降了25%，但仍高于制造业贸易成本的1.62。因此，农产品贸易成本仍有较大的下降空间。童晓乐（2017）利用1992—2013年中国与OECD、金砖国家、一带一路沿线共51个国家和地区的贸易数据，就贸易成本进行测度，研究表明如下：样本

期,中国农产品对外农产品贸易成本呈现下降趋势,不同替代弹性对对外贸易成本的影响显著,当然,其样本测度数值与其他研究存在差异。

第四节 中国农产品贸易潜力估算

正如前文分析,贸易增长的源泉来自双边贸易的GDP、第三方国家(地区)的GDP,双边贸易的距离和贸易阻力。本节将其双边贸易的GDP和第三方国家(地区)的GDP归结为收入增长,双边贸易的距离和贸易阻力定义为贸易成本。

一、模型构建

本部分借助于世界9个地区3个部门CGE模型进行分析,其中9个地区包括东北地区、京津地区、东部沿海地区、北部沿海地区、南部沿海地区、中部地区、西北地区、西南地区和世界其他国家和地区(除中国以外的世界其他国家和地区);3个部门包括农业部门、工业部门和服务业部门。需求函数依然采用CES函数的构成,分为4个层次:第1层次为消费者效用是各产业部门产品的CES函数;第2层次为各部门产品是国内产品和国外产品的CES函数;第3层次为国内产品为国内S地区产品和除S地区以外的国内地区产品的CES函数;第4层次产品为除S地区以外的国内地区产品是除S地区以外的其他7个地区产品的CES函数;而世界其他国家和地区的需求函数则分为3个层次,第1层次为依然为消费者效用函数;第2层次为各部门产品来自中国和世界其他国家和地区CES函数;第3层次中国各部门产品是中国8个地区产品的CES函数。

各地区产品函数的关联性通过如下公式表示:

$$P_{ijc} = P_{ii} * (1 + \sum t_{ijwc}) * (1 + Tdis_{ijc}) \quad (13)$$

式(13)中,p_{ijc}表示i地区c产品在j地区的价格;p_{ii}表示表示i地区c产品在区域内的价格,w表示贸易成本构成;贸易成本包含2个部分,非运输成本(t_{ijw})和运输成本($Tdis_{ij}$)。运输成本做出如下假定:第一,运输成本仅与运输量有关，与其他没有关系；第二，国内各地区之间的运输成本如下，各地区区域内部的运输成本效率为3%，各地区区际的运输成本为5%，中国与世界其他国家和地区之间的贸易成本为10%；世界其他国家和地区区域内部的运输成本为20%。

表8-3描述2002年和2010年中国各地区农产品贸易成本变动状况。整体来看，中国各地区农产品贸易成本呈现下降趋势，2002年和2010年中国各地区区际农产品平均贸易成本分别为0.92和0.75，对外农产品贸易平均成本分别1.26和0.98[①]；中国各地区区际农产品贸易成本明显小于对外农产品贸易成本，2002年和2010年中国各地区对外农产品贸易成本分别为区际农产品贸易成本的1.59倍和1.32倍，但两者的差距缩小；加入WTO以来，中国农产品关税税率持续下降，非关税壁垒措施减少，农产品贸易自由化程度逐步提高，导致中国各地区对外农产品贸易成本的持续下降，且远低于发达国家，这在许多文献中得到证实；中国各地区之间并不存在类似于关税税率、非关税壁垒措施等阻碍农产品贸易的因素，因而区际贸易成本总体来说低于对外贸易成本；但各地方政府为了满足自身利益的需要，采用相应的地方保护政策，使得中国国内各地区之间存在边界效应，再加上空间距离的存在，各地区贸易成本仍然存在，这在一定程度上阻碍中国各地区区际农产品贸易。

表8-3　2002年和2010年国内各地区农产品贸易成本变动状况

年份	地区	华北	东北	华东	华中	华南	西南	西北	世界其他国家和地区	省际贸易汇总
2002	华北	0.00	0.78	0.60	0.99	0.90	0.83	1.03	1.02	0.70
	东北	0.78	0.00	0.62	1.01	0.92	0.85	1.05	1.02	0.71
	华东	0.60	0.62	0.00	0.80	0.72	0.66	0.84	0.81	0.61
	华中	0.99	1.01	0.80	0.00	1.14	1.06	1.29	1.55	0.95
	华南	0.90	0.92	0.72	1.14	0.00	0.97	1.19	0.87	0.71
	西南	0.826	0.85	0.66	1.06	0.97	0.00	1.10	1.63	0.81
	西北	1.03	1.05	0.84	1.29	1.19	1.10	0.00	1.62	0.93
	世界其他国家和地区	1.02	1.02	0.81	1.55	0.87	1.63	1.62	0.00	0.00

① 该数据计算并非直接来自公式，而是来自各地区对应贸易成本的简单平均加总。

(续表)

年份	地区	华北	东北	华东	华中	华南	西南	西北	世界其他国家和地区	省际贸易汇总
2010	华北	0.00	0.56	0.42	0.69	0.74	0.78	0.60	1.07	0.62
	东北	0.56	0.000	0.54	0.89	1.37	1.20	0.99	1.09	0.75
	华东	0.42	0.54	0.00	0.66	0.73	0.76	0.60	0.77	0.58
	华中	0.69	0.90	0.66	0.00	0.70	0.71	0.66	1.52	0.80
	华南	0.74	1.37	0.73	0.70	0.00	0.65	0.79	0.92	0.72
	西南	0.78	1.20	0.76	0.71	0.65	0.00	0.79	1.47	0.84
	西北	0.59	0.99	0.60	0.66	0.79	0.80	0.00	1.58	0.77
	世界其他国家和地区	1.07	1.09	0.77	1.52	0.92	1.50	1.58	0.00	0.00

注：st所在行或列表示所在地区的区际平均贸易成本。

二、数据来源

1. 世界八地区两部门投入产出表

其中，中国7个地区投入产出数据由作者编辑完成，基础表为《2010年中国30省区市区域投入产出表》；世界其他国家（地区）农产品及非农产品产出来自世界银行网站等，综合形成世界八区域两部门区域流量表。

2. 替代弹性数据及其他

替代弹性数据来自现有研究的经典文献数据，本文所使用的替代弹性数据来自Whalley等（2009）的文章，中国7个地区需求函数比世界其他国家（地区）的需求函数设定多一个层次为第4层次，各地区产业部门的替代弹性设定为2，其他如表8-4所示。

表8-4 各层次函数的替代弹性

	中国7个地区	世界其他国家和地区
第1层次	2.0	2.0
第2层次	2.0	2.0
第3层次	2.5	2.5
第4层次	2.0	—

三、贸易潜力估算

采用反事实方法设定如下模拟方案：①方案1，在其他要素保持不变的情况下，假定2010年中国各地区区际农产品贸易成本增加，对外农产品贸易成本与2002年相同；②方案2，在其他要素保持不变的情况下，假定2010年中国各地区区际农产品贸易成本下降，仅包含运输成本，对外农产品贸易成本与2010年相同；③方案3，在其他要素保持不变的情况下，假定中国各地区对外农产品贸易成本下降，且仅包含运输成本，区际农产品贸易成本与2010年相同；④方案4，在其他要素保持不变的情况下，中国各地区区际和对外农产品贸易成本均下降，且仅包含各自运输成本。基准方案为2010年中国各地区区内、区际和对外农产品贸易的实际值。

基于中国农产品贸易的分析，整体来看，贸易成本变动对中国农产品贸易的影响显著，贸易成本与贸易双方农产品贸易额的变动方向相反。区际农产品贸易成本对中国各地区区内和区际农产品贸易额的影响明显，然而对外农产品贸易额的影响并不明显。对外农产品贸易成本对中国各地区区内、区际和对外农产品贸易额的影响均较为明显，但对中国对外农产品贸易额的影响最大，其次为区内农产品贸易额。这说明贸易成本对贸易双边的农产品贸易的影响明显，对第三方农产品贸易额的影响较小。

具体来说，方案1的模拟结果表明，从中国各地区农产品贸易增长的相对变化来看，对区际农产品贸易的影响较大，区际农产品贸易额下降13.58%；区际农产品贸易成本上升导致中国区际农产品贸易额下降，但没有使得中国各地区对外农产品贸易额发生明显变化。

方案2的模拟结果显示，中国区际农产品贸易成本下降至运输成本时，与基准方案相比，中国区际农产品贸易额上升95.00%，对外农产品贸易额仅下降4.39%。

方案3的模拟结果显示，中国各地区对外贸易成本下降至运输成本时，与基准方案相比，中国对外农产品贸易额上升68.66%，其中对外农产品出口额和进口额分别上升51.80%和80.13%，中国区际农产品贸易额仅下降5.50%。

方案4的模拟结果显示，中国区际和对外农产品贸易成本下降至运输成本时，与基准方案相比，中国区际和对外农产品贸易额分别增长了55.74%和66.32%。

第八章 全球化背景下中国农产品贸易增长机制和潜力

与方案3相比,方案4的区际农产品贸易成本使得中国各地区区际农产品贸易额上升61.24%,对外农产品贸易额下降2.34%,其中对外农产品出口额增加7.85%,进口额下降9.28%,中国农产品贸易逆差减少。由方案4进行推算,在其他因素保持不变的条件下,贸易成本对中国各地区区际和对外农产品贸易增长的贡献分别为35.75%和39.87%。

方案4与方案3的比较说明,当中国对外农产品贸易成本下降至运输成本时,区际农产品贸易成本下降仅对中国区际农产品贸易额的影响明显,而对于中国对外农产品贸易额的影响并不明显;反过来,来自第三方的贸易阻力对双边农产品贸易的作用不大。结合模拟方案中的贸易成本进行推算,中国区际和对外农产品贸易成本两者分别下降1%,使得中国区际和对外农产品贸易额分别上升1.36%和0.61%。可见,区际贸易成本对农产品贸易的影响大于对外贸易成本对农产品贸易的影响。

第五节 结论和讨论

本章主要从以下三个方面进行了分析和讨论:第一,回顾了中国农产品贸易的特征,中国农产品贸易持续增长,但自2004年以来,中国农产品贸易逆差持续扩大,且未有下降趋势;从区域角度来看,中国农产品贸易集中度很高,主要集中在沿海地区,如东部沿海地区、北部沿海地区和南部沿海地区;从省份来看,主要集中在前10位农产品省份;区际农产品贸易依然大于对外农产品贸易,但也有例外地区。第二,分析中国农产品贸易增长的源泉。中国农产品贸易增长与中国GDP增长的趋势相同,但贸易成本对其影响不容忽视,其他研究结果也表明,贸易成本对中国农产品贸易增长的影响应该在30%~40%。第三,以中国主要地区为主,构建可计算的一般均衡模型,预测中国农产品贸易的潜力。结果表明,贸易成本下降,中国各地区区际和对外农产品贸易将大幅增长,两者分别下降1%,中国各地区区际和对外农产品贸易分别增加1.36%和0.61%;在其他条件保持不变的条件下,贸易成本对中国各地区区际和对外农产品贸易增长的贡献分别为35.75%和39.87%。中国对外农产品贸易成本下降大幅提高了中国农产品贸易，却拉大了中国农产品贸易逆差，然而区际农产品贸易成本的下降能够有效改善农产品贸易逆差。

本部分可能的贡献：第一，从区域农产品流通的角度，证实了各地区农产品市场分割的存在，这可能也解释了为什么进口的农产品价格低于国内农产品价格，农产品生产成本低是主要原因，而在个别地区区际农产品贸易成本大于对外农产品贸易成本。第二，在当前"逆全球化"的背景下，依赖对外贸易谈判促进农产品贸易发展的难度加大，可以尝试减弱各地区市场分割，进一步降低区际贸易成本来促进农产品贸易发展。本部分可能的不足：第一，尽管本部分模拟和预测了中国农产品贸易发展的潜力，但基于以下事实，假定贸易双边收入不变，也就是中国及其贸易对象依然维持在特定年份收入水平；第二，贸易成本是关键的变量，更容易受到弹性参数的影响，而在本文研究过程中，并未进行稳健性检验。

参考文献

丁媛媛，彭星，2012. 中国与东盟双边贸易成本测度、贸易增长分解及影响因素分析[J]. 经济问题探索（5）：179-184.

方虹，彭博，冯哲，等，2010. 国际贸易中双边贸易成本的测度研究：基于改进的引力模型[J]. 财贸经济.

贾伟，2013. 中国农产品贸易成本测度及其对贸易增长的影响[M]. 北京：中国农业出版社.

贾伟，宫同瑶，秦富，2017. 贸易成本对中国各地区农产品贸易增长的影响：基于可计算一般均衡模型的分析[J]. 中国农村经济（4）：59-74.

刘卫东，唐志鹏，陈杰，2014. 2010年中国30省区市区域间投入产出表[M]. 北京：中国统计出版社.

陆铭，陈钊，朱希伟，等，2011. 中国区域经济发展：回归与展望[M]// 黄玖立. 对外贸易、区域间贸易与地区专业化. 上海：格致出版社：7-22.

童晓乐，2017. 中国农产品贸易持续性与潜力研究[D]. 浙江工业大学.

王梦醒，刘宏曼，2020. 贸易成本、农业生产率与中国农产品进口[J]. 国际贸易问题（11）：78-93.

许统生，李志萌，涂远芬，等，2012. 中国农产品贸易成本测度[J]. 中国农村经济（3）：14-24.

ANDERSON J E，VAN WINCOOP E，2003. Gravity with gravitas：a solution to the border puzzle [J]. The American Economic Review，l93：170-192.

ANDERSON J E，VAN WINCOOP E，2004. Trade costs [J]. Journal of Economic Literature，42（3）：691-751.

BERGSTRAND J H，1989. The generalized gravity equation, monopolistic competition, and the factor-proportions theory in international trade [J]. Review of Economics and Statistics，71：143-153.

EATON J，KORTUM S，2002. Technology, geography, and trade [J]. Econometrica，70：1741-1779.

HILLBERRY R，HUMMELS D，2003. Intra-national home bias：some Explanations [J]. The Review of Economics and Statistics，85：1089-1092.

HILLBERRY R，HUMMELS D，2008. Trade responses to geographic frictions：a decomposition using micro-data [J]. European Economic Review，52：527-550.

HUMMELS D，2007. Transportation costs and international trade in the second era of globalization [J]. Journal of Economic Perspectives，21：131-154.

KEITH H，JOHN R，2001. Increasing returns versus national product differentiation as an explanation for the pattern of U. S.-Canada trade [J]. The American Economic Review，91：858-876.

MELITZ M J，2003. The impact of trade on intra-industry reallocations and aggregate industry productivity [J]. Econometrica，71：1695-1725.

NOVY D，2006. Is the iceberg melting less quickly：international trade costs after world war Ⅱ [R]. Warwick Economic Research Papers.

NOVY D，2011. Gravity redux：measuring international trade costs with panel data[R]. Warwick Economic Research Papers.

PIERRE-PHILIPPE C，LAFOURCADE M，2005. Transport costs：measures, determinants, and regional policy implications for France [J]. Journal of Economic Geography，5（3）：319-349.

POYHONEN P，1963. Atentative model of the volume of trade Between countries [J]. Weltwirtschaftliches Archive，90（1）：93-99.

TINGERGNE J，1962. Sharing the world economy：suggestions for an international economic policy [M]. NewYork：Twentieth Century Fund.

WHALLEY J，XIN X，2009. Home and regional biases and border effects in armington type models [J]. Economic Modelling，26：309-319.

第九章 新冠肺炎疫情对全球农产品市场与贸易的影响及对策建议①

自2019年年底新冠肺炎疫情（以下简称"疫情"）发生以来，在党中央的坚强领导下，中国疫情在2020年3月初已经得到有效控制，全社会的生产生活秩序随之逐步恢复正常。但与此同时，疫情却在全球范围内加速蔓延，境外确诊病例数和死亡病例数都在持续增加。世界卫生组织（WHO）在2020年4月27日发布的疫情形势报告显示，全球确诊病例数超过287万，死亡病例数近20万，213个国家、地区或领地出现了确诊病例（WHO，2020）。2020年1月30日WHO宣布疫情为"国际关注的突发公共卫生事件（PHEIC）"；2月28日将疫情全球风险级别上调至"非常高（Very High）"；3月11日宣布疫情成为"全球性流行病（Pandemic）"，各国态度随之从观望开始转向积极防控。疫情全球大蔓延，对世界经济、全球农产品市场与贸易以及中国宏观经济和农产品市场与贸易都产生了重大影响，也影响到了我国"一带一路"倡议的推进与SDGs目标的实现。因此，本章将探讨新冠肺炎疫情对全球农产品市场与贸易的影响及对策建议，为不确定性条件的国际农业经贸合作提供参考。

第一节 疫情暴发初期全球农产品市场与贸易形势

一、主要农产品

农产品涵盖的范围非常广泛，本章讨论的农产品主要是谷物以及中国需要

---

① 本章以《新冠肺炎疫情对全球农产品市场与贸易的影响及对策建议》为题发表在《农业经济问题》2020年第8期。

大量进口的主要类别农产品。

1. 谷物

FAO在2020年3月和4月先后发布的《作物前景与粮食形势（Crop Prospects and Food Situation）》报告和《市场监测（Market Monitor）》报告显示，2019/2020年度世界谷物产量预计为27.19亿吨（表9-1），比上年度增长2.3%（FAO，2020a；FAO，2020b）；其中，小麦、玉米分别增长4.2%、1.8%，稻谷下降0.5%。谷物利用量为27.21亿吨，增长1.6%；其中，小麦、稻谷、玉米分别增加1.2%、0.8%、1.1%。谷物库存量为8.66亿吨，减少0.8%，库存利用比仍高达31.36%；其中，小麦增加0.7%，稻谷、玉米分别减少0.3%和5.2%。谷物贸易量为4.2亿吨，增加2.3%；其中，小麦、稻谷、玉米分别增加3.3%、2.3%、0.6%。总体来看，世界谷物供应充足且库存利用比较高。

2. 大豆

由于巴西、乌拉圭、阿根廷等主产国收成不利，2019/2020年度世界大豆产量预计为3.43亿吨（表9-1），比上年度下降5.9%（FAO，2020b）；利用量为3.60亿吨，增长1.8%；库存量为0.43亿吨，下降26.5%；库存利用比从上年度的16.5%下降到11.9%；贸易量为1.52亿吨，增加0.8%。可见，世界大豆产量和库存双双下降且供应偏紧。

3. 肉类产品

2019/2020年度世界肉类产量预计为3.35亿吨（折合胴体重）（表9-1），比上年度减少1.0%，这明显有别于过去20年稳定增长的趋势，主要原因是非洲猪瘟疫情在中国对中国生猪产业产生了严重影响，中国猪肉、肉类产量预计分别下降20%、8%，将抵消美国、巴西、欧盟、阿根廷等主产国的预期增幅（FAO，2019a）；世界肉类及其制品贸易量预计为3 600万吨，增长6.7%，主要原因是非洲猪瘟疫情在中国暴发导致猪肉减产、国内供应紧张的背景下增加肉类及其制品进口。总体来看，世界肉类产品产量下降、贸易量增长。

4. 奶类产品

2019/2020年度全球奶制品（折合鲜奶）产量预计为8.52亿吨（表9-1），比上年度增产1.4%，增产的大部分将来自印度、巴基斯坦、中国、欧盟和巴西，这些国家（地区）产奶牲畜的存栏量预计将增加（FAO，2019a）；世界奶制品（折合鲜奶）贸易量预计为7 620万吨，增长0.8%，大部分来自新西兰和欧盟出口的增长。由此可得，世界奶类产品产量和贸易量双增、供应充足。

5. 食糖

2019/2020年度全球食糖产量预计为1.75亿吨（表9-1），比上年度的创纪录水平下降2.8%，主要原因是印度、泰国、巴基斯坦等主产国的甘蔗在分蘖期和拔节期均遭遇不利天气条件并将出现减产（FAO，2019a）；库存量为0.91亿吨，下降2.6%，但库存利用比仍高达51.5%；贸易量为0.56亿吨，增长1.3%，主要是因为传统食糖进口国进口需求增加和主要出口国供应充裕。可见，世界食糖产量和库存量双双下降，但库存利用比仍很高。

表9-1 2018/2019年度至2019/2020年度主要农产品世界产量、利用量、库存量和贸易量

主要农产品		产量	利用量	库存量	贸易量
小麦	2018/2019年度（亿吨）	7.324	7.519	2.715	1.682
	2019/2020年度（亿吨）	7.633	7.612	2.729	1.737
	2019/2020相对上年（%）	4.22	1.24	0.52	3.27
稻谷	2018/2019年度（亿吨）	5.146	5.091	1.831	0.441
	2019/2020年度（亿吨）	5.120	5.134	1.826	0.451
	2019/2020相对上年（%）	−0.51	0.84	−0.27	2.27
玉米	2018/2019年度（亿吨）	11.202	11.404	3.612	1.663
	2019/2020年度（亿吨）	11.406	11.529	3.424	1.673
	2019/2020相对上年（%）	1.82	1.10	−5.20	0.60
大豆	2018/2019年度（亿吨）	3.641	3.532	0.584	1.504
	2019/2020年度（亿吨）	3.427	3.595	0.429	1.516
	2019/2020相对上年（%）	−5.88	1.78	−26.54	0.80
肉类产品	2018/2019年度（亿吨）	3.386	—	—	0.338
	2019/2020年度（亿吨）	3.352	—	—	0.360
	2019/2020相对上年（%）	−1.00	—	—	6.66
奶类产品	2018/2019年度（亿吨）	8.405	—	—	0.756
	2019/2020年度（亿吨）	8.520	—	—	0.762
	2019/2020相对上年（%）	1.37	—	—	0.79

（续表）

主要农产品		产量	利用量	库存量	贸易量
食糖	2018/2019年度（亿吨）	1.801	1.750	0.939	0.556
	2019/2020年度（亿吨）	1.751	1.775	0.914	0.563
	2019/2020相对上年（%）	−2.78	1.43	−2.66	1.26

数据来源：FAO。

二、农产品价格

2020年1—3月，国际农产品价格处于相对低位，主要农产品价格均进一步下降。从大类农产品看（图9-1），FAO在2020年4月2日发布的大类农产品价格指数显示（FAO，2020c），3月的食品价格指数、谷物价格指数、植物油价格指数、肉类价格指数、食糖价格指数比1月分别减少了10.74、4.66、37.24、7.72、31.18个百分点，奶制品价格指数比2月减少了6.36个百分点。从主要农产品看（表9-2），世界银行2020年4月3日发布的数据显示（World Bank，2020），多数农产品价格下跌，仅大米价格上涨；3月与1月相比，美国硬红冬1号、软红冬1号小麦的价格分别下跌6.9%、8.0%，玉米、大豆的价格分别下跌5.5%、3.9%，

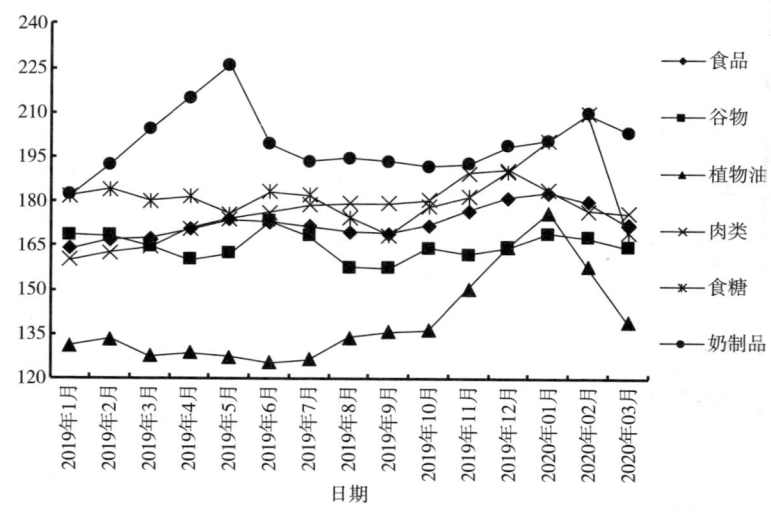

图9-1 2019年1月至2020年3月FAO大类农产品价格指数

数据来源：FAO。FAO价格指数以2002—2004年为基期。

大豆油、菜籽油的价格分别下跌14.61%、15.45%，牛肉、鸡肉的价格分别下跌11.25%、13.0%，食糖、棉花的价格分别下跌15.90%、13.99%；仅泰国、越南5%破碎率大米价格分别上涨9.5%、9.7%，这主要是由于世界大米贸易量相对较小（近年来全球大米贸易量占产量比重不足9%）以及越南、印度等国家近期因疫情采取大米出口限制措施所致。

表9-2 2020年1—3月主要农产品国际市场价格

主要农产品		2020年1月（美元/吨）	2020年2月（美元/吨）	2020年3月（美元/吨）	2020年3月与1月相比（%）
小麦	美国软红冬1号小麦	247.99	238.98	228.12	-8.01
	美国硬红冬1号小麦	224.50	215.32	209.07	-6.87
大米	泰国5%破碎率大米	451.00	450.00	494.00	9.53
	越南5%破碎率大米	348.68	357.42	372.58	6.85
玉米	美国2号黄玉米	171.79	168.71	162.42	-5.45
大豆	美国2号黄大豆	387.23	375.63	372.29	-3.86
植物油	荷兰大豆油	875.64	800.41	747.75	-14.61
	菜籽油	945.39	902.34	799.36	-15.45
肉类	澳大利亚/新西兰牛肉	5 039.10	4 717.34	4 472.40	-11.25
	美国鸡肉	2 071.24	1 876.13	1 802.06	-13.00
食糖	国际糖业协会（ISA）	311.95	325.84	262.35	-15.90
棉花	CotlookA棉花指数	1 743.19	1 688.08	1 499.36	-13.99

数据来源：World Bank大宗商品价格数据库。

三、生产份额和贸易份额

主要农产品的生产国和出口国均非常集中，但进口国较为分散（大豆除外）。近年平均来看（表9-3），前5位国家生产了世界50%的小麦、73%的稻谷、70%的玉米、90%的大豆、45%的肉类产品、77%的奶类产品；出口了世界60%的小麦、80%的大米、80%的玉米、95%的大豆、47%的肉类产品、54%的奶类产品；进口了世界22%的小麦、20%的稻谷、35%的玉米、73%的大豆、37%的肉类产品、36%的奶类产品。从变化趋势看，以前5位国家为例，2017年与2000年相比，在生产份额方面，小麦、稻谷、玉米和奶类产品基本稳定，大豆下降，肉类产品上升；在出口份额方面，小麦、大豆、肉类产品和奶类产品下降，稻谷和玉米上升；在进口份额方面，小麦、大米和大豆上升，玉米和肉类产品下降，奶类产品基本稳定。

表9-3　2000年和2017年世界主要农产品前5位国家的生产份额、出口份额和进口份额

主要农产品	生产份额（%）		出口份额（%）		进口份额（%）	
	2000年	2017年	2000年	2017年	2000年	2017年
小麦	52.4	52.3	70.6	60.8	19.8	22.1
稻谷	73.1	72.6	67.7	79.7	9.8	23.5
玉米	69.4	71.2	71.6	81.0	48.5	35.0
大豆	92.2	88.9	95.4	93.3	53.6	73.1
肉类产品	41.2	46.7	50.0	46.5	50.7	36.6
奶类产品	77.8	77.4	57.0	53.4	35.9	36.4

数据来源：FAO数据库和联合国商品贸易统计（UN COMTRADE）数据库的数据整理。

第二节　疫情影响全球农产品市场与贸易的若干判断

一、全球经济增速大幅下降，世界经济陷入衰退

疫情在全球超预期的持续快速蔓延，叠加沙特发起石油价格战导致的国际油价大跌，严重影响世界经济增长前景和各方信心。美股自2020年3月9日起已经4次熔断，从北美到欧洲、日本、韩国、印度及南美各国，持续的大暴跌席卷全球金融市场。国际货币基金组织（IMF）2020年4月14日发布的《世界经济展望（World Economic Outlook）》报告预测（IMF，2020），世界经济将遭遇20

世纪30年代大萧条以来最严重打击,2020年全球经济增速预计为-3.0%;发达经济体受影响严重,经济增速预计为-6.1%,其中美国-5.9%、欧元区-7.5%、日本-5.2%、英国-6.5%、加拿大-6.2%;新兴市场与发展中经济体经济增速预计为-1.0%,其中俄罗斯-5.5%、巴西-5.3%、墨西哥-6.6%、南非-5.8%、中国1.2%、印度1.9%。

如果全球经济因疫情出现衰退,世界粮食安全与营养形势将会更加严峻。FAO在2019年10月发布的报告显示(FAO,2019b),世界食物不足人口数自2015年起持续增加,到2019年达到8.22亿人,再加上中度粮食不安全人口数,全球共有超过20亿人无法保证获得安全、营养、充足的食物,且主要集中在低收入和中等收入国家,这些人更容易面临营养不良和健康受损的风险。根据国际食物政策研究所(IFPRI)2020年3月20日发布的研究报告,疫情影响下的全球经济增速每下降1个百分点,将导致全球食物不足人口数增加1.6%~3.0%,新增1 400万~2 300万人;同时,还会影响全球发展中国家农村地区约900万人的生计(Rob et al.,2020)。全球经济衰退也会对投资、生产和消费产生重大影响,并将通过农村劳动力就业、农产品市场需求、农业农村投资等渠道给全球农业农村发展带来重大挑战。

援助是提高发展中国家和欠发达国家粮食安全水平的重要外部途径。目前,意大利、西班牙、法国、德国、美国等主要援助国的疫情都非常严重。如果这些国家的国内疫情与经济形势持续恶化,会优先加大本国疫情应对与经济刺激投入并相应削减海外发展援助投入,而这势必导致以欠发达国家和中低收入国家为主的广大受援助国获得的外部援助大幅减少,使其本已十分严峻的粮食安全与营养形势更加"雪上加霜"(李先德 等,2020)。

二、全球农产品供需将从供应相对充足转向供不应求

从短期来看,全球主要农产品供应相对充足。随着疫情在全球范围内持续蔓延且尚无特效治疗药物和疫苗,很多国家和地区实施了严格的疫情防控措施,居家消费成为居民消费的主要方式,导致农产品消费需求受到较大抑制(孙致陆 等,2020);肉类、植物油等高附加值农产品与食物的消费将减少,面包和大米等基本农产品与食物的需求则会有所增加。在疫情发展初期,由于市场信息不对称,部分地区农产品生产商和贸易商无法准确把握市场需求状况,可能会导致农

产品无法及时销售而出现积压，并出现短期的、局部的供过于求状况。

从长期来看，如果疫情得不到有效控制并持续蔓延，必将有更多国家或地区采取管制力度更严、实施范围更广、持续时间更长的疫情防控措施，对农业生产、农产品加工、农产品流通等造成更大的负面影响。考虑到粮食等植物产品的生产具有很强的季节性，畜禽水产等动物产品的生产具有很强的周期性，如果这种季节性和周期性被打破并出现中断，短期内很难恢复，将会导致农产品的生产效率和产出水平都出现大幅下降；此时，农产品出口国必将优先考虑满足国内需求而减少甚至停止农产品出口，导致国际市场农产品供给下降。另外，疫情将加大各国之间的贸易壁垒，尤其是对于那些农产品进口依赖度高的国家，其供求差距将进一步加剧。例如，2014—2016年西非地区埃博拉病毒暴发期间，几内亚、利比亚、塞拉利昂等地区内粮食净进口国对泰国大米进口受阻，主要原因是船员怕感染埃博拉病毒而不愿意去疫区，运输商招聘不到船员，运输商也担心由于船只去了疫区国家而再去其他国家会遭到拒绝（司伟 等，2020）。因此，疫情持续影响下的国际农产品市场在长期内将有可能出现供不应求。

三、国际农产品价格将止跌回升，甚至出现大幅上涨

当前，国际农产品价格正处于相对低位，但随着疫情在全球范围内的大规模扩散，市场对全球经济衰退的担忧进一步加剧，市场恐慌情绪将随之加重。粮食作为全球抗风险和抗通胀的主要资产之一，对粮食的保值避险需求必将大幅增加。2020年后美国政府持续大幅降息，全球多个国家和地区跟进，国际投资者和国际游资极有可能进一步涉足国际粮食市场，进而大幅推高国际市场粮食价格。

目前，全球仅有30多个国家能够实现粮食完全自给自足，只有美国、澳大利亚、巴西、阿根廷、印度、巴基斯坦、中国等少数国家具有较强的粮食出口能力。2019年以来的高温天气导致澳大利亚等国出现了严重旱灾，澳大利亚山火持续了4个月，阿根廷大豆因为农业政策调整出现了连续减产，沙漠蝗虫正在给北非、西亚乃至南亚的粮食生产造成严重损害，诸多不利因素叠加，国际农产品价格很可能出现大幅上涨。例如，2020年2月以来越南和泰国的大米出口价格持续上涨。

四、全球农产品贸易因限制性措施严重受阻，贸易规模将显著下降

疫情发生后，很多国家都采取了贸易限制措施。在疫情初期，这些措施主

要针对中国，如印度尼西亚禁止进口中国活体动物，吉尔吉斯斯坦禁止进口中国农产品，俄罗斯最大超市Magnit暂停从中国进口蔬菜和水果等。随后多国采取了"封城""封国"等措施，都严重影响了国际陆运、航运和海运，澳大利亚、新加坡等国都已收紧靠港规定。丹麦海事数据提供商Sea-Intelligence在2020年3月发布的报告显示，受疫情影响，2020年全球贸易网络中的集装箱数量预计比上年减少190万个，集装箱航运公司将损失190亿美元（Sea-Intelligence，2020）。由于农产品价值低、体积大，国际贸易主要靠海运，海运业的萧条、航运管制以及新增检疫程序将降低国际农产品贸易需求和流通效率，再加上农产品保质期和保鲜期较短，农产品贸易企业违约风险和流动性增大，会直接导致全球农产品供应链受阻或中断。

疫情严重影响欧盟、北美和东亚全球主要农产品进出口市场。根据WTO数据，2018年欧盟、北美和东亚的农产品贸易额分别占世界的37.6%、15.5%、11.7%。当前，这三大地区均属于疫情"重灾区"。疫情将对主要农产品的国际贸易产生影响。例如，根据UN Comtrade数据库数据，占2018年世界谷物出口额47.97%的美国、印度、法国、加拿大、泰国和巴西，占2018年世界大豆出口额88.82%的巴西、美国和加拿大，以及占世界肉类产品出口额43.69%的美国、巴西、澳大利亚、德国和西班牙，这些国家也是中国相关农产品的主要进口来源国，但目前均发生严重疫情并宣布进入紧急状态。从长期看，如果疫情全球大流行持续，更多农产品贸易国宣布进入紧急状态，必将对全球农产品供应链和贸易造成更大冲击，国际农产品贸易规模将会显著下降。WTO在2020年4月8日发布的报告显示，2020年全球货物贸易总额比上年下降13%～32%（WTO，2020）。

第三节 疫情对中国的影响及对策建议

一、疫情对中国的影响

1. 从宏观经济来看，经济增速放缓且下行压力加大

全球疫情蔓延使得境外输入风险增加，将延迟中国防疫结束时间，给经济社会带来巨大风险和挑战。全球经济衰退将会增加中国经济稳定运行难度，减少外贸需求，造成经济下行压力加大。2020年第一季度中国GDP为206 504亿元，按可比

价格同比下降6.8%，其中第一产业、第二产业、第三产业增加值分别下降3.2%、9.6%、5.2%（国家统计局，2020a）。中国疫情平稳很可能吸引大规模资本流入股票市场和债券市场，增加金融市场的不稳定性；汇率可能会由前期的贬值转为升值，增加出口成本。尤其是近年来中国经济已经深度融入全球化的国际市场，2019年中国货物进出口总额占当年GDP的比重高达31.84%（国家统计局，2020b），全球经济衰退导致的境外需求锐减将直接影响国内经济以及农业农村发展。

2. 从农产品市场来看，外部可获得性降低、不稳定性增强

中国大豆、肉类、谷物等农产品进口主要来源地，如美国、欧盟、澳大利亚、加拿大等国的疫情均非常严重，其所采取的贸易限制性措施和技术壁垒将会增加中国农产品进口难度。与此同时，其他主要农产品进口国也会增加农产品进口，导致国际供求关系更加紧张，由此引起的市场波动将会很快传导至国内，影响国内农产品供需关系，增大国内农产品市场的不稳定性和农产品价格的波动性。

3. 从农产品贸易来看，进出口均面临巨大风险

根据中国海关数据，2019年中国农产品贸易逆差额高达719亿美元，尤其是大豆、畜产品、植物油等大宗农产品都高度依赖国际市场。疫情全球大流行可能带来的进口来源不稳定增加和国际市场价格大幅上涨，将会显著提高中国农产品进口成本。2008年全球粮食危机期间曾出现市场恐慌、粮食囤积、投机和炒作，一些国家采取禁止或限制农产品出口措施，导致市场动荡、价格飞涨（李先德等，2009）。当前疫情在全球蔓延，一些国家已出台了粮食出口限制措施，例如越南、印度等国家近期限制大米出口，可能有更多国家采取类似措施。同时，中国蔬菜、水果、禽产品、水产品等具有国际竞争力的农产品主要出口日本、韩国、马来西亚等国家，由于这些国家疫情严重，加之国际市场需求萎缩，必将对中国本已下降的农产品出口带来再次冲击。

二、对策建议

第一，加大国内农业生产支持力度，切实保障农产品稳定充足供应。在当前全球疫情蔓延、各国限制措施不断出台、影响复杂多变的情况下，国际市场的不稳定性增强；在这样一个特殊时期，政府应该切实加大对国内农业生产的支持力度，充分调动农户以及其他经营主体的生产积极性，提高农产品流通效率，确保"米袋子"省长负责制、"菜篮子"市长负责制落实落地，将中国人的饭碗牢

牢端在自己手上且主要装中国粮。

第二，加快大宗农产品进口步伐，把握市场的主动权。对于中国有巨大刚性需求的农产品，要在国际市场价格还处在相对低位的时候，尽早尽快部署，加大进口力度。对于近年来国内存在供求缺口的油料、肉类、谷物等大宗农产品，进一步加大采购和进口的力度；同时，还要及时、科学、准确研判中国主要农产品需求和国外可供量的变化，尤其要密切跟踪国外农产品贸易政策变化及其可能带来的影响，牢牢把握市场的主动权和主导权。

第三，积极应对贸易限制措施，推动贸易开放和市场稳定。针对有关国家或地区采取的贸易限制措施，尽快通过国际组织和外交渠道进行交涉与谈判，妥善处理并尽早达成谅解；科学分析因疫情导致的新增农产品技术性贸易壁垒，增加对国内农产品贸易商的经济纾困与支持，强化进口能力；加强对疫情发生国家或地区的医疗援助和医疗物资出口，营造更有利的农产品国际贸易环境；尽早尽快布局国际大宗农产品期货市场，积极应对可能出现的市场上行或波动风险。

第四，有效开展农业对外援助，深化粮食安全国际合作。当前正值全球公共卫生危机的关键时刻，要按照人类命运共同体的理念，加强多边合作，在FAO、世界粮食计划署（WFP）、国际农业发展基金（IFAD）等联合国系统以及"一带一路"倡议、中非合作论坛等合作机制框架下，加大对相关国家或地区的粮食援助和农业发展支持的力度，重点加强农业生产信息共享、经验交流、技术合作、政策协同，与国际社会一道为全球抗疫作出农业应有的贡献。

参考文献

国家统计局，2020. 统筹疫情防控和经济社会发展成效显著3月主要经济指标降幅明显收窄 [EB/OL]. http://www. stats. gov. cn/xxgk/sjfb/zxfb2020/202004/t20200417_1767694.html.

国家统计局，2020. 中华人民共和国2019年国民经济和社会发展统计公报 [EB/OL]. http://www. stats. gov. cn/xxgk/sjfb/tjgb2020/202006/t20200617_1768655.html.

李先德，孙致陆，贾伟，等，2020. 新冠肺炎疫情对全球农产品市场与贸易的影响及对策建议 [J]. 农业经济问题（8）：4-11.

李先德，王士海，2009. 国际粮食市场波动对中国的影响及政策思考 [J]. 农业经济问题（9）：9-15.

司伟，张玉梅，樊胜根，2020. 从全球视角分析在新冠肺炎疫情下如何保障食物和营养安全 [J]. 农业经济问题（3）：11-16.

孙致陆，李先德，2020. 疫情对我国农产品贸易的影响与对策建议 [N]. 农民日报，2020年4月14日04版.

FAO，2019a. Food outlook-biannual report on global food markets[EB/OL]. http://www.fao.org/3/CA6911 EN/CA6911EN.pdf.

FAO，2019b. The state of food security and nutrition in the world 2019[EB/OL]. http://www.fao.org/state-of-food-security-nutrition/en/.

FAO，2020a. Crop prospects and food situation[EB/OL]. http://www.fao.org/3/ca8032en/ca8032en.pdf.

FAO，2020b. AMIS market monitor[EB/OL]. http://www.amis-outlook.org/fileadmin/user_upload/amis/docs/Market_monitor/AMIS_Market_Monitor_current.pdf.

FAO，2020c. FAO food price index[EB/OL]. http://www.fao.org/fileadmin/templates/worldfood/Reports_and_docs/Food_price_indices_data_apr.xlsx.

IMF，2020. World economic outlook[EB/OL]. https://www.imf.org/~/media/Files/Publications/WEO/2020/April/English/text.ashx?la=en.

ROB V，MARTIN W，LABORDE D，2020. How much will global poverty increase because of COVID-19 [EB/OL]. https://www.ifpri.org/blog/how-much-will-global-poverty-increase-because-covid-19.

Sea-Intelligence，2020. Maritime analysis[EB/OL]. https://www.sea-intelligence.com/.

WHO，2020. Coronavirus disease 2019（COVID-19）situation report[EB/OL]. https://www.who.int/docs/default-source/coronaviruse/situation-reports/20200426-sitrep-97-covid-19.pdf?sfvrsn=d1c3e800_6.

World Bank，2020. Commodity markets monthly prices[EB/OL]. http://pubdocs.worldbank.org/en/561011486076393416/CMO-Historical-Data-Monthly.xlsx.

WTO，2020. Trade set to plunge as COVID-19 pandemic upends global economy[EB/OL]. https://www.wto.org/english/news_e/pres20_e/pr855_e.pdf.

第十章　典型国家的国际农业合作经验与模式

从世界范围来看，无论是发达国家还是主要发展中国家，都致力于加强国际农业合作，扩大在全球粮食安全领域的话语权与影响力。综合考虑发展阶段与可借鉴意义，本章将选取巴西、印度与美国开展典型分析，研究这些国家的农业合作经验与典型模式。

第一节　巴西国际农业合作经验与模式

一、国际农业合作现状

1. 农业科技合作与交流

几十年来，巴西政府把国际技术合作作为国家发展的重要战略，一直与各国和国际机构进行科技合作与交流。对内，巴西接受其他发达国家和国际社会组织提供的技术合作方案和项目（包括社会发展、公共管理、环境、能源、农业、教育和卫生等重要领域），提高自身国家机构的管理和职能水平；对外，巴西在"南南合作"原则基础上分享经验和良好做法，向国外提供合作。

巴西的对外技术合作方案通过发展其他国家的人力和机构能力来分享知识、经验和良好做法，以期伙伴国实现持久能力提升（FAO，2022）。巴西合作署（ABC）是巴西实施国际技术合作战略的主要机构，其作用是协调和监督与双边、区域和多边伙伴谈判和实施的各种方案和项目，并在技术合作活动中担任政府官方代表。30多年来，ABC与257个国家、公共和私营伙伴机构、20个发达国家、45个国际机构和100多个发展中国家建立战略联盟（ABC，2020）。主要项目包括公共行政、家庭农业、科学技术、文化、国防、社会发展、教育和学校供餐、能源、工商、司法、环境、畜牧业、卫生、公共安全、城市发展、劳动和就业。其中，家庭农业、农业科技、畜牧业和环境等领域是巴西农业科技合作与交流的重点领域。据巴西多边技术合作总协调办公室统计，截至2011年12月，巴西拥有233个正在执行的国际技术合作项目，其中农业、科技、环境领域分别占比10%、3%和22%。

国际技术合作和交流被认为是巴西外交政策的宝贵工具。除了为巴西机构积累经验外，它还支持巴西与伙伴国家和国际机构的外交目标和行动。这些合作项目提高了巴西在世界，特别是在发展中国家之间的知名度，为巴西货物和服务出口创造了机会，提高了本国国民就业和收入，并带来了其他收益。

2. 农业利用外资和农业对外投资

近10年来，巴西农业利用国外直接投资的规模呈现扩大趋势，但巴西减小了对其他国家的农业直接投资。根据巴西中央央行统计，巴西农业接受国外直接投资的规模从2010年的7.02亿美元增加到2019年的11.89亿美元，年均增长率为6.03%；而巴西对世界其他国家和地区的农业直接投资从2010年的0.42亿美元下降到0.32亿美元，年均增长-2.70%。2012—2014年，巴西对外农业直接投资处于高位，保持在1.8亿美元左右，之后则呈现波动中下降的趋势（表10-1）。

表10-1 2010—2019年巴西国外直接投资和对外直接投资　　　单位：万美元

年份	国外直接投资	对外直接投资
2010	70 174	4 174
2011	90 009	1 543
2012	46 613	17 067
2013	77 285	18 736
2014	51 058	17 924
2015	72 774	1 549
2016	99 567	3 832
2017	69 925	6 437
2018	50 188	589

（续表）

年份	国外直接投资	对外直接投资
2019	118 853	3 235
年均增长率	6.03%	-2.79%

数据来源：巴西中央央行，www.bcb.gov.br。

3. 农产品贸易

巴西是世界上主要的农产品出口大国，农产品贸易规模呈现增长趋势。从农产品贸易总额来看，从2010年的714.19亿美元增长到2018年的971.19亿美元，年均增长率为3.92%；农产品进口规模从2010年的89.08亿美元增长到2018年的117.56亿美元，年均增长率为3.53%；农产品出口规模从2010年的625.11亿美元增长到2018年的853.63亿美元，年均增长率为3.97%。可以发现，巴西农产品无论是进口还是出口均呈现增长趋势，并且出口规模大约为进口规模的7倍，出口增速也高于进口增速（表10-2）。

表10-2　2010—2018年巴西农产品贸易额　　　　　单位：亿美元

年份	出口额	进口额	贸易总额
2010	625.11	89.08	714.19
2011	802.42	116.29	918.71
2012	802.27	115.57	917.85
2013	850.27	123.48	973.75
2014	807.20	120.07	927.27
2015	745.73	101.17	846.89
2016	728.92	116.11	845.03
2017	821.10	117.53	938.63
2018	853.63	117.56	971.19
年均增长率	3.97%	3.53%	3.92%

数据来源：根据UN Comtrade数据库整理计算得到，农产品范围包括HS1992编码HS01-HS24。

二、农业合作机制

巴西的农业国际合作方式分为双边、多边和与国际组织和机构参与合作机制，其中最主要的是利用与国际组织和机构合作的方式参与全球农业合作和技术交流。

巴西的技术合作有两个方面，一是国际机构或发达国家（双边或多边）对巴西的农业投资和合作，需要满足以下条件：①为巴西的社会经济发展作出贡献；②优先分享巴西尚未掌握的知识；③巴西合作机构提供基础设施、设备和人力资源，但不提供财政资金；④没有救助计划；⑤遵循中立、不干涉内政和普遍性原则。二是巴西对外的农业合作（"南南合作"）具有以下主要特征：①满足发展中国家的需求；②以外交政策准则为基础，考虑到巴西合作机构的具体利益；③注重发展人、机构和生产能力；④不直接向伙伴国家提供资金资助，而是分享巴西的知识和成功经验；⑤巴西合作原则包括横向、中立、无条件和互利。

1. 双边合作机制

巴西的双边合作主要利用合作项目、联合研究合作和第三国培训方案的方式展开，主要的合作伙伴有德国和日本等国家，主要集中在环境和农业等方面。

日本在巴西的技术合作项目由日本国际协力事业团（JICA）领导，旨在通过向巴西机构转让日本的知识和技术，为该国的社会经济发展作出贡献。巴西公共机构可以通过向巴西合作署（ABC）提交提案，巴西和JICA一起评估这些提案，然后转交日本政府。必须强调，与日本的双边技术合作不包括财政资源的赠款或贷款，而是通过高级别磋商（派遣日本专家）、在日本培训和培训巴西技术人员以及在某些情况下捐赠设备进行的。它也不包括基础设施工程、学术研究和奖学金。巴西机构须承担相应机构当地人员、设施和开支，其价值至少应与所要求的合作项目价值相等。ABC不接受技术合作项目预算捐助。提交和批准项目周期为每年一次，每年3月31日为收到项目建议书初稿的截止日期。等到日本方面分析评估这些方案后，获得日本政府批准的项目从4月开始正式列入下一财政年度项目。ABC每年都会就合作项目出现的问题进行答疑，并就设计开发、评价标准等向有关机构提供指导。项目模式有3种：①技术合作项目；②发展研究（ED）；③个别技术合作项目（PICT）。

巴西与德国的技术合作由巴西外交部通过巴西合作署协调，财政合作由规划、预算和管理部通过国际事务秘书处协调。德国方面则由经济合作与发展部

（BMZ）提供资金，自2008年以来，环境、自然保护和核安全部（BMU）也通过国际气候保护倡议（IKI）提供资金。德国在巴西的技术合作方案由德国国际合作署（GIZ）负责执行通过。会议每两年举行一次，目的是审查德国与巴西的合作方案，审议优先领域和新议题的新提案，并记录德国方面的新资源分配情况。合作的优先领域包括热带森林保护、能源效率和可再生能源。

2. 多边合作机制

巴西的技术合作战略侧重于加强伙伴机构的非营利性技术合作，旨在分享伙伴国家所要求领域的成功经验和最佳做法，从而有效转让知识和技术。此外，为扩大巴西横向合作的范围，ABC还与越来越多的民间社会组织接触。

巴西与拉丁美洲、加勒比和非洲保持着技术合作关系，在亚洲（东帝汶、阿富汗和乌兹别克斯坦）、中东（黎巴嫩和巴勒斯坦领土）和大洋洲采取了临时行动。2008年，ABC批准并协调了236个南南技术合作项目和特设活动的执行，惠及58个发展中国家。巴西双边南南技术合作的重点是农业（包括农业生产和粮食安全）、职业培训、教育、司法、体育、卫生、环境、信息技术、预防工伤事故、城市发展、生物燃料、空运和文化、对外贸易和人权等其他领域已列入最新设计的项目和活动。

3. 国际组织和机构合作

在过去20年里，巴西在粮食和营养安全、消除饥饿、享有充足食物的人权、农村发展和加强家庭农业方面的无数成功公共政策使其农业发展达到了一流水平，这使该国成为该地区农业发展的范例，引起了国际社会，特别是拉丁美洲和加勒比国家的极大兴趣。这是巴西—粮农组织国际合作方案的基石，该方案的目的是向该区域其他国家分享巴西的经验和知识。这一成功的"南南合作"倡议涵盖了FAO、巴西外交部合作署以及拉丁美洲和加勒比国家。从2008年开始至今，巴西10多年来在这一合作方案中投资了5 000多万美元。

就巴西政府而言，ABC负责协调、谈判、批准和监督在该方案框架规划内的活动机构，其他相关部委都参与其中。该机构在国际合作方面有30多年的经验，负责协调巴西机构和组织开发的知识、技能和经验的交流，重点是能力发展和参与方之间的相互学习。此外，这种合作利用各方之间的相对进步和协同作用来扩大南南技术合作倡议，并支持影响更大的行动。

巴西—FAO合作项目方案的运作机制主要为：合作方案下的项目由FAO通过拉丁美洲和加勒比区域办事处管理，并严格按照该组织的规则和程序承担技术和财务运作的全部责任。FAO将指定一名官方技术负责人，负责每个项目的实施和技术监督，以及管理负责项目的官方预算持有人。指导委员会负责项目的全面管理。其他相关参与机构包括：巴西教育部国家教育发展基金、巴西环境部、巴西公民事务部、国家殖民和土地改革研究所、农业、畜牧业和供应部、巴西外交部、巴西合作署、FAO拉丁美洲和加勒比区域办事处。巴西—FAO国际合作协调员将担任委员会秘书。这些项目将确保各国政府从一开始就采取拨款行动，并确保每个国家所期望成果的可复制性和可持续性。在这方面，FAO国家代表处负责激励、促进、监测和跟踪在国家一级确定的任务，以便与相关国家机构密切合作实施项目，也确保在遵守行政程序、促进和精简各国活动方面发挥重要作用。

三、农业合作重点与成果

1. 农业技术交流和培训

（1）拉丁美洲和加勒比"无饥饿2025倡议"。该倡议从促进粮食和营养安全以及克服选定国家最弱势人口的贫困的角度出发，支持在面临灾害或对其粮食和营养安全威胁时的重建。此外，通过三边"南南合作"，从技术上协助处于紧急状况或潜在脆弱状态的国家、人口或农村社区，确保恢复或维持生产过程，同时考虑到他们的生活方式、习俗和潜力。具体实施过程为：2010—2016年，巴西政府和FAO在巴西—FAO国际合作方案下，支持全球、区域和国家各级的紧急和结构化人道主义合作倡议，为11个国家（海地、刚果共和国、莫桑比克、安哥拉、几内亚比绍、智利、尼加拉瓜、巴拉圭、玻利维亚、洪都拉斯和萨尔瓦多）实施15个次级项目，并支持在海地、尼加拉瓜、格林纳丁斯和圣卢西亚的具体活动。这些人道主义合作倡议是在巴西外交部的协调下实施的。在FAO合作小组解散后，与FAO建立的人道主义合作方案由巴西合作署负责协调。自2017年以来，随着项目审查的签署，项目的新阶段"2025年拉丁美洲和加勒比无饥饿倡议"已经启动。2019年，该项目将其活动延长至2022年12月31日。因此，在项目期间开展的区域活动也将包括在内，第一项区域活动定于2019年11月举行，项目涉及中美洲干旱走廊的3个国家（萨尔瓦多、危地马拉和洪都拉斯），将赴巴西东北部地区交流经验。

巴西—FAO国际合作的目的是加强各国在国家和区域两级机构制定粮食安全和营养公共政策的能力。这些举措主要集中在2个领域：第一，短期国家政策执行，旨在采取恢复价值链和农业生产系统的措施，目标是确保在发生社会自然灾害时获得食物（分发种子、获得水和恢复基础设施）；第二，加强结构性国家中期措施，其中考虑到4个核心要素：一是将家庭农业重新定位为人口的粮食供应来源，这是一个有效的保护和缓冲粮食价格波动的系统；二是推动公共食品市场成为消费者的新空间和地方经济的驱动力；三是更新与粮食安全相关的公共体制框架，制定当代议程；四是保证这些国家的所有公民都能获得食物。

（2）棉花项目。该项目的目标是在巴西公共政策研究、技术援助和农村推广、营销和价值链组织方面的知识和经验得到国际机构认可的背景下，通过系统方法建立了确保拉丁美洲棉花生产可持续性的要素，该项目致力于将性别、气候变化和当地人民纳入框架。巴西政府通过ABC、外交部、FAO以及阿根廷、玻利维亚、厄瓜多尔、哥伦比亚、海地、巴拉圭和秘鲁7个伙伴国家，通过三边"南南合作"，共同努力实现"项目+棉花+生产+附加值+收入+包容性市场+粮食安全+农村发展"等多重目标。三边"南南合作"的指导原则包括四项：①合伙人之间相互平等；②互惠互利；③合作国家不得干涉其他国家的事务；④自愿性和对发展中国家优先事项的回应。预期结果是：伙伴国家的公共机构被赋予新的能力，加强和扩大协调，以支持棉花链的发展和总体组织；重点是建立以家庭农业为主的棉花生产系统；努力实现促进"伙伴国家棉花部门的可持续发展"目标。该项目在伙伴国家开展的主要行动包括：野外日、示范和验证图；种子投资；知识的生成；技术援助和农村推广；市场准入；公共支持政策。项目的具体参与者包括：国家政府和地方政府；农民；研究人员和推广人员；农村青年；土著人民；协会和合作社；大学、农业学校和研究中心；国家和巴西合作伙伴。其中巴西合作机构有：巴西技术援助和农村推广公司协会（ASBRAER）；巴西棉花生产者协会（ABRAPA）；巴西农业研究公司（EMBRAPA）；帕拉伊巴国家技术援助和农村推广公司（EMATER-PB）；劳动部国家团结经济秘书处（SENAES-MT）。

从项目的角度来看，棉花项目不仅是生产系统的一部分，也是转化、价值聚集、贸易和消费链的一部分。为了加强这一重要作物的作用，政府、推广机构和研究人员以及纺织和服装部门的成员可以参与该项目。通过将不同的生产模式和生产者群体考虑在内，促使生产棉花的拉丁美洲国家相互联系合作，在研究、机械、可持续作物和生产管理技术、种子、适应气候变化等方面寻求创新。

该项目旨在促进粮食安全、消除农村贫困和饥饿、促进性别平等和女农民的自主权、体面工作、经济增长、负责任的生产和消费以及实现可持续发展目标。除了提高棉花生产附加值和农民收入等基本目标，项目目标还包括可持续生产、建立战略联盟、促进社会创新和构建包容性市场。其中，可持续技术方面的具体措施包括：加强专家、机构和生产者能力的基础上促进可持续的综合作物种植，目标是提高生产系统的收益，减少环境影响，合理使用土壤、水和肥料，恢复生物多样性。战略联盟方面为公共或公私伙伴关系创造对话空间，将各种机构纳入有益于家庭农业和棉花作物的政策、方案和行动的建设，以恢复该部门的竞争力和可持续发展。社会创新方面：通过信息工具、资源管理和加强组织模式，提高该部门的竞争力，提高农村妇女、男子和青年的创造能力。它侧重于促进技术援助和农村推广系统，这被认为是伙伴国家之间改进的、更具包容性和综合性的联合模式。包容性市场方面：促进有助于增加棉花价值链中高质量工作和收入的市场发展，改善家庭的粮食安全。这项工作的重点是通过良好的生产和营销实践、可持续性认证等方式，以差异化的方式重新定位棉花，提高其在当地、区域和国际市场的价值。

（3）加强拉丁美洲和加勒比的农业环境政策。根据巴西—FAO国际合作方案，自2012年以来，由FAO拉丁美洲和加勒比区域办事处运作开展"通过对话和交流国家经验加强拉丁美洲和加勒比国家的农业环境政策"项目，并与巴西政府环境部和巴西合作署保持联系。其目的是：在该区域各国气候变化的背景下，加强农业环境公共政策有效性，作为减少农村贫困和粮食不安全的工具。合作伙伴包括巴西、智利、哥伦比亚、墨西哥和尼加拉瓜（初始阶段）；哥斯达黎加、古巴、巴拿马和巴拉圭（第二阶段）。该项目以国家诊断研究和模范政策案例的选择为基础，通过这些案例评估生产部门在环境整合方面的趋同性，使经济增长目标适应自然资源保护、公平和社会正义、粮食安全以及促进环境和人类健康的需要。这些国家诊断性研究相关农业环境政策和经验教训后，通过各国和区域一级的广泛对话，2016年制定并出版了《拉丁美洲和加勒比农业环境政策自愿准则》（以下简称《准则》）。《准则》的目的是通过与不同的社会伙伴互动，以更加一体化和和谐的方式，制定将领土、环境和经济联系在一起的农业环境政策，向各国提供援助与指导，以改善其政策，以便在全球气候变化的情况下实现可持续发展与粮食和营养安全。

主要参与国家包括巴西、智利、哥伦比亚、哥斯达黎加、古巴、墨西哥、尼加拉瓜、巴拿马和巴拉圭等国。在国家和区域一级跨部门对话的各种讲习班和论坛上，来自这些国家的政府和私营部门、社区组织、民间协会、研究组织和学术界的代表讨论各国的农业和环境政策，并以协商一致的方式获得结论、建议和经验教训。

（4）支持拉丁美洲和加勒比国家粮食和营养安全及克服贫困的国家和次区域战略。其目标是促进拉丁美洲和加勒比地区最弱势人口的粮食和营养安全，克服贫困，加强国家和次区域战略。受益的地理区域有玻利维亚、哥伦比亚、厄瓜多尔、萨尔瓦多、危地马拉、洪都拉斯、尼加拉瓜、巴拉圭和秘鲁。次区域一级的行动有南美联盟、加共体和CELAC。

在拉丁美洲和加勒比地区，许多国家正在努力减少饥饿和营养不良。该区域遭受饥饿的总人数大幅下降，从1990—1992年的6 850万人降至2015年的3 400万人。然而，彻底消除这一严重的社会问题仍然是一项巨大的挑战，这证明加强粮食和营养安全的各种战略以及克服该地区的贫困是有效的。巴西作为拉丁美洲和加勒比其他国家的参照点，最著名的区域经验是"零饥饿"战略；由巴西政府于2003年提出，当时粮食安全被置于政府议程的中心。2014年，巴西实现了将挨饿人口比例减半的目标。1990—1992年，巴西有14.8%的人遭受饥饿；但2014—2016年，这一数字降至5%以下。

巴西抗击饥饿的另一项重要举措是实施"没有极端贫困的巴西"计划，旨在消除该国的极端贫困，基于以高度包容的方式将家庭农业政策与社会保护联系起来的成功做法。从制度上来说，巴西社会发展和反饥饿部是公共承诺的领导者、发起者和表达者，致力于执行各种公共政策，以实现相关目标。该项目侧重于：一是联合有关的各种政治和社会行为者、政府和民间社会共同制定粮食和营养安全议程（FNS）；二是促进多部门政策的制度化。换句话说，在消除贫困和粮食不安全的斗争中，刺激公私行动的治理空间和协同机制。因此，该项目旨在促进拉丁美洲和加勒比地区最弱势人口的粮食和营养安全及减贫，加强国家和次区域战略，并支持为FNS制定创新政策。在FNS以及克服贫困方面，在政府内部采用多部门协同办法，加强与民间社会的长期对话空间。许多国家强调以参与方式加强FNS政策的设计和执行，寻求民间社会组织的参与。为了实现战略规划的目的，参与国越来越多地要求将这些对话空间在市一级或国家以下一级领土化层面展开。此外，该项目向各国提供技术支持，以加强它们在战胜饥饿方面的多部门战略。加强粮食和营养安全公共政策，以改善经济包容进程。在参与国，这转化为政府对家庭农业公共采购项目的支持，以及对促进家庭消费的支持，以及对面向粮食无保障家庭的城市和农村作物的支持，特别是有机或农业生态农场，这些项目将支持国家计划或政策的制度化。根据参与国关于发展和改进其系统的请求，支持关于FNS专题的监测、评估和信息系统。从开始设计到管理，这些系统也具有多部门性质，例如信息的收集、处理、分析和使用，将与不同部门协同进行。该项目还涉及设计、实施监测和跟踪国家粮食和营养安全政策和计划的系统，以评估政府机制的执行情况。

2. 农业技术示范中心

巴西建立了农村技术推广援助知识管理平台。巴西认识到家庭农业在克服贫困和消除饥饿方面的作用，认为必须鼓励讨论侧重于提供农村服务的公共政策：金融、非金融、技术援助和农村技术推广，以及促进家庭农业包容性市场的发展。至关重要的是，要加强现有的对话空间及其议程的执行，特别关注农村妇女和年轻妇女方面。基于这一背景，设计了农村技术推广援助知识管理平台项目，该项目将寻求促进拉丁美洲和加勒比的可持续农村发展，在对话基础上，建立该区域各国在"南南合作"框架内的公共政策，加强家庭农业，以应对2030年议程设定的SDGs。合作伙伴为哥伦比亚、哥斯达黎加、巴拉圭、厄瓜多尔、乌拉圭、智利、尼加拉瓜和秘鲁。该项目是ABC、家庭农业和农业发展特别秘书处、FAO在拉丁美洲农村推广服务网络的支持下，通过巴西—FAO国际合作方案达成部分协议。该倡议旨在促进和便利国家间的学习；寻找扩大和改善覆盖面和质量的农村推广服务的方式和方法；加强与显性知识之间的交流。农村技术推广援助知识管理平台项目通过拉丁美洲农村推广服务网络及其国家论坛实施。全国论坛的目标是在全国讨论中强调推广问题。他们通过确定、分类和阐明相关行为者来共同制定工作计划，以期影响国家政策。

3. 能力提升

60多年来，巴西国家学校供餐方案的经验被公认为可持续性的，特别是被发展中国家所认可，从而能够向拉丁美洲和加勒比国家提供必要的支持。巴西在学校供餐方面的经验基于几个关键因素：如方案覆盖面、供应的系统化和连续性、学校提供的食物质量、全面的计划规定、营养建议、公众监督、从家庭农场采购食物、建设现场和虚拟支持系统、监测和评估、分散管理、通过学校花园等提供食物和营养的机制和教育工具。这一合作实施的范围包括5 570个城市和27个州，在200个教学日里每天帮助4 300万学生。《国家行动计划》还强调学校供餐模式是食物权的一部分，引发了对许多国家现存食物援助程序的讨论。

在巴西联邦政府和FAO于2008年签署的国际合作协定的框架内，该区域项目于2009年创建，目的是根据巴西的经验促进可持续学校供餐方案的制定和实施合适的可用于加强拉丁美洲和加勒比国家的学校供餐方案。由巴西开展并由国家教育发展基金委员会（FNDE）和ABC代表的供餐学校与FAO合作制定战略，分享经验和促进加强可持续性目标，并得到主要参与方的支持。主要作用是分享知识和成功经验，促进人力资源培训，以加强合作国家的机构及其各自的政策。加强学校供餐计划项目由2009年的5个国家创建。在实施的这些年里，其活动范围扩大到17个国家。目前正在该区域的13个国家开展活动，包括伯利兹、哥斯达黎加、萨尔瓦多、格林纳达、危地马拉、圭亚那、洪都拉斯、牙买加、巴拉圭、秘鲁、多米尼加共和国、圣卢西亚以及圣文森特和格林纳丁斯。

采取的行动和做法主要有：①在食物权的背景下建立可持续的学校供餐方案；②学校供餐方案作为社会和政府政策得到保证，通过持续和系统的方案得到发展，资源由政府保证，并有各利益相关方的参与；③提高学校供餐政策的决策者和技术人员的能力；④促使这些政策与伙伴国的其他粮食安全政策、方案和活动相协调；⑤加强学校供餐政策，如从家庭农场购买当地公共市场上生产的食品；⑥分享成功经验，以便在粮食和营养安全教育政策的范围内，加强关于学校供餐的讨论；⑦将食物和营养教育作为课程的一部分，利用学校花园作为教育工具；⑧吸纳民间社会、协会、合作社和议会等社会其他部门的参与（通过法律和其他法律框架的协调管理）；⑨通过当地学校社区的积极参与促进公共监督。

第二节　印度国际农业合作经验与模式

一、国际农业合作现状

1. 农业合作与交流

双边合作模式。印度通过农业研究与教育部门下的农业研究委员会（DARE-ICAR）与多个国家、国际组织、外国大学和研究所签署谅解备忘录或工作计划，开展国际双边合作（DARE，2022）。谅解备忘录由印度政府和另一个国家政府签署，或者由印度农业研究委员会和另一个外国的自治机构或研究所或大学签署。

多边合作模式。印度农业研究委员会在金砖四国、南亚区域合作联盟和东盟等组织的支持下参与多边合作。印度农业研究委员会通过外交部与国际农业研究机构积极与协商小组中心、农研中心、FAO、国家行动委员会、亚太农业研究中心、联合国减贫中心、亚太农业研究中心、国家统计局、国际园艺学会等开展合作和交流。

由于农业研究和培训中心的任务是农业及相关领域的研究和教育，谅解备忘录和工作计划涵盖了农业研究和教育等领域，包括考察访问和科学家培训、文献交流、种质交流和能力建设方案。印度农业研究委员会向国际学生提供高质量和高成本效益的农业教育，以及基于需求的专业领域短期培训方案；还组织国际培训项目，开发人力资源从事农业科学新兴领域的研究、教育和推广活动。印度农业研究委员会研究所和国立农业大学负责提供这些培训课程。

通过上述双边和多边合作活动，印度将通过分享知识、获得先进经验和接触各国最新技术发展而受益，然后在印度农业项目方案中进行采用，并根据印度自身的条件和要求进行必要调整。

2. 农业利用外资和接受捐助

近10年来，印度农业利用国外直接投资的规模呈现高速增长趋势。根据FAO统计，印度农业接受国外直接投资的规模从2011年的3.64亿美元增加到2019年的15.94亿美元，年均增长率为20.3%；而印度接受世界其他国家（地区）的农业捐赠从2010年的7.17亿美元增加到2018年的16.61亿美元，年均增长为11.07%（表10-3）。

表10-3　2010—2019年印度农业国外直接投资和对外直接投资　　单位：亿美元

年份	国外直接投资	接受外国捐助
2010	—	7.173 8
2011	3.640 8	16.731 1
2012	5.819 0	9.907 2
2013	39.565 8	5.386 2
2014	14.023 5	5.071 4
2015	8.879 7	5.197 9
2016	10.001 0	7.871 6

（续表）

年份	国外直接投资	接受外国捐助
2017	21.708 0	12.279 1
2018		16.610 2
2019	15.934 8	—
年均增长率	20.30%	11.07%

数据来源：外商直接投资数据来源于印度工业和外贸促进部，2017—2018年国外直接投资数据为两年总和数据；捐赠数据来源于FAO统计数据库，国外捐助单位包括双边捐助、多边捐助和私人部门捐助。

3. 农产品贸易

印度农产品贸易规模呈现增长趋势。农产品贸易总额，从2010年的321.64亿美元增长到2018年的567.62亿美元，年均增长率为7.36%；农产品出口规模从2010年的194.49亿美元增长到2018年的360.10亿美元，年均增长率为8.00%；农产品进口规模从2010年的127.15亿美元增长到2018年的207.52亿美元，年均增长率为6.31%（表10-4）。可以发现，印度农产品无论是进口还是出口均呈现增长趋势，并且出口规模大约为进口规模的7倍左右，出口增速亦高于进口增速。

表10-4　2010—2018年印度农产品贸易额　　　　　　　　　单位：亿美元

年份	农产品出口额	农产品进口额	贸易总额
2010	194.49	127.15	321.64
2011	302.28	158.03	460.31
2012	378.55	179.31	557.86
2013	418.06	171.00	589.06
2014	391.43	198.17	589.60
2015	322.64	214.93	537.57
2016	312.62	226.49	539.11
2017	363.37	254.96	618.33
2018	360.10	207.52	567.62
平均增长率	8.00%	6.31%	7.36%

数据来源：根据UN Comtrade数据库整理计算得到，农产品范围包括HS1992编码HS01-HS24。

二、农业合作机制

印度的农业国际合作主要分为双边、多边以及与国际组织下的多方参与合作机制,在印度农业研究与教育部门主导下的印度农业研究委员会的主导下运行。

1. 双边合作机制

截至目前,农业研究与发展中心正通过与35个以上国家、组织、大学的谅解备忘录和工作计划,参与农业研究和教育及相关领域的双边合作活动(表10-5)。

表10-5 印度与世界其他国家的农业双边合作

地区	签订农业谅解备忘录和工作计划的合作国家、组织、大学
亚洲	阿曼苏丹国农业和渔业部门;沙特阿拉伯农业部;印度农业部和印度、伊朗农业部;尼泊尔农业研究委员会;孟加拉国农业部;斯里兰卡旱地农研中心;阿富汗农业部;中国农业科学院;印度农业部和越南农业和食品工业部
非洲	埃及农业研究中心;埃塞俄比亚农业研究所;厄立特里亚共和国政府;赞比亚金谷农业研究信托基金;南非共和国农业、林业和渔业发展部;与突尼斯、莫桑比克、坦桑尼亚政府间签署农业谅解备忘录;纳米比亚农业、水和农村发展部
澳洲	西澳大利亚大学;新西兰土地护理研究中心
欧洲	俄罗斯农业科学院;法国国际农业研究中心;荷兰海牙农业发展研究中心
美洲	加拿大:萨斯喀彻温大学;萨斯喀彻温省政府农业发展基金;农业和食品部 美国:堪萨斯州立大学、康奈尔大学、佐治亚大学、伊里诺伊斯大学、密歇根州立大学、内布拉斯加大学罗伯特道格蒂食品水研究所、美国普渡大学、宾夕法尼亚州兽医学院 拉美地区:智利农业研究所;厄瓜多尔民主联盟;巴西农业研究公司;与特立尼达和多巴哥粮食生产和陆地海洋事务部签署了谅解备忘录和合作研究协议;与多米尼加联邦农业和林业部农业司签署协议;萨尔瓦多共和国渔业和水产养殖发展中心;墨西哥合众国家林业、农业和畜牧业研究所;阿根廷共和国农业、畜牧业、渔业和食品秘书处;巴拿马农业发展部

资料来源:印度农业研究与教育部网站。

2. 多边合作机制

印度目前的农业多边合作机制主要通过国际经济组织联盟、国际机构以及国际论坛峰会等机制展开农业多边国际合作。具体包括:东盟—印度农业合作、南亚区域合作联盟、G20集团、亚太水产养殖中心网络、国际农业和生物科学中心、亚太农业研究机构协会、国际园艺科学学会、国际种子测试协会、联合国亚洲及太平洋农业工程和机械中心、国际热带水果网络、第一届和第二届印度非洲论坛峰会、金砖四国峰会、孟加拉湾多部门技术和经济合作倡议。

印度和东盟。双方农业合作始于2002年，双方成立了印度—东盟农业合作组织，旨在促进联合研究，以开发提高作物、牲畜和渔业产量和生产力以及自然资源管理等方面的技术，并发展合资企业，交流技术、专门的知识和经验。于2011年和2012年召开了东盟—印度农业工作组会议，双方提出了加强农业合作的短期计划（2011—2012年实施）和中期计划（2011—2015年实施）。具体来看，短期计划包括：出版《东盟印度农业通讯》（2012年10月17日由印度农业部长发布第一期）；东盟—印度农业研究机构及相关科学领域高等教育研究（农业首脑会议期间讨论的议程）；农业大学校长会议；农民互访；培训方案（包括先进农业设备和精准农业技术培训、大豆和杂粮产品加工和增值技术培训、园艺产品生产和加工技术培训）；气候变化适应/缓解技术研讨会；东盟和印度农业部长会议；东盟—印度农业博览会。其中，《东盟—印度农业通讯》每半年出版一次，主办机构为印度农业研究理事会，旨在为东盟成员国和印度之间分享农业信息提供一个平台。中期计划的目标主要有4个：①在共同感兴趣的关键领域加强粮食、农业和林业方面的合作，目的是提高农产品的生产率，应对粮食安全的挑战，并增加其进入全球市场的机会；②促进相关政府部门之间以及东盟成员国和印度农业相关学术机构的农业专家、科学家之间的联系和交流；③促进能力建设、技术转让和R&D，提升全球农业竞争力；④为东盟和印度农民提供机会，通过信息共享学习和发展更有效的耕作方法和管理技能。为达成上述目标，印度—东盟拟将在以下领域制定和实施联合协作项目：杂交水稻技术、培育生物和非生物胁迫耐受性（洪水、干旱、盐度、疾病和虫害）、资源保护技术、基因和等位基因挖掘、提高农产品质量、养分和水分利用效率管理、气候变化和测试、农具和机械的展示和交流、农林系统、粮食安全，特别是粮食价格波动和跨境动物疾病等。

印度与南盟。印度农业研究委员会协调并参与南亚区域合作联盟（以下简称"南盟"）农业和农村发展技术委员会开展的各种农业和农村发展领域的活动。具体包括：为南盟国家开展能力建设；组织相关领域的讲习班、研讨会和其他活动；提供和分享关于改进技术和良好农业做法的信息和专门知识；编制南盟农业愿景；定期提供南盟需要的信息和数据。

印度与G20。印度积极参加G20集团的农业代表、副部长会议和G20集团农业后续会议，为G20集团在农业和粮食安全领域的讨论和会议提供技术支持。具体领域包括：就农业创新体系等问题提供意见；R&D合作；价格波动；农业市场信息系统；粮食安全；技术交付系统；农业投资；可持续农业生产和生产力增长；和发展中国家分享和讨论对粮食安全的看法。

印度与国际农业组织。印度通过积极参与国际农业领域的相关组织，参与和推动农业国际合作。如亚太水产养殖中心网络、国际农业和生物科学中心、亚太农业研究机构协会、国际园艺科学学会、国际种子测试协会、联合国亚洲及太平洋农业工程和机械中心、国际热带水果网络。

印度与非洲。印度和非洲的农业合作主要通过第一届和第二届印度非洲论坛峰会首脑会议（IAFS）展开，旨在通过帮助非洲国家开发其自身在人力资源和农业发展方面的潜力来发展印度非洲合作，重点聚焦非洲的农业教育和能力建设以及农业技术示范中心。两次首脑会议决定加强在土地开发、水管理、农业种植、育种技术、粮食安全和农业加工机械方面的合作，同时投资防治农业疾病，并参与实验和示范项目及培训。

印度与金砖四国。印度在金砖四国的农业合作主要通过农业部长会议及农业专家工作组（AEWG）组织和协调。AEWG第一次会议于2011年8月3—6日在中国成都举行，起草了《2012—2016年行动计划》草案，并获得农业部长会议批准。该草案确定五国分别负责一个领域：①金砖国家基础农业信息交换系统的建立（中国）；②制定总体战略，确保最弱势人口获得食物（巴西）；③减少气候变化对粮食安全和农业适应气候变化的负面影响（南非）；④加强农业技术合作与创新（印度）；⑤贸易和投资促进（俄罗斯）。2012年8月，印度农业发展研究中心主办了金砖国家农产品和粮食安全专家会议和AEWG，会议建议制定"建立金砖国家农业科技战略合作联盟框架文件"。

印度与孟加拉湾国家。孟加拉湾多部门技术和经济合作倡议（BIMSTEC）成立于1997年，旨在包括农业在内的14个部门开展区域合作。在BIMSTEC农业合作专家组会议的第一次会议上，确定了由不同成员国协调的11个项目。第二届BIMSTEC农业合作专家组会议于2008年4月22—24日在新德里举行。第一次会议确定的11个项目被重新组合成9个项目，其中印度负责协调以下4个项目：①预防和控制成员国之间的跨界动物疾病；②负责促进和加强成员国农业和兽医大学和机构的联系；③加强成员国农业生物技术包括生物安全的发展；④成员国种子部门发展。

3. 国际组织机构合作机制

印度积极利用国际农业研究协商组织（CGIAR）参与农业国际合作。国际农业研究协商组织，成立于1971年，与世界各地数百个政府和民间社会组织以及私营企业合作。CGIAR的资助来源包括发展中国家和工业化国家、国际和区域组织以及私人基金会。CGIAR的愿景是通过高质量的国际农业研究、伙伴关系和领导，减少贫困和饥饿，改善人类健康和营养，并增强生态系统的复原力。CGIAR的目标是：①人民的食物，为穷人创造和加速健康食物的生产力和生产的可持续增长；②环境造福人类，保护、加强和可持续利用自然资源和生物多样性，以改善穷人的生计，应对气候变化和其他因素；③为人民服务的政策，促进政策和体制变革，刺激农业增长和公平，帮助穷人，特别是农村妇女和其他弱势群体。

三、农业合作重点与成果

1. 农业技术交流和培训

印度农业研究委员会与CGIAR下属的11个机构建立合作关系，主要就农业技术交流和培训开展相关合作（表10-6）。具体合作单位包括国际玉米和小麦中心、国际水稻研究所（IRRI）、国际干旱地区农业研究中心、国际马铃薯中心、国际生物多样性中心、国际生命股票研究所（ILRI）、国际水管理研究所（IWMI）、世界鱼类中心（WFC）、世界农林中心、国际半干旱作物研究所和国际粮食政策研究所。

表10-6 印度农业研究委员会和CGIAR的一些合作计划

时间	事件	内容
2011年1月3日	在叙利亚阿勒颇签署了2011—2014年工作计划	这项工作计划中包括了新的合作领域，如技术干预对豆类的影响分析和政策选择的制定
2011年11月14日	在肯尼亚内罗毕签署印度农业研究委员会—国际农林研究中心2011—2015年工作计划	印度农研中心—国际农林研究中心工作计划加入了2011—2015年工作计划，以促进和加快研究和培训领域的更多合作努力

(续表)

时间	事件	内容
2012年6月	在斯里兰卡科伦坡签署了印度农业研究委员会—IWMI 2012—2014年工作计划	共同合作的领域被确定为包括改善水和土地农业,以及根据关于气候变化农业和粮食安全的第5号共同核心文件和第7号共同核心文件实施战略研究计划
2012年11月7日	签署《2012—2014年印度农业研究委员会—ILRI工作计划》	2012—2014年三年期国际兽疫局—ILRI工作计划包括了家畜研究领域的更多研究合作领域
2012年3月6日	在新德里签署了印度农业研究委员会—国际森林政策研究所2012—2015年工作计划	印度可持续发展研究中心—印度可持续发展研究所工作计划的制定考虑到了印度政府的总体增长战略,该战略在其与FYP的第11次会议上阐述了实现更快的可持续和包容性增长的目标
2012年11月29日	在新德里签署了印度农业研究委员会—IRRI 2013—2016年工作计划	印度农业研究委员会是印度国际灌溉研究所项目的节点机构,根据这一工作计划,它们将共同努力加强国际灌溉研究所项目主题领域的协作
2012年10月17日	租赁契约的签署	州政府之间签署的租赁契约。在旁遮普省卢迪亚纳建立BISA地区中心

资料来源:印度农业研究与教育部网站。

2. 农业技术示范中心

2011年10月5日,印度农业研究理事会和国际玉米和小麦改良中心合作建立博罗格南亚研究所(BISA)。BISA是一个非营利性国际研究机构,致力于南亚的粮食、营养和生计安全以及环境修复,为南亚3亿多营养不良人口提供帮助。BISA的目标是利用最新的农业技术来提高农业生产率,以可持续的方式满足未来的需求。BISA及其3个区域中心位于卢迪亚纳的地区(旁遮普),贾巴尔普尔(中央邦)和Samastipur(比哈尔邦)。2011年12月12日,BISA被授予《联合国特权和豁免法》规定的国际地位。随着BISA在印度的建立,预计印度将受益于利用国际科学的最佳成果来应对新出现的粮食安全挑战。像BISA这样的主要国际科研机构将使印度成为世界上更大的农业研究中心。

BISA采取的策略主要包括以下11个方面:①确保获得该区域目前无法获得

的最新研究和技术；②制定研究战略，旨在使南亚的粮食产量翻番，同时减少水、土地和能源的使用；③加强验证和测试新技术的前沿研究，显著提高产量潜力；④开发提高水稻、玉米和小麦种植系统生产力的技术；⑤针对该地区的小农户和边缘农户的生产设定相关研究；⑥以CIMMYT巨大的种质资源为基础，让利益相关方免费获得BISA开发的研究产品和技术；⑦通过相关培训项目，培养新一代从事新技术工作的科学家，并促使他们留在南亚；⑧使研究人员能够追求多种战略和研究可能性，同时允许与国家机构进行更有意义的合作；⑨与来自研究中心、政府、科学界、企业和农民等各部门的伙伴建立一个论坛，以改善该地区农民的生活和改善粮食安全；⑩发展一个拥抱新技术并鼓励对农业研究投资的政策环境；⑪将BISA作为一个区域平台进行开发和利用，重点聚焦整个南亚的农业研究。

3. 能力提升

第一届和第二届印度非洲论坛峰会首脑会议（IAFS）旨在通过帮助非洲国家开发其自身在人力资源和农业发展方面的潜力来发展印度—非洲合作，重点聚焦非洲的农业教育和能力建设以及农业技术示范中心。

在第一届首脑会议上，印度政府农业和农民福利部下属的农业研究和教育司受托，通过相关农业大学对非洲学生进行农业教育来提升非洲国家的能力。根据协议，印度农业大学为被录取的非洲学生提供攻读硕士和博士课程的名额，这一倡议得到了非洲学生的积极响应；在2010年和2011年，分别有49和57名学生被各种课程录取。截至2014年，印度总计录取了来自27个非洲国家的195名学生，硕士课程119个，博士课程76个。此外，在IAFS一号倡议下，印度还组织了各种培训方案加强非洲科学家能力建设。

在第二届首脑会议上，各国领导人同意发展提高农业生产力和保护环境的科学研究，该协议目的是确保人民粮食安全，降低不断上涨的食品成本。除了通过农业教育进行能力建设之外，还委托印度农业发展研究中心在非洲建立一些农业技术中心，如土壤、水和组织测试实验室；农业科学中心；农业种子生产暨示范中心，由外交部承担建立这些中心的工作。印度注重能力建设和经验分享，特别是在研究和知识方面。印度农业研究理事会的农业专家小组通过在非洲实地调研，探索改善其农业做法的第一手知识。能力建设方案每年向印度农业大学的75名非洲国家学生提供奖学金。此外，印度政府提议在各国农业和农村发展部门建立新机构,加强科学家、学者、技术和文献的交流,并就研究项目开展合作。印度还承诺提高对非洲农业的信贷额度。印度进出口银行批准的最大信贷额度是与埃塞俄比亚廷达霍的蔗糖项目,该项目也有望促进印度的投资。2006年,进出口银行还向塞内加尔提供了2 700万美元的信贷额度,用于灌溉项目设备的出口。在2011年首脑会议上,辛格总理宣布向塞内加尔提供1.6亿美元赠款,用于农业机械化方案的第二阶段。

第三节　美国国际农业合作经验与模式

一、国际农业合作现状

1. 农产品贸易

美国是农产品出口大国,农产品贸易规模总体呈现增长趋势。农产品贸易总额从2010年的2 186.52亿美元增长到2019年的3 073.01亿美元,年均增长率为3.85%;农产品进口规模从2010年的1 024.48亿美元增长到2019年的1 656.18亿美元,年均增长率为5.48%;农产品出口规模从2010年的1 162.04亿美元增长到2019年的1 416.83亿美元,年均增长率为2.23%。由此看出,美国农产品在进口和出口趋势上均呈增长态势,但其出口增速略低。美国农产品贸易额占世界农产品贸易额比重整体较为稳定,其中进口比重由2010年的8.65%增长到2019年的10.22%,出口比重以年均1.3%的速度减少(表10-7)。

表10-7　2010—2019年美国农产品贸易额

年份	美国农产品进口(亿美元)	占世界比重(%)	美国农产品出口(亿美元)	占世界比重(%)	美国农产品贸易总额(亿美元)	占世界比重(%)
2010	1 024.48	8.65	1 162.04	10.04	2 186.52	9.34
2011	1 207.61	8.34	1 377.77	9.77	2 585.38	9.04
2012	1 277.43	8.72	1 435.95	9.98	2 713.38	9.34
2013	1 313.86	8.64	1 468.89	9.71	2 782.74	9.17
2014	1 407.74	9.04	1 548.53	10.00	2 956.27	9.52

（续表）

年份	美国农产品进口（亿美元）	占世界比重（%）	美国农产品出口（亿美元）	占世界比重（%）	美国农产品贸易总额（亿美元）	占世界比重（%）
2015	1 418.06	9.96	1 383.15	9.92	2 801.21	9.94
2016	1 440.19	10.04	1 407.96	9.95	2 848.16	10.00
2017	1 528.02	9.87	1 433.19	9.36	2 961.20	9.61
2018	1 623.43	9.96	1 450.80	9.09	3 074.22	9.53
2019	1 656.18	10.22	1 416.83	8.93	3 073.01	9.58
年均增长率	5.48%	—	2.23%	—	3.85%	—

数据来源：根据UN Comtrade数据库整理计算得到，农产品范围包括H21992编码HS01-HS24。

2. 农业对外投资

据OCED统计数据，2011年以来，美国对外农业投资规模总体呈现增加趋势。其中，农林牧渔业对外投资规模由2011年的34.31亿美元增加到2018年的65.26亿美元，年均增长率为9.62%。美国对外农业投资占其国内的总对外直接投资比例小，但仍以年均4%的速度逐年增长，另一方面，美国农业对外投资占世界农业对外投资自2011年的8.5%到2018年的11%，以年均3.75%的速度增长，体现美国农业在全球的扩张布局（表10-8）。

表10-8　2011—2018年美国农业对外直接投资

年份	美国农业对外投资（亿美元）	占美国总对外投资（%）	占世界农业对外投资（%）
2011	34.31	0.06	8.50
2012	37.62	0.06	8.50
2013	39.89	0.05	8.70
2014	63.47	0.08	12.40
2015	68.00	0.09	12.90
2016	70.19	0.08	12.60
2017	73.95	0.07	12.30
2018	65.26	0.08	11.00
年均增长率	9.62%	—	—

数据来源：OECD。

二、农业合作机制

1. 自由贸易协定

美国通过双边和多边贸易协定为农产品国际销售、消除贸易壁垒和关税、开放市场、促进投资和经济增长等创造机会。自由贸易协定（FTA）通过减少贸易壁垒、为贸易和投资创造一个更稳定和透明的环境、保护美国经济利益，有利于美国生产者和出口商扩大国外市场。根据WTO数据，截至2020年底，美国与20个国家签订了自由贸易协定，其中除《北美自由贸易协定》《多米尼加共和国—中美洲—美国自由贸易协定》等少数几个多边协定外，大部分自由贸易协定是两国政府之间的双边协定。

据美国农业部（USDA）数据，目前20个美国FTA伙伴占世界GDP的10%，占全球人口的6%，覆盖农产品贸易占美国对世界农产品出口的近5成，在1990年美国实施大多数FTA之前，这一比例仅为29%，而美国与世界其他未缔约FTA伙伴关系相对应的美国农产品出口份额（不包括中国）从69%降至42%。根据自由贸易协定，美国大部分出口产品在生效后立即享受零关税的待遇，其余大部分关税将随着时间逐步降低，并通过包括在敏感商品中的免税关税配额（TRQ），也可以立即获得更多的准入机会，最终完全取消关税。1990—2015年，美国向FTA国家或地区的部分产品出口占美国对世界出口的份额增长了至少15%，主要包括：谷物和饲料，乳制品，家禽和产品，牛肉和产品，猪肉和产品，水果和蔬菜。其中，美国对FTA伙伴的玉米出口增长率最高，从占玉米总出口的22%上升到60%。激增的主要原因是关税配额的扩大以及最终根据《北美自由贸易协定》（NAFTA）取消了墨西哥对美国农产品出口的所有关税和配额壁垒，NAFTA是美国颁布的最早、最全面的自由贸易协定之一，由于该协定的缔结，美国禽肉、牛肉和猪肉的出口也大幅增加。《多米尼加共和国—中美洲自由贸易协定》（CAFTA-DR）生效后，美国对中美洲和多米尼加共和国的农产品出口增加了1倍以上，从2005年的19亿美元增加到2015年的42亿美元。在CAFTA-DR成员国中，多米尼加共和国是最大的市场。美国对多米尼加共和国的出口额为11亿美元，占对CAFTA-DR出口总量的27%。根据美国农业部外国农业服务局（FAS）报告，CAFTA-DR建立了更加透明的贸易流程，并扩大了一度面临限制的高附加值农产品，如红肉、家禽、奶酪等的进口。自2005年以来，美国以消费者为导向的产品出口增长了3倍多，其中以乳制品、牛肉、猪肉、家禽产品和预制食品为主。

自实施FTA起的3年内,美国对哥伦比亚的出口增长了2倍多,其中玉米、大豆和豆粕迅速增长。美国—哥伦比亚贸易促进协定也帮助哥伦比亚从美国的第21大市场跃升至第9,美国在哥伦比亚的市场份额从2011年的23%跃升至2015年的50%。同样地,在与智利、秘鲁签订FTA后,美国在这两国家农产品市场份额也有显著增加。美国在智利的农产品市场份额从2003年的9%增长到2015年的15%,其中以饲料、家禽、乳制品、牛肉、猪肉、葡萄酒、啤酒为主。美国在秘鲁的市场份额从2008年的16%增至2015年的30%,几乎翻了一番,其中以玉米、大豆油、粗粉以及乳制品的增长最为明显。

美国目前正在谈判跨大西洋贸易和投资伙伴关系(TTIP),旨在进一步扩大美国农产品出口机会。美国农业部经济服务局(ERS)分析,通过取消关税、关税配额及非关税措施,美国和欧盟之间拟议的TTIP可能会使美国出口年均增加96亿美元(与2011年基准年相比)。

2. 贸易和投资框架协议

贸易和投资框架协议(TIFA)提供了美国与TIFA其他当事方就贸易和投资问题进行对话的战略框架和原则,也是开展能力建设的重要手段之一。框架协议的名称不尽相同,例如与南非海关联盟或美国—冰岛论坛签订的《贸易、投资与发展协议》(TIDCA),但这些协议都可以作为美国和其他国家或地区的政府改善合作并增加贸易和投资机会的重要平台。美国和TIFA合作伙伴就与贸易和投资有关的广泛问题进行了磋商,主题包括市场准入问题、劳动力、环境、知识产权、保护和执行,以及在适当情况下的能力建设。TIFA理事会通常每年至少会在政府高层举行一次会议。美国拥有与发展、贸易和投资利益不同级别的国家的TIFA(表10-9)。

表10-9 美国与各国(地区)签署的贸易和投资框架协议

非洲	美洲	欧洲和中东
美国—安哥拉TIFA	美国—阿根廷TIFA	美国—阿尔及利亚TIFA
美国—东部和南部非洲(COMESA)TIFA	美国—厄瓜多尔TIFA	美国—亚美尼亚TIFA
美国—东非TIFA	美国—乌拉圭TIFA	美国—巴林TIFA
美国—西非国家经济共同体(TIOWFA)TIFA	美国—乌拉圭TIFA贸易与环境议定书	美国—埃及TIFA

（续表）

非洲	美洲	欧洲和中东
美国—加纳TIFA	东南亚及太平洋	美国海湾合作委员会贸易，经济，投资和技术合作框架协议
美国—利比里亚TIFA	美国—东盟TIFA	美国—乔治亚州TIFA
美国—毛里求斯TIFA	美国—文莱TIFA	美国—冰岛TICF
美国—莫桑比克TIFA	美国—缅甸TIFA	美国—科威特TIFA
美国—尼日利亚TIFA	美国—柬埔寨TIFA	美国—黎巴嫩TIFA
美国—卢旺达TIFA	美国—斐济TIFA	美国—利比亚TIFA
美国—南非TIFA	美国—印尼TIFA	美国—阿曼TIFA
美国—西非经济货币联盟（WAEMU）TIFA	美国—老挝TIFA	美国—卡塔尔TIFA
亚洲（南亚和中亚）	美国—马来西亚TIFA	美国—沙特阿拉伯TIFA
美国—阿富汗TIFA	美国—新西兰TIFA	美国—瑞士TIFA
美国—孟加拉国TICFA	美国—菲律宾TIFA	美国—突尼斯TIFA
美国—中亚TIFA	美国—泰国TIFA	美国—土耳其TIFA
美国—蒙古TIFA	美国—越南TIFA	美国—乌克兰TIFA
美国—马尔代夫TIFA	—	美国—阿拉伯联合酋长国TIFA
美国—尼泊尔TIFA	—	美国—也门TIFA
美国—巴基斯坦TIFA	—	美国—伊拉克TIFA
美国—斯里兰卡TIFA	—	—

3. 双边投资条约

美国通过双边投资条约（BIT）用于制定以市场为导向的政策，保护在伙伴国家的私人投资，并促进美国农产品出口。美国BIT计划的基本目标是：在尚未通过现有协议（如商业和通航的现代条约或自由贸易协议）保护投资者权利的国家保护在国外的投资；鼓励采用以市场为导向的国内政策，以开放、透明和非歧视的方式对待私人投资；支持制定符合这些目标的国际法标准。

美国通过双边投资条约为投资者提供六大核心利益：①美国要求与东道国

对待自己的投资者及其投资或投资者一样，应优先考虑投资者及其"涵盖的投资"（即BIT一方的国民或公司在另一方领土内的投资）以及来自任何第三国的投资。在投资的整个生命周期中，从设立或收购到通过管理、运营和扩展，再到处置，BIT都通常提供更好的国民待遇或最惠国待遇；②双边投资条约对被征收设立了明确的限制，并规定了在被征收发生时支付迅速、充分和有效的补偿；③双边投资协定提供与投资有关的资金进出东道国的可转让性和及时性并使用市场汇率；④限制对绩效要求的附加条件，例如将出口配额作为建立、获取、扩展、管理、进行或运营投资的条件；⑤保障有担保的投资者有权聘自主选择的高级管理人员，没有国籍限制；⑥使每一方的投资者都有权向另一方政府提出投资争端，以进行国际仲裁，而无需使用该国的国内法院。

4. 其他贸易倡议与协定

在多边合作方面，美国贸易代表处也在WTO框架下寻求多边合作，同时与国会贸易促进局（TPA）合作，旨在立法规定贸易协定的谈判目标和优先事项。

在服务贸易方面，美国还参加了服务贸易协定（TISA）的谈判，旨在促进广泛服务部门的公平和公开竞争。根据WTO统计，目前世界共有23个经济体正在参与TISA谈判，占世界55万亿美元服务市场的近70%。在美国，每10亿美元的服务出口支撑着约5 900个国内就业岗位，推动服务贸易在全球的扩张将为美国带来红利。

在环境商品协定方面，2014年7月，美国和13个WTO成员方就环境商品协定（EGA）展开谈判，该协定旨在消除对风力涡轮机、太阳能热水器、催化转换器等一系列环境商品的关税对这些环保产品的关税通常很高，限制了绿色技术的技术进步。EGA为保护全球环境提供了一个重要机遇，同时也为美国工人和企业释放了经济机会。

三、农业国际合作重点项目和内容

美国国家层面的农业国际合作主要由美国农业部下属的外国农业服务局（FAS）负责，农业国际合作重点项目包括农产品贸易、农业人才交流、农产品市场开发、农业科技交流、农业和粮食援助5个方面（表10-10）。

1. 农产品贸易方面重点项目

（1）农产品贸易促进计划（ATP）。该计划旨在帮助美国农业出口商开拓新市场，并减轻其他国家关税和非关税壁垒的不利影响。ATP为符合条件的美国组织提供成本分摊援助，如消费者广告、公共关系、销售演示、参加交易会和展览、市场调查和技术援助。FAS根据《商品信贷公司章程法》管理ATP。

（2）乳制品进口许可计划。进口许可证是美国农业部用来管理美国乳制品进口关税配额制度的工具之一。对于受关税配额限制的乳制品，通常需要获得FAS许可证才能以较低的税率进口产品。每年必须在9月1日至10月15日期间申请。这些关税配额和低关税税率统称为低税率，适用于特定数量的进口商品；更高的关税税率称为高税率，适用于任何超过这一数额的进口商品。1995年1月1日，乌拉圭回合协议生效后，关税配额取代了第22条规定的乳制品进口配额。在1995年该协定实施后的6年里，高关税税率降低了15%，而受低税率限制的数量在同一时期逐步增加；关税配额费率和数量因产品而异；以高税率进口产品，为美国政府机构进口产品，或进口个人使用产品，只要在任何一批货物中净重不超过5千克，则无须获得许可证。

（3）出口信用担保计划（GSM-102）。GSM-102计划通过提供信贷担保的形式，鼓励美国农产品的商业出口融资。通过降低放贷人的金融风险，信贷担保鼓励向那些有足够财政实力的国家（主要是发展中国家）的买方出口，这些国家有足够的外汇用于定期付款。该计划适用出口产品包括：高价值、以消费者为导向的加工产品，如冷冻食品、新鲜农产品、肉类、调味品、葡萄酒和啤酒；皮革、面粉和纸制品等中间产品；以及谷物、油籽和大米等大宗产品。

（4）出口销售报告计划。出口销售报告计划每天和每周监测美国农产品出口销售情况。该计划要求美国出口商每周向FAS报告某些商品的销售情况。该方案目前涵盖的商品包括小麦、小麦制品、大麦、玉米、高粱、燕麦、黑麦、大米、大豆、豆饼和豆粕、大豆油、棉花、棉籽、棉籽饼和粕、棉籽油、葵花籽油、亚麻籽、亚麻籽油、牛皮和牛皮、牛肉和猪肉。FAS于每周四东部时间8:30发布出口销售情况的每周摘要。除每周要求外，如果一个出口商在一天内向一个目的地销售10万吨或以上的小麦、玉米、高粱、大麦、燕麦、大豆、豆饼或豆粕，或20 000吨及以上的豆油，则需要每日报告。FAS在下一个工作日东部时间上午9:00点发布每日销售总结，日销售额也包括在周报中。

（5）糖进口计划。美国进口糖产品是由关税配额（TRQs）管理的，关税配额允许一定数量的糖以低关税进入美国。关税配额适用于进口原蔗糖、精制糖、糖浆、特种糖和含糖产品。美国通过进口限制旨在履行在北美自由贸易协定（NAFTA）和乌拉圭回合农业协定下的承诺。美国农业部确定每个联邦财政年度（从10月1日开始）的年度配额量，美国贸易代表在各国之间分配关税配额。支付更高的超额关税的糖和相关产品进口无数量限制。

（6）羊毛服装制造商信托基金。羊毛服装制造商信托基金根据2014年《农业法》（2014年农业法案）第12315条获得授权，并根据《2018年农业改善法案》（2018年农业法案）第12603条重新授权，以减少因羊毛织物的关税高于某些羊毛织物制成的服装物品的关税而对国内制造商造成的经济伤害。农业羊毛信托基金包括四种年度付款机制：对某些精纺羊毛织物制造商的付款，羊毛关税配额货币化下的支付，羊毛纱线、羊毛纤维和羊毛最高关税补偿，退还特定羊毛制品的进口关税。

（7）特种作物技术援助（TASC）计划。该计划为符合条件的组织机构提供资金，用于解决禁止或威胁美国特种作物出口的卫生、植物检疫和技术壁垒。符合条件的活动包括研讨会和讲习班、考察、实地调查、病虫害研究等。农作物包括在美国生产的所有栽培植物及其产品，不包括小麦、饲料谷物、油料种子、棉花、水稻、花生、糖和烟草等。每年最高奖项为500 000美元，最长奖励期限为五年。TASC计划旨在使整个行业或商品受益，而非使特定公司或品牌受益。非营利组织、营利组织和政府机构都可以申请。提案可以针对单个国家或合理的国家或区域组合。

（8）皮马棉信托基金。根据2014年《农业法》（2014年农业法案）第12314条获得授权，并根据2018年《农业改善法案》（2018年农业法案）第12602条重新授权，以减少因棉织物关税高于对某些棉织品征收关税。2018年《农业法案》每年为商品信贷公司（Commodity Credit Corporation）拨款1 600万美元，具体分配如下：25%给一个或多个国家认可的协会，以促进皮马棉花用于纺织和服装产品；25%分配给在美国生产环锭棉纱的皮马棉纺纱厂；50%给在上一个年度用进口棉的纺织制造商。

2. 农业人才交流方面重点项目

（1）博洛格奖学金项目。博洛格国际农业科学技术奖学金项目通过向发展中国家和中等收入国家的研究员提供培训和合作研究机会，以促进粮食安全和经济增长。博劳格研究员通常是处于职业生涯早期或中期的科学家、研究人员或决策者。每个人都将有与美国大学、研究中心或政府机构的导师进行一对一的交流的机会，通常为期8~12周；研究人员也可以参加其领域内的专业会议和活动，如年度世界粮食奖专题讨论会。自2004年该项目启动以来，来自64个国家的大约800名研究人员参加了一系列与农业相关主题的研究和培训，包括农学、兽医学、营养学、食品安全、卫生和植物检疫问题、自然资源管理、农业生物技术、农业经济学和农业政策。通过提高参与者对农业科学的理解，该项目有助于促进以科学为基础的贸易政策，改善美国农产品的国际市场准入。

（2）科克伦奖学金计划。该奖学金计划为来自中等收入国家、新兴市场和新兴民主国家的农业专业人员提供短期培训机会。目标是：帮助符合条件的国家发展必要的农业系统，以满足其本国人口的食物和纤维需求；加强美国与相关国家之间的农业贸易联系。每年大约有600名研究人员受资助与美国的大学、政府机构、私人公司进行为期2~3周的培训与合作。交流内容主要是技术培训，以提高相关国家研究人员在农业贸易、农业综合企业发展、管理、政策和营销等相关领域的技术知识和技能。通常情况下，每年美国农业部会根据当前的贸易问题公布符合条件的国家和主题。

（3）大使馆科学研究员计划。在美国驻外使馆安排美国政府技术专家，提供有关环境、科学、技术和健康问题的专门知识。自2002年该项目启动以来，FAS资助了25个国家的40多名研究员，在美国农业部具有战略意义的领域开展工作，包括贸易能力建设、生物技术、食品安全、动物健康以及卫生或植物检疫问题。

（4）国际农业教育奖学金项目。国际农业教育奖学金计划向符合条件的美国公民提供奖学金，以帮助发展中国家建立以学校为基础的农业教育和青年推广计划。该计划由国会在2018年农业法案中创建，目的是：培养有海外生活经验的具有全球视野的美国农业家；帮助满足相关国家国内人口的食品和纤维需求；以及加强美国与相关国家农业产业之间的贸易联系。

（5）教师交流计划。教师交流项目提高了发展中国家高等院校农业教育工作者的教学能力。学员们受资助赴美国进行为期4~5个月的学习，以提高教学能力和课程建设能力。自1995年以来，该方案为来自19个国家的377名农业教育工作者提供了培训机会。该项目在培训下一代科学家和决策者以更好地了解全球农业市场和贸易政策方面发挥着不可或缺的作用。

3. 农产品市场发展方面重点项目

（1）市场准入计划（MAP）。通过MAP项目，FAS与美国农业贸易协会、合作社、区域贸易团体和小型企业合作，共同承担海外营销和促销活动的费用，以帮助建立美国农产品商业出口市场。目前，MAP几乎遍及全球的每个角落。FAS为符合条件的美国组织提供成本分摊援助，用于开展诸如消费者广告、公共关系、销售演示、参加交易会和展览、市场研究和技术援助之类的活动。当资金用于一般性营销和促销时，参与者必须提供至少10%的配套资金。每年，FAS都会在联邦公报中公布的申请期限和标准。申请人通过统一出口策略（UES）流程申请。FAS会进行资格审查，并根据明确的长期战略计划，向那些展示出有效表现潜力的申请者提供资金。

（2）国外市场开发（FMD）计划。也称为合作者计划，可帮助创建、扩展和维护美国农产品的长期出口市场。根据该计划，FAS与以非营利商品或贸易协会为代表的美国农业生产者和加工者合作，以将美国商品推广到海外。FMD计划专注于美国商品的一般性促销，而不是面向消费者的品牌产品促销。由FMD资助的项目通常致力于减少外国进口限制或扩大出口增长的长期机会。具体包括：减少基础设施或市场障碍，确定农产品的新市场或新用途。每年，FAS都会在联邦公报中公布FMD的申请期限和标准。组织通过统一出口策略（UES）流程申请FMD计划，该流程允许申请者通过提案从多个市场开发计划中申请资金。FAS会对申请者进行资格审查，并根据明确的长期战略计划，向展现出良好发展潜力的申请者提供资金。

（3）新兴市场计划（EMP）。EMP计划用于帮助组织或机构促进农产品向具有或正在发展以市场为导向的新兴经济体出口。通过EMP计划，FAS为技术援助活动（如可行性研究、市场研究、部门评估、入职访问、专门培训和业务研讨会）提供成本分摊资金。EMP支持美国普通农产品和产品的出口，这意味着支持或促进品牌产品或特定公司的项目不符合条件。每年，FAS都会在联邦公报中宣布EMP申请期限和标准。美国的非营利组织、营利组织和政府机构都可以申请。申请人通过统一出口战略（UES）流程提交提案，该程序允许符合条件的组织通过提案向美国农业部多个市场开发项目申请资金。

（4）质量样品计划（QSP）。QSP计划旨在使全球潜在客户能够发现美国农产品的质量和效益。该计划实施主要对象是加工商和制造商，而不是消费者，同时，计划目标是使整个行业或商品受益，而不是某个特定的公司或产品。项目侧重于开发一个新市场或促进美国产品的新用途。QSP参与者出口商品样品，并提供如何使用样品的指导。当一个项目完成后，美国农业部向参与者报销采购和运输样品的费用。虽然所有项目参与者都必须向其商品样品的接收者提供技术援助，但援助费用不可报销。任何出口美国农产品的私人或政府实体均可申请该计划。FAS每年在《联邦公报》上公布QSP申请期限和标准。申请人通过统一出口战略（UES）流程提交QSP提案，该流程允许符合条件的组织通过一个单一的、战略协调的提案从多个美国农业部市场开发项目申请资金。

（5）设施担保计划（FGP）。该计划为那些对美国农产品的需求可能因缺乏足够设施而受到限制的国家的基础设施改善提供信贷担保。计划旨在促进美国农产品在那些因储存、加工、处理或分销能力不足而可能导致需求受限的国家的销售。该计划提供信贷担保，以促进制成品和美国服务的融资，以改善或建立新兴市场的农业相关设施。根据FGP，商品信贷公司（CCC）通过担保经批准的外国金融机构对美国销售者或金融机构提供的应付款项，减少贷款人的财务风险。

4. 农业科技交流方面的重点项目

（1）科学合作交流项目。该项目支持美国和中国的科学技术专家团队之间的合作关系。自1979年以来，该项目促进了3 000多名参与者就食品安全与保障、动植物健康、农业生物技术和新兴技术等主题进行交流。该项目有助于推动美国农业发展，鼓励农业科技领域的长期合作，为农业贸易创造积极的氛围，增进中美两国的整体关系。通过帮助中国和美国的企业了解彼此的产品和需求，该项目为美国扩大农产品对中国的出口提供帮助。

（2）科学合作研究计划。该计划支持美国研究人员和新兴市场经济体研究人员之间的联合研究、推广和教育项目，项目期为两年。项目涉及领域包括农业贸易和市场准入、动植物健康、生物技术、食品安全和保障以及可持续的自然资源管理。自1980年以来，该计划已与约95个合作国家支持了400多个项目，提高了1 000多名农业专业人员的技术技能，帮助受惠国成为美国农产品更具竞争力的消费者。

（3）科学交流计划。该计划旨在培养新一代农业科学家增加科学知识和合作研究，并将知识推广到国际农业市场。美国农业部也将该计划作为一种市场开发工具，帮助开拓国际市场，减少或消除贸易壁垒，从而最终增加和创造美国农产品出口的新机会。该计划由国会在2008年的《食品、保护和能源法》中提出，目的是：促进贸易、贸易政策、贸易能力建设和粮食安全；培养新一代农业科学家，增加科学知识和合作研究，并向国际农业市场的用户和中介机构推广知识；协助开拓市场，减少或消除贸易壁垒。

5. 农业和粮食援助方面的重点项目

（1）粮食促进计划。该计划帮助发展中国家和新兴国家实现农业部门的现代化。美国捐赠给受援国的农产品在当地市场上销售，所得收益用于支持农业、经济或基础设施发展项目。粮食促进计划有两个主要目标：提高农业生产力和扩大农产品贸易。粮食促进计划项目对农民进行了动植物卫生培训，改进了耕作方法，发展了道路和公用事业系统，建立了生产者合作社，提供了小额信贷，并发展了农业价值链。项目参与者包括私人志愿组织、外国政府、大学和政府间组织。FAS每年征求项目建议书，并提供优先国家名单。有资格申请的组织包括外国政府、政府间组织、私人志愿组织、合作社和非政府组织。

（2）比尔爱默生人道主义信托基金。该基金以提供资金的方式向发展中国家提供紧急人道主义粮食援助。当出现粮食危机，而美国政府的其他项目无法提供粮食援助时，农业部长可授权信托基金发放资金，以迅速满足即时需求。信托基金中的现金为美国政府提供了根据可用性和具体需求购买适当商品的灵活性。

（3）地方和地区粮食援助采购计划（LPR）。该计划授权FAS与私营志愿组织、合作社和世界粮食计划署合作，实施利用当地采购的商品提供发展援助和紧急救济的实地项目。LRP计划是对美国政府现有粮食援助计划的补充，特别是麦戈文·多尔国际粮食促进教育和儿童营养计划，该计划支持世界各地的学校供餐和妇幼营养项目。

（4）麦戈文·多尔食品换教育计划。该计划帮助支持全球低收入、缺粮国家的教育、儿童发展和粮食安全。该计划提供美国农产品捐赠、财政和技术援助，以支持学校供餐和妇幼营养项目。麦戈文·多尔方案的主要目标是减少饥饿，改善识字率和小学教育，尤其关注女孩。通过提供学校伙食、教师培训和相关支持，麦戈文·多尔项目有助于提高学校入学率和学习成绩。同时，该方案还注重提高儿童入学前的健康和学习能力，为孕妇和哺乳期妇女、婴儿和学龄前儿童提供营养方案。可持续性是麦戈文·多尔计划的一个重要方面。FAS及其合作伙伴组织致力于确保项目所服务的社区最终能够自行或在其他来源（如东道国政府或当地社区）的支持下继续开展赞助活动。FAS每年根据人均收入、识字率和营养不良率等因素公布一份优先国家名单。

表10-10 美国农业国际合作重点项目和内容

类别	项目/计划名称	主要内容
农产品贸易	农产品贸易促进计划	提供成本分摊资金，帮助美国农业出口商开拓新市场，减轻其他国家关税和非关税贸易壁垒的不利影响
	乳制品进口许可计划	进口许可证是FAS用于管理美国乳制品进口关税配额（TRQ）系统的工具之一
	出口信用担保计划（GSM-102）	当美国银行向外国银行提供信贷以资助美国农产品销售时，保证还款
	出口销售报告程序	监控美国农产品出口销售，确保广泛获取最新的市场信息
	糖进口计划	美国食糖进口由美国农业部制定的关税配额制（TRQs）
	羊毛服装制造商信托基金	旨在减少因羊毛织物关税高于某些羊毛织物制成的服装制品的关税而对国内制造商造成的经济损害。
	特种作物技术援助（TASC）	资助解决禁止或威胁美国特种作物出口的卫生、植物检疫和技术壁垒的项目
	皮马棉信托基金	旨在减少因对棉织物征收的关税高于某些由棉织物制成的服装制品的关税而对国内制造商造成的经济损害
农业人才交流	博洛格奖学金项目	为发展中国家的研究人员和决策者提供指导和培训，以帮助促进粮食安全和经济增长
	科克伦奖学金计划	为发展中国家和中等收入国家的农业专业人员提供短期的美国培训机会
	大使馆科学研究员计划	将美国科学家派往美国驻外大使馆，就环境、科学、技术和健康问题提供专业知识
	国际农业教育奖学金项目	向美国公民提供奖学金，协助发展中国家建立以学校为基础的农业教育和青年推广计划
	教师交流计划	为来自发展中国家的大学级农业教育工作者提供为期一学期的美国培训机会

(续表)

类别	项目/计划名称	主要内容
农产品市场发展	市场准入计划	帮助融资活动，在全球范围内推销和推广美国农产品
	国外市场开发计划（FMD）	为合作组织提供成本分摊资金，用于建立对美国农产品的国际需求
	质量样品计划（QSP）	帮助美国机构向海外潜在客户提供农产品样本
	设施保证计划	提供信贷担保，支持美国农产品需求可能因缺乏足够设施而受到限制的国家基础设施改善
	新兴市场计划（EMP）	为技术援助活动提供资金，促进美国农产品向全球新兴市场出口
农业科技交流	科学合作交流项目	支持美国和中国的科学技术专家小组之间的合作
	科学交流计划	支持美国大学科学家和国际农业专业人士之间的科学培训、合作研究和指导
	科学合作研究计划	支持美国和国际农业专业人士之间的联合研究、教育和推广项
农业和粮食援助	粮食促进计划	通过捐赠美国商品以帮助发展中国家实现农业部门的现代化和加强
	比尔爱默生人道主义信托基金	储备资金有助于确保美国能够应对世界范围内的紧急粮食需求
	地方和地区粮食援助采购计划	支持利用当地采购的商品在粮食不安全地区提供发展援助和紧急救济
	麦戈文·多尔国际教育和儿童营养食品计划	支持世界各地减少饥饿、提高识字率和小学教育水平的项目

资料来源：WSDA海外农业局。

参考文献

ABC，2020. Histórico da cooperação técnica brasileira [EB/OL]. http://www.abc.gov.br/SobreABC/Introducao.

DARE,2022. International-coopration [EB/OL]. http://dare. gov. in/about-us/international-coopration/bilateral-international-cooperation.

FAO,2022. Program of Brazil-FAO international cooperation [EB/OL]. https://www.fao. org/in-action/program-brazil-fao/program-summary/en/.

第十一章 "十四五"时期中国农业对外开放形势与策略[①]

"十四五"是我国"两个一百年"奋斗目标的历史交汇期,也是全面开启社会主义现代化强国建设新征程的重要机遇期。《中共中央关于制定国民经济和社会发展第十四个五年规划和二〇三五年远景目标的建议》中明确提出,要加快构建以国内大循环为主体、国内国际双循环相互促进的新发展格局,要求实行高水平对外开放,开拓合作共赢新局面。综合考虑国内外复杂形势与合作需求,深入分析中国农业对外合作环境、重点任务与支持政策,有助于我国农业合作更好地适应国际地缘政治格局演变的新形势与新特征,把握全球战略机遇与合作潜力,具有重要的研究意义。

第一节 农业对外开放面临的背景形势

一、利益分歧仍将延续

农业是关系国计民生的基础产业。从全球来看,农业问题从来都不是一个单纯的技术问题,涉及经济、社会、环境、政治、文化等方方面面,特殊而又敏感(BUCKLE,2013;MATTHE,2018;ESPINOSA-CRISTIA et al.,2019)。受资源禀赋、发展阶段等因素的综合影响,各国农业竞争力存在显著差异,相应

[①] 本章以《"十四五"中国农业对外开放:形势、问题与对策》为题发表在《华中农业大学学报》(社会科学版)2021年第1期。

地,各国对外合作也是利益交织、矛盾凸显。以凯恩斯集团和美国为代表的农业大国具有较强的产业竞争力,主张开放全球农产品市场,削减关税和补贴;以欧盟、日韩为代表的耕地资源相对稀缺的发达国家,主张合理的农业补贴与市场保护,更加强调社会、环境等农业多功能;以中国、印度为代表的发展中大国,需要统筹考虑粮食安全、农民生计等战略问题;对于大部分非洲国家和欠发达国家,因为国家农业发展滞后、财力有限而主张削减补贴,期待特殊和差别化的发展待遇(表11-1)。这导致了WTO框架下的农业谈判进展异常缓慢(孔庆峰等,2011;韩杨,2020),并进一步延伸到国际农业规则制定、全球气候变化应对、关税非关税贸易壁垒(陈秧分 等,2015;MOON,2011)等多个领域。农业问题关系国际政治与国家发展,"十四五"对外开放需要立足并充分考虑各国农业领域的利益分歧。

表11-1　主要国家生产者支持(PSE)占农场收入(GFR)的比例(%)

	2000年	2005年	2010年	2015年	2016年	2017年	2018年	2019年
中国	3.52	8.02	12.68	16.07	15.56	14.98	12.96	12.10
阿根廷	0.38	-24.49	-28.03	-30.88	-11.47	-10.26	-25.72	-28.20
印度	1.79	-12.35	-14.77	-3.60	-7.05	-3.28	-6.73	-4.97
巴西	9.08	8.77	6.41	2.40	3.56	2.18	1.68	1.12
澳大利亚	3.30	3.65	2.97	1.80	1.70	3.02	2.10	1.85
南非	5.71	6.95	1.92	4.96	2.35	3.40	4.74	4.60
加拿大	17.70	19.39	14.93	7.77	9.39	7.59	7.40	8.84
俄罗斯	2.40	12.81	19.83	12.62	12.29	11.16	11.23	9.22
美国	21.38	14.65	7.97	8.94	9.14	8.39	11.43	12.08
日本	55.75	48.96	49.17	37.62	41.23	41.83	41.20	41.30
韩国	66.98	60.62	47.07	47.61	44.30	47.23	50.36	46.12
欧盟(28国)	30.60	29.29	19.60	18.94	19.76	18.89	19.54	19.02
OECD	30.62	26.45	19.33	17.12	17.99	17.14	17.99	17.75

数据来源:OECD。

二、发展差距持续拉大

全球各国的农业发展水平存在较大差距。发达国家长期以来处于农业科技领先地位，在当前全球以生物技术、智能化技术、新材料技术等重大突破为标志并相互渗透、融合发展的科技革命中继续占据着主导地位，发展中国家农业仍主要依赖于土地、劳动力等传统生产要素，无论是粮食单产水平还是农业生产率等关键指标，发达国家均领先于发展中国家（表11-2）（中国农业科学院战略研究中心，2019）。进一步地，发达国家通过大型跨国公司，牢牢控制着全球农资生产、加工流通、市场定价、技术研发等关键环节，通过农产品期货市场、国际农业规则制定等手段掌控着全球粮安领域的话语权与影响力，在全球农业价值链分工中处于关键地位（陈秧分 等，2015）。此外，发达国家的农业支持保护强度较高，且注重加快农业支持政策的市场化转变，加大对农业知识和创新体系的资金投入，将有利于提高农业产业竞争力（刘福江 等，2018）。综合考虑发展基础、投入能力与技术水平，预计"十四五"各国农业发展差距将继续拉大。

表11-2 全球农业发展主要指标对比

	2016年人均耕地面积（公顷）	2018年乡村人口比例（%）	2014—2016年农业劳动力就业占比（%）	2019年农业占GDP比例（%）	2016年劳均农业增加值（美元）	2016年谷物单产（千克/公顷）	2014—2016年地均化肥施用量（千克/公顷）
中国	0.1	41.0	27.7	7.0	3 449.5	5 981.0	503.3
世界	0.2	45.0	28.4	4.0	3 349.7	3 967.0	140.6
东亚与太平洋地区	0.1	41.0	27.2	4.0	3 530.5	5 071.0	331.0
欧洲和中亚	0.4	28.0	8.8	2.0	14 193.9	3 785.0	80.7
拉丁美洲与加勒比	0.3	19.0	13.8	5.0	6 963.2	4 178.0	140.2
中东北非	0.1	35.0	16.8	4.0	6 995.8	2 626.0	94.8
北美	0.6	18.0	1.4	1.0	86 090.0	7 368.0	127.2
南亚	0.1	66.0	44.9	16.0	1 583.9	3 132.0	160.3

（续表）

	2016年人均耕地面积（公顷）	2018年乡村人口比例（%）	2014—2016年农业劳动力就业占比（%）	2019年农业占GDP比例（%）	2016年劳均农业增加值（美元）	2016年谷物单产（千克/公顷）	2014—2016年地均化肥施用量（千克/公顷）
撒哈拉以南非洲	0.2	60.0	54.0	15.0	1 472.5	1 400.0	16.2
低收入国家	0.2	67.0	60.3	23.0	846.8	1 329.0	10.4
中低收入国家	0.1	61.0	42.3	15.0	1 909.3	3 034.0	116.7
中高收入国家	0.2	34.0	23.4	6.0	4 400.8	4 366.0	187.1
高收入国家	0.3	19.0	3.3	1.0	34 043.3	5 957.0	136.6

数据来源：世界银行。

三、合作不确定性显著加强

当今世界正遭遇"百年未有之大变局"，"十四五"时期我国农业国际合作将面临更大的不确定性。一是美国自2018年发起的贸易摩擦与地缘政治竞争，将加剧全球贸易保护主义，深刻影响跨国公司全球布局、农业技术转移与国际农产品贸易，增加农业对外合作风险。二是新冠肺炎疫情期间全球产业链、供应链的循环受阻，国际农产品市场波动加剧，一定程度上凸显了全球化危机，将对各国农业分工、合作战略与发展环境产生深刻影响。三是2020年全球经济严重衰退，极大可能持续到"十四五"期间，国际贸易投资规模将相应萎缩，一些发达国家参与国际农业治理的能力与意愿下降，一些需要借助国际援助等外部资源来保障国家粮食安全的发展中国家或欠发达国家将承受较大压力。随着国际发展格局演变和地缘政治竞争加剧，中国作为全球最大的发展中国家，农业对外合作和粮食安全保障都将受到更多的关注，考验全球化"危""机"的治理能力。

四、互惠共赢空间巨大

"十四五"期间,各国资源禀赋与发展差距的基本面不会发生变化,农业对外开放依然存在广泛的互惠共赢基础。发达国家占据全球农业价值链顶端,需要通过配置全球农业资源、开拓国际农产品市场等途径,来提升本国农民的生计水平、保障国家粮食安全、获取市场超额利润。发展中国家尤其是欠发达国家的农业发展水平较低,2019年全球尚有8.21亿饥饿人口,主要分布在非洲、亚洲地区、拉丁美洲及加勒比海地区(FAO et al.,2019)。当前全球低收入国家的农业生产年均增长率分别为1.63%和1.00%,为了实现联合国2030年可持续发展目标,低收入国家的农业生产率需要在接下来的10年中翻番,为了满足2050年全球近100亿人口的食物需求,全球农业生产年均增长率需要提升到超过1.73%(College of Agriculture and Life Sciences,2019)。从根本上促进全球尤其是低收入国家的农业发展,需要加强全球经贸合作,促进技术、管理等现代生产要素转移,方可真正推动该国传统农业的转型升级。此外,近年来全球气候变化加剧、跨境病虫害增多、全球粮食消费需求快速增加、实现联合国SDGs等新情况新任务,均需要深化全球合作,共同应对风险挑战(MOON,2011)。

综上,"十四五"时期深化农业经贸合作仍然符合各方利益关切,多重挑战下的全球粮安尤须加强治理,农业对外开放仍具有广泛的合作共赢基础。同时,不确定、高风险将构成"十四五"乃至更长一段时期内农业国际合作的重要特征,农业对外开放面临诸多挑战。中国农业对外开放需要用辩证思维客观看待大变局之下的"危"与"机",致力于在不确定性中寻找确定性、给不稳定的国际农业合作以更多的确定性,切实稳定各方预期、落实合作共赢。

第二节 农业对外开放存在的短板瓶颈

一、多重因素交织,"卡脖子"问题凸显

从技术领域看,科技在当前现代农业发展、提升农业竞争力中处于主导地位,但我国科技创新尤其是关键核心技术仍然存在短板,例如"很多种子大量依

赖国外，农产品种植和加工技术相对落后"，在单边主义、保护主义持续抬头背景下，以往通过人员交流、项目合作等方式来获得先进科学技术的空间收窄，通过跨国并购实现技术跃升的可能性大幅降低，考验我国农业原始创新能力；从经贸领域看，受长期以来粮食供求紧平衡等因素影响，我国农业政策包括对外开放领域都尤为重视农业生产环节。数据显示，2018年中国农业对外投资流量为21.95亿美元，其中生产环节占84.1%，其次为仓储11.7%，加工、物流、科研、品牌等其他渠道占比不足5%，对比而言，2018年美国食品加工业对外投资与农林牧渔业对外投资的比例为7.18∶1（卢昱嘉 等，2020）。我国农业"走出去"侧重于生产环节，全球农产品贸易主要掌控在美国ADM、邦吉、嘉吉、法国路易达孚等大型跨国公司，导致我国的渠道掌控力与话语权偏弱，像大豆、棉花、大麦等主要进口依赖型农产品都存在"大国效应"（孙致陆 等，2015；龚谨 等，2018），即我国进口增加导致了国际市场价格上升，尚未凭借规模优势获得相应的定价权，同时，国际农产品市场价格、贸易规模还容易受到气候变化、主产国产量、贸易政策、替代产品市场、汇率等因素影响，潜伏着较大的不确定性；从全球粮安治理看，中国崛起背景下的粮食安全、对外投资、农产品贸易、农业援助等问题均受到国际社会的广泛关注，虽然我国在"南南合作"等领域取得了显著成效，但在舆论引导、规则制定等方面的经验与能力明显不足，受到"新殖民主义""土地掠夺"等不实指控，还一定程度上导致了缺少国际农产品定价权、对海上运输通道的保障能力不足、国内农业补贴空间收窄等问题，面临诸多被动。

二、协同机制不够，风险与成本偏高

一是农业经贸合作与外交、宣传等方面的互动不足。随着国际地缘政治竞争加剧，农业对外开放日益涉及政治、经济、文化、外交等方方面面。中国秉承合作共赢理念，加强与全球尤其是发展中国家的农业国际合作，有力地促进了东道国农业发展，但在民心相通、政策沟通、舆论掌控、规则制定等方面的跟进不足、支撑不够，制约话语权与影响力。二是农业与非农产业的协同推进不足。农业合作是对外开放的重要抓手，因为农业项目比较容易得民心，处理得当，可以增进当地人民对双方政府的好感，加深中国与沿线国家的友好关系，同时，农业合作也是对外开放的主要难点，因为农业基础设施投入大、见效周期长、政府管控多，影响合作积极性与合作效果，已有一些非农企业因为承担社会责任、当地政府要求、发现市场机会而进入农业产业的经贸合作案例，但总体而言，农业与其他产业在东道国的共商、共建、共享、共赢并不多见，尚未形成足够合力来提升农业合作效果。三是农业对外开放各渠道的互促互进不足。农业对外开放涉及对外投资、农产品贸易、技术合作、对外援助等多个方面，各渠道之间的相互支撑还待加强，例如中国在发展中国家援助建设了大量的农业技术示范中心，有力地推动了当地农业生产，但在投资跟进、贸易创造等方面的效果还可加强。四是农业内部各品种之间的统筹考虑不多。例如，大豆具有食用、饲料、油料等多种用途，其中，饲料、油料等环节存在较多的替代品，下游产品包括各种肉类、豆制品等。2019年我国大豆进口依存度高达83.1%，94.2%的进口大豆来源于巴西、美国和阿根廷，如能从全产业链视角统筹考虑农产品之间的互补性与替代性，通过加强大豆替代品生产、加大下游产品进口（豆粕、肉类等）等综合途径，我国可在风险防控、舆论环境、渠道掌控等方面赢得更多主动。

三、经验与能力不足，政策瓶颈明显

作为农业"走出去"的后来者，我国仍然缺乏足够的国际农业合作经验与健全的支持举措。在生产经营层面，国际合作需要跨越法律、语言、宗教、伦理、习俗等诸多冲突，农业又跟食物安全、小农生计、生态环境和社会文化都密切相关，更容易受到国际社会关注，特别需要重视公共关系维护、企业的社会责任与资源环境保护。在支持政策层面，尽管国内对农业"走出去"的支持力度在不断增强，但在市场开拓、保险信贷、税收优惠、人才支撑、考核机制等方面的支持政策都有待进一步完善。在战略规划层面，我国在国际地缘政治竞争应对、全球农业规则制定、重大议题引领、国际舆论掌控等领域的研究尚显不够、应对不足，在当前全球经贸形势复杂多变的背景下，亟待探索系统的中国主导全球农业治理方案，推动中国在全球农业治理中从外围走向核心，更好地实现农业对外开放的任务目标。在组织管理层面，农业对外合作涉及农业、外交、商务、财政、发改、银监、海关等多个部门。尽管国家成立了农业对外合作部际联席会议，加强了信息共享与政策协同，但在实际执行过程中，因为管理职能分散，仍存在服务对象不清、服务目标不明、服务手段有限等问题。例如，对外（农业）投资实行备案制，由商务部门负责管理，专业机构即农业农村部门不能及时获取具体投资信息，且数据质量主要取决于企业备案情况，服务对象不清晰；再如，

对外农业合作是为了满足国内需求,还是为了提高全球产业链的掌控能力,是为了国内产业转型发展需要,还是为了展现负责任的大国形象,是为了实现企业商业目标,还是为了实现国家战略目标,政府尤其是基层政府对合作目标及其优先次序、相互关系的理解还不到位,导致在实际执行过程中,部分主体更加关注、强调经贸合作规模,较少关注经贸合作质量。

第三节 农业对外开放的主要目标与任务

一、农业对外开放的主要目标

"十四五"是我国开启第二个一百年奋斗目标的重要时期,也是我国化解外部环境干扰、实现中华民族伟大复兴的关键阶段。在国际地缘政治竞争加剧背景下,我国需要以更大的对外开放来化解外部挑战。其中,农业领域的优势与需求尤为迫切,这体现在我国是主要农产品出口国的重要市场,是推动全球尤其是发展中国家实现粮食安全与联合国可持续发展目标的重要力量,也体现在农业企业大多属于原料指向型、消费导向型,全球农业生产网络分工程度相对较低,受"逆全球化"的冲击相应较小。因而,农业是互惠共赢的民心产业,是政治外交的重要资源与优先领域。以农业为杠杆,撬动中国与重点国家、中国与目标国家的全方位经贸合作,推动构建多双边合作伙伴关系,是化解地缘竞争冲突、构建人类命运共同体的重要突破口。具体而言,农业对外开放目标涉及国内国际两个维度以及粮食安全、产业竞争力与国际影响力三个层次(图11-1)。

基础目标为实现国家粮食安全与SDGs。在资源环境约束趋紧和农产品需求刚性增长的背景下,保障国家粮食安全和重要农产品的稳定供应仍是中国农业对外开放的首要任务,通过技术转移、扩大投资、增加援助等手段来加大全球粮食供应,消除饥饿,助推实现联合国可持续发展目标,是中国农业对外开放的题中之义。

重要目标为提升国家农业竞争力,助推全球农业可持续发展。在农产品国际国内市场联动加深、农业国际比较优势与产业竞争力不断下降、农业支持保护接近天花板的背景下,中国农业对外开放还承担着保障国家农业产业安全的重任,需要争取合理的农业支持保护空间、保障重要农产品一定的自给率、提升国家农业产业竞争力,方可守好国家战略后院,巩固"三农"的压舱石地位,在应对国际国内风险时赢得主动。同时,需要在破解全球气候变化加剧、跨境病虫害增多、满足全球粮食消费需求快速增加等方面积极作为,助推实现全球农业可持续发展。

深层次目标为提升中国在全球粮安与农业治理领域的话语权与影响力,助推建立更加公平合理的国际治理体系,为实现全球农业可持续发展、消除饥饿贡献中国方案和智慧,提升中国软实力。

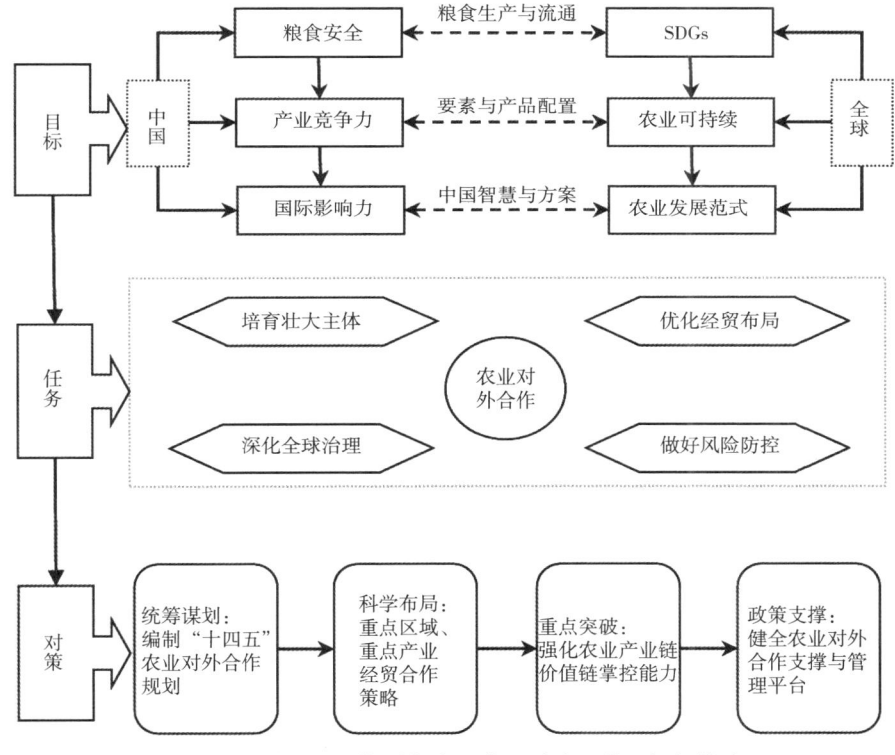

图11-1 "十四五"时期中国农业对外开放目标与策略

二、农业对外开放的任务路径

(一)培育壮大农业对外开放主体

企业是农业对外合作的执行主体,也是衡量农业国际竞争力最为重要的测度指标。聚焦粮油、生物技术等重点行业以及农资生产、粮油加工、仓储物流、港口码头、风险保障等重点领域，实施对外合作主体培育壮大工程，加强国内农业企业间的联合重组，组建一批能够与国外企业相抗衡的大型企业集团；同时，引导各类企业加强境外合作，依托境外农业合作示范区、产业联盟等平台，推动上下游企业共同走出去，逐步掌控全球农产品生产、收购、仓储、加工、贸易等整个供应链条，加快培养大型国际粮商和农业企业集团。扶持壮大中国驻东道国商会、行业协会等支撑主体，强化协会在行业自律、价格协调、应对纠纷、抵御海外风险、市场开拓等方面的作用，为企业开展对外经贸合作创造良好环境。

（二）优化调整重点地区经贸布局

"十四五"期间，我国尤需做好对东盟、中亚、南亚、俄罗斯等临近地区和"一带一路"沿线地区的农业经贸布局，这既符合地理距离决定规律，也与美国等发达国家形成错位发展，减少地缘竞争压力，同时，也可以利用当地食品加工与流通体系尚不健全的潜在机会，促进中国对外农业合作在当地的全产业链发展，提高全球农产品的定价权与渠道把控力。其重点，一是鼓励采取不涉及权属转移的对外投资方式，以合资、合作等方式加大对"一带一路"沿线国家仓储、港口、船运等物流体系的投入力度，依托境外农业合作示范区、农业技术示范中心等既有平台，逐步建立由农场、农机、仓储物流、运输加工等上下游行业构成的现代化境外农业产业体系，形成全产业链掌控能力（叶兴庆，2020），促进对外农业合作提质扩面；二是重视双边及多边协议的加持，采取更为尽职尽责的可行性论证，提供更强的信息与保险支持，助推企业更好地化解各类风险与挑战，提高项目的可持续性。

（三）切实做好各环节风险防控

农业本身的生产周期较长、自然与市场风险较高，农业国际合作还需跨越法律、语言、宗教、伦理、习俗等诸多冲突。"十四五"农业对外开放还面临国际地缘政治竞争加剧、国际经贸规则体系转轨重塑、不确定性事件频发等新风险新挑战。国家层面风险防控体系尚不健全，企业层面风险管理能力偏低，具体项目执行过程中面临政治经济文化等诸多风险挑战，均凸显了农业对外开放的高风险性。我国"十四五"农业对外开放在强调广泛的互惠共赢空间的同时，更应将风险防控放到优先位置，强化农业对外合作的事前风险意识、事中防控能力与事后风险管理水平。

（四）深化全球粮食安全与农业领域治理

从全球看，作为互惠共赢的民心产业，各方致力于推进农业合作的基础前提不会变化。尤其是全球粮食安全与农业可持续发展作为一种准公共产品，正面临着全球气候变化加剧、食物多样性需求增加与作物种植多样化供应不足（Aizen et al., 2019）、新冠肺炎疫情对全球供应链产业链的冲击（陈志钢 等，2020）等诸多挑战与问题，迫切需要各方加强合作，解决搭便车、恶性竞争等市场失灵问题，助推实现包括联合国2030年SDGs在内的全球发展。从国内情况看，中国崛起背景下的粮食安全、对外投资、农产品贸易、农业援助等问题均深受国际社会关注，国际舆论环境亟待优化，全球农产品市场话语权与影响力亟待提高（Buckle, 2013；Chen et al., 2017）。美国持续推行单边主义、霸凌主义与保护主义，主要西方国家全球公共产品供应意愿与能力下降，全球农业合作的不确定不稳定因素明显增多，农业国际合作面临何去何从的选择困境。这既给我国参与全球粮安与农业领域治理提供了机会窗口，也为我国依托国际国内两种资源两个市场增加了风险挑战，凸显我国参与全球粮安与农业领域治理的必要性与可行性。按照人类命运共同体与共商共建共享的原则，深化全球粮安与农业领域治理，推动农业领域国际秩序和全球治理体系朝着更加公正、合理与可持续的方向发展，将是"十四五"我国农业对外开放的重要任务。

第四节　促进农业对外开放的对策建议

一、编制"十四五"农业对外合作规划

我国编制了《农业国际合作发展"十二五"规划（2011—2015年）》，未公开发布"十三五"农业国际合作规划。考虑"十四五"农业对外合作的重要性、不确定性与复杂性，科学编制"十四五"农业对外合作规划，显得尤为迫切而又必要。在推动形成以国内大循环为主体、国内国际双循环相互促进的新发展格局下，"十四五"农业对外合作规划同样需要强调"双循环"思维。具体而言，对内需要突出全产业链的分析视角，针对国内生产端部分农产品存在阶段性供过于

求、消费端存在食物浪费与膳食营养不均衡、进口的各类农产品存在较大程度的替代或互补关系等情况,从全产业链视角来审视中国的农业发展与食物安全问题,立足国内总体上实现农业与粮食系统的良性循环,进而提高农业对外合作目标与措施的针对性;对外需要强调战略耦合,将东道国的需求与我国的战略需求相结合,将企业需求与国家战略需求相结合,既有利于我国更加从容地应对农产品供求紧平衡、贸易摩擦等内外压力,也可事半功倍地提高双方农业合作效果。在明确合作目标与合作路径的基础上,进一步统筹农业对外合作方式,可考虑通过依托境外农业园区平台、制定优惠政策等手段,引导农业与非农产业项目、农产品贸易与农业对外投资、农业技术转移与经贸合作的互融互促,提高农业对外合作效率;同时,明确典型区域与重点农产品的国际合作规划,本着统筹推进、互利共赢、稳中求进的原则,处理好农业投资、农产品贸易、技术合作、民间交流、农业政策沟通等方面的优先次序与重点任务,切实提高农业走出去与农业外交质量。

二、分区域分产品制定经贸合作策略

根据农业对外开放目标,考虑各区域发展诉求、经贸基础与多双边关系,划分粮油生猪等重要农产品、大豆等进口依赖型重点农产品、特色农产品(粮经作物、园艺产品、畜产品、水产品、林特产品等),因地制宜优化重点区域重点产品经贸合作策略。对于东南亚以及巴基斯塔、孟加拉国、斯里兰卡等南亚国家,立足地理临近、良好经贸基础、政局稳定等方面优势,深化稻谷、玉米、食糖、橡胶、园艺、饲料、热带水果等方面的经贸合作,加大优良品种、农业机械、栽培管理等方面的技术交流与产能转移,全面布局当地加工、仓储、物流、贸易等产业链各环节,构建更为紧密的重要合作伙伴关系。对于中东欧与独联体国家,侧重发挥双方互补性强、潜力巨大、关系良好等方面优势,积极拓展小麦、大豆、食用植物油、特色农产品等方面的贸易规模,以贸易为切入点投资布局全产业链,加大农业科技、跨境电商等方面的交流合作,建立更为务实紧密的合作关系。对于西亚北非国家,考虑双方关系友好但当地资源禀赋偏差、地缘政治竞争激烈、宗教族群问题复杂等实际情况,支持企业以轻资产方式赴当地开展经贸合作,扩大特色水果、蔬菜、茶叶等农产品的贸易规模,促进旱作节水、海水养殖、设施农业、食品加工、沙漠化防治、盐碱地治理等方面的技术合作与产能转移，切实提升当地粮食安全保障水平。对于撒哈拉以南非洲国家，双方合作重点仍是致力于提升当地粮食综合生产能力、促进减贫、推动当地农业现代化发展，需要加强双方在农业发展模式、技术转移、农业机械化等方面的交流合作，并按照商业可持续原则切实提升现有援外项目、经贸合作项目的可持续水平。对于拉美国家，当地农业资源丰富、双方关系友好但地理位置偏远，需要聚焦大豆、肉类、食糖等国内缺口较大的农产品以及反季节水果等特色农产品，采取并购与自建相结合的方式，加大仓储、加工、码头等产业链下游的布局力度，切实提升农产品供应链掌控能力。对于北美以及澳大利亚、新西兰等重要农产品生产国，可结合外交关系灵活推动农业外交，考虑其在全球农产品生产与贸易中的重要地位，尤需注意给予其稳定的市场预期，确保全球农产品稳定而又充足的市场供应。对于西欧以及日本、韩国等发达国家，当地农业科技发达、农业现代化水平高、农产品市场需求大，农业科技交流与贸易合作将是"十四五"农业对外合作的重点所在，及时关注并抓住潜在的投资并购机会。

三、健全农业对外合作支撑与管理平台

"十四五"是新型大国关系与全球政治经济格局的重塑期，需要建设更高水平的开放型经济新体制，方可以高水平对外开放打造国际合作和竞争新优势。一是组建专门的海外农业行政机构。借鉴美国农业部全权负责美国涉农经贸事务、下设海外农业局的经验做法，在已有农业对外合作部际联席会议机制的基础上，重新组建对外农业合作管理部门全权负担基础数据管理、市场开拓、政策制定、跨国涉农企业指导等方面的职责与权限。二是建立完善全球农业合作与发展大数据平台。目前全球涉农数据主要来源于联合国粮农组织、世界贸易组织、美国农业部等机构，由于统计口径、数据来源、采集期不一，在数据的及时性、可比性等方面存在一定风险，国内涉农数据分散在农业农村、商务、海关、统计、行业协会等不同部门。建议尽快建立由农业农村部门统一管理的全球农业生产与农产品贸易数据监测网络，通过遥感监测与估产、设置农业参赞、依托行业协会等手段，及时准确收集全球行情信息，通过商务部门备案、保险公司数据汇总、驻外使馆信息登记等途径，及时准确收集中国涉外经贸数据，服务全球农业治理决策。三是健全农业对外合作政策支持平台。明确将中国与东道国双赢作为政策支持目标，以效果为导向出台专项支持举措，优先解决农业对外开放最迫切需要

的信息、保险、境外保护等难题，人才、法律等方面则可交由企业通过市场进行配置。针对农业生产周期长、风险高、战略意义大的行业特征，结合商业可持续与国际营商规则，研究调整现行央企考核政策，对战略性的农业项目延长考核周期、调减短期经济效益指标。不同类别、不同规模企业可以同等享受国家政策支持。四是实施国际农业合作舆论引导与形象提升工程，充分利用联合国SDGs以及多双边机制平台，在国际通行语境下推进农业对外开放，掌握道德制高点，淡化意识形态领域宣传。

参考文献

陈秧分，李先德，王士海，等，2015. 农业和粮食系统负责任投资原则的影响研究 [J]. 农业经济问题，36（8）：35-41，110-111.

陈志钢，詹悦，张玉梅，等，2020. 新冠肺炎疫情对全球食物安全的影响及对策 [J]. 中国农村经济（5）：2-12.

龚谨，孙致陆，李先德，2018. 我国大麦进口贸易具有"大国效应"吗？[J]. 华中农业大学学报（社会科学版）（4）：46-53，167-168.

韩杨，2020. 农业全球化又面临极大挑战 [N]. 中国经济时报，2020-04-02.

孔庆峰，杨亚男，2011. 多边贸易体制中农业谈判的政治经济学分析：基于双层互动进化博弈模型 [J]. 国际贸易问题（6）：21-34.

刘福江，孙立新，毛世平，2018. 农业支持政策结构变迁的国际比较分析 [J]. 中国农业资源与区划，39（2）：34-41.

卢昱嘉，陈秧分，2020. 美国对外农业投资格局演变及其影响因素：兼论"一带一路"农业合作 [J]. 自然资源学报，35（3）：654-667.

孙致陆，李先德，2015. 中国粮食进口贸易的"大国效应"检验 [J]. 华南农业大学学报（社会科学版），14（4）：99-112.

叶兴庆，2020. 加入WTO以来中国农业的发展态势与战略性调整 [J]. 改革（5）：5-24.

中国农业科学院战略研究中心，2019. 2019全球农业研究热点前沿 [R]. 北京.

AIZEN M A，AGUIAR S，BIESMEIJER J C，et al.，2019. Global agricultural productivity is threatened by increasing pollinator dependence without a parallel increase in crop diversification [J]. Global Change Biology，25：3516–3527.

BUCKLEY L, 2013. Chinese agriculture development cooperation in Africa: narratives and politics [J]. IDS Bulletin-Institute of Development Studies, 44 (4): 42-52.

CHEN Y, LI X, WANG L, et al., 2017. Is China different from other investors in global land acquisition: some observations from existing deals in China's Going Global Strategy [J]. Land Use Policy, 60, 362-372.

College of Agriculture and Life Sciences, 2019. Productivity growth for sustainable diets, and more [R]. Iowa: Virginia Tech.

ESPINOSA-CRISTIA J F, FEREGRINO J, ISLA P, 2019. Emerging, and old, dilemmas for food security in Latin America [J]. Journal of Public Affairs, 19 (3), 1999-2015.

MATTHEW G, 2018. State food security and people's food sovereignty: competing visions of agriculture in China [J]. Canadian Journal of Development Studies (40): 1-17.

MOON W, 2011. Is agriculture compatible with free trade? [J]. Ecological Economics (71): 13-24.

彩 图

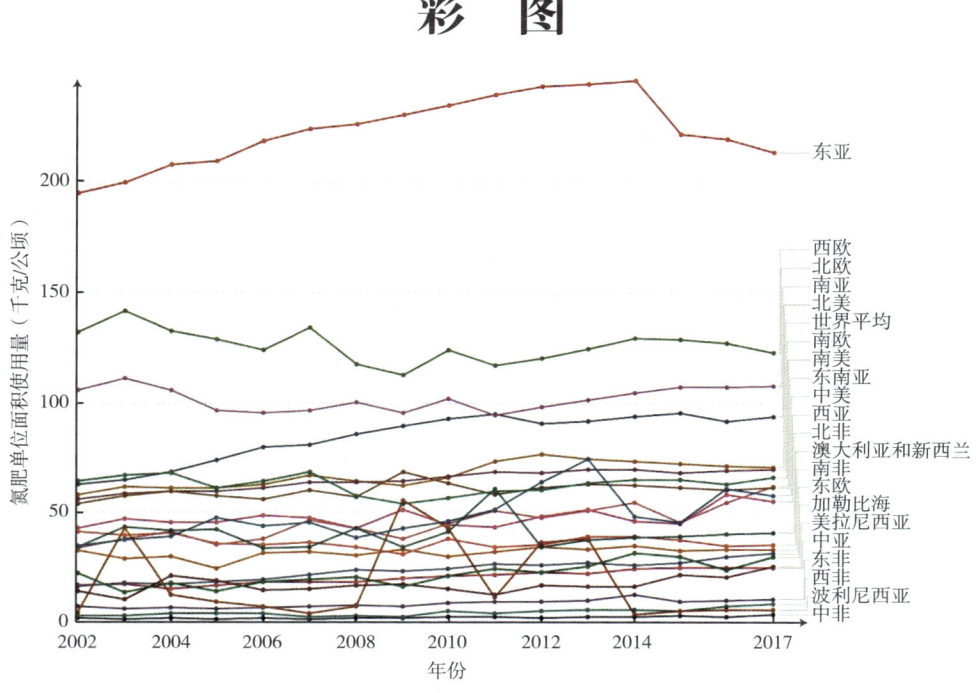

彩图3-6 2002—2017年全球各区域氮肥单位面积使用量变化特征

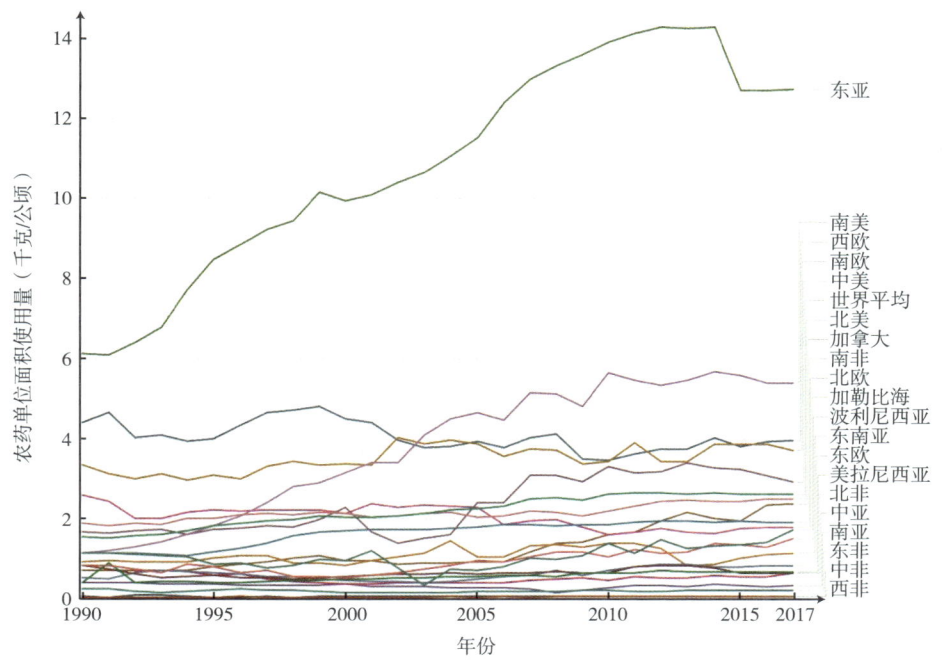

彩图3-7 1990—2017年全球各区域农药单位面积使用量变化特征

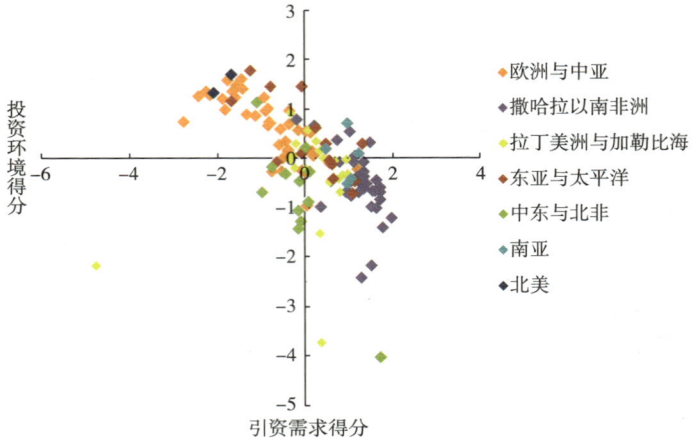

彩图6-4　引资需求与投资环境的关系

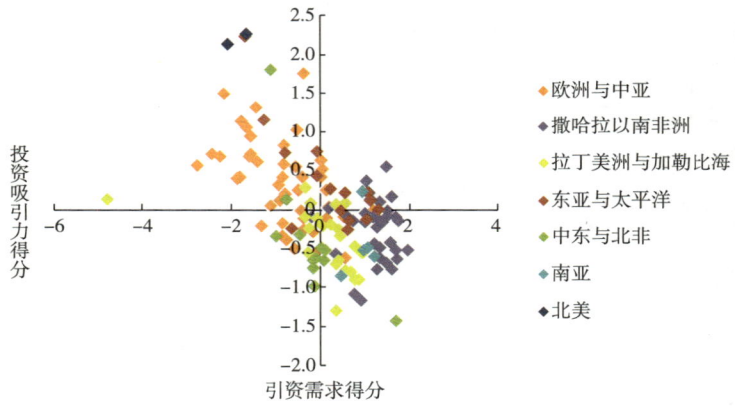

彩图6-5　引资需求与投资吸引力的关系

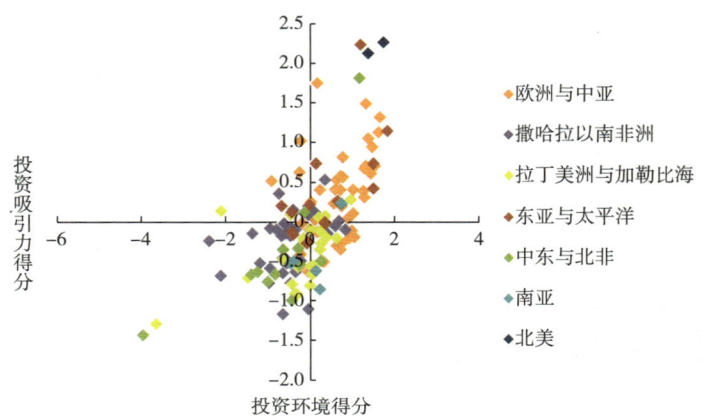

彩图6-6　投资环境与投资吸引力的关系